▶ 知的障害教育領域

認知機能・知的機能の困難への対応

編著

笠井新一郎・坂井　聡・苅田知則

特別支援
教育免許
シリーズ

監修
花熊　曉・苅田知則
笠井新一郎・川住隆一
宇高二良

建帛社
KENPAKUSHA

特別支援教育免許シリーズ刊行にあたって

　今，「障害」をはじめとする社会での活動や参加に困難がある人たちの支援は，大きな変化の時期を迎えようとしています。困難がある人たちが，積極的に参加・貢献していくことができる全員参加型の社会としての共生社会の形成が，国の施策によって推進されています。

　同時に，政府は人工知能（AI）等の先端技術の活用により，障害の有無に関係なく，だれもが日々の煩雑で不得手な作業などから解放され，快適で活力に満ちた生活を送ることのできる人間中心の社会として「Society5.0」を提唱し，その実現を目ざしています。先端技術は，障害のある人の生涯学習・社会参画を加速させる可能性を有しており，Society5.0 の実現は共生社会の形成およびインクルーシブ教育システムの構築に寄与すると期待されます。その一方で，そのような社会が実現されたとしても，特別支援教育の理念やその専門性が不要になることは決してないでしょう。さまざまな困難のある子ども一人ひとりの教育的ニーズを把握し，そのもてる力を最大限度まで発達させようとする態度・姿勢にこそ，教育の原点があるからです。

　さて，文部科学省によると，特別支援学校教員における特別支援学校教諭免許状保有者率は79.8％（2018年5月現在）と年々上昇傾向が続いており，今後は特別支援学級や通級による指導を担当する教員等も含めて，さらなる免許保有率の上昇が目ざされています。併せて，2019年4月の教職員免許法等の改正に伴い，教職課程の必修科目に「特別の支援を必要とする幼児，児童及び生徒に対する理解」が加えられました。

　こうした流れの中，私たちは特別支援教育を学ぼうとする人が，当該領域にかかわる態度，知識，技能等をより体系的に学ぶことができる指導書が必要であると考えました。しかし，本『特別支援教育免許シリーズ』の企画立案時は，大きな変革に対応した包括的・体系的なテキストがありませんでした。

　この『特別支援教育免許シリーズ』は，教員養成課程に入学し，特別支援教育に携わる教員（特に特別支援学校教諭）を目ざして学習を始めた学生や，現職として勤務しながら当該領域について学び始めた教職員を対象にした入門書です。シリーズ全体として，特別支援学校教諭免許状（一種・二種）の取得に必要な領域や内容を網羅しており，第1欄「特別支援教育の基礎理論に関する科目」に対応する巻，第2欄「特別支援教育領域に関する科目」として5つの特別支援教育領域（視覚障害，聴覚障害，知的障害，肢体不自由，病弱）に対応する巻，第3欄「免許状に定められることになる特別支援教育領域以外の領域に関する科目」に対応して重複障害や発達障害等を取り扱った巻で構成しています。

　なお，第1欄の巻は，基礎免許状の学校種に応じて，教職必修科目にも対応できる内容としています。また，第2欄と第3欄の巻では，各障害にかかわる① 心理，② 生理および病理，③ 教育課程，④ 指導法を一冊にまとめました。このように，免許状取得に必要な領域・内容を包括している点も，本シリーズの大きな特徴のひとつといえるでしょう。本シリーズが，障害のある子・人の未来を，本人や家族とともに切り開こうとする教職員の養成に役立つと幸いです。

このほか，第3欄においては，特別支援教育における現代的課題（合理的配慮としてのICTや支援機器の活用，ライフキャリア発達等）も取り上げており，保健医療福祉（障害児療育や障害者福祉）領域に携わっている人たち，そのほかさまざまな立場で支援する人たちにとっても参考となるでしょう。

　なお，「障害」の表記についてはさまざまな見解があります。特に「害」を個人の特性（ハンディキャップ）ととらえ，「障害」の表記には負のイメージがあるという意見があり，「障がい」に変更した自治体・団体もあります。一方で，「害」は社会がつくり出した障壁（バリア）であり，それを取り除くことが社会の責務であると考え，「障害」を用いている立場もあります。本シリーズは，後者の立場に立脚して構成されています。学習・生活に困難がある人に対して社会に存在するさまざまな障壁が「障害」であり，本書の読者は教育に携わる者（教職員）として「障害」を解消していく立場にあると考え，「障害」という表記を用いています。

　本シリーズの刊行にあたっては，数多くの先生に玉稿をお寄せいただきました。この場を借りて深謝申し上げます。しかし，刊行を待たずに鬼籍入りされた著者の方もおられます。刊行までに時間を要してしまいましたことは，すべて監修者の責任であり，深くお詫び申し上げます。さらに，本シリーズの企画を快くお引き受けいただきました建帛社をはじめ，多くの方々に刊行に至るまで，さまざまなご援助と励ましをいただきました。ここに改めて厚く御礼申し上げます。

2021年1月

監修者　苅田　知則
　　　　花熊　　曉
　　　　笠井新一郎
　　　　川住　隆一
　　　　宇高　二良

はじめに

　特別支援教育の対象となる幼児・児童・生徒は，医学的疾患を背景に有していることが多々あります。特に，認知機能・知的機能の困難の代表であり，かつ特別支援教育の主たる領域のひとつである知的障害は，早期（出生直後）に染色体異常が発見されたり，遺伝的な要素と環境因子が関係した異常であったり，乳幼児期に知的障害を伴う脳性まひや自閉スペクトラム症（ASD）が発見されるなど複雑，多岐にわたる障害であることは周知の事実です。つまり，知的障害は，早期から正確な検査・評価に基づいた，より高い専門性が求められる障害であるといえます。そのためには，知的障害の療育・教育に携わる人びとは，一人ひとりの子どもに本当に必要な支援の量・質を見極めて対応する姿勢が求められています。その実践のためには，保健・医療・福祉・教育の密接な連携が求められます。

　本書は，四つの章から構成されています。第1章「認知機能・知的機能の困難の概要（知的障害領域）」では，認知機能，知的機能の基本的知識を概要した上で，その困難について理解を深めるとともに，支援教育を推進するための留意点について解説しています。第2章「心理・生理・病理」では，認知機能・知的機能の困難に関する医学的基礎知識，心理学的基礎知識について解説した上で，医学的・心理学的介入では，各種検査法，指導・訓練法についても紹介されており，より具体的な対応を行うための手がかりを得られると思います。第3章「教育課程・指導法」では，特別支援教育における基本的な「教育課程」の流れを示し，具体的な「指導法」について詳記しています。第4章「生涯発達支援」では，出生直後から高齢期の生活を見通して，発達支援，社会生活支援，家族・家庭支援，関係機関（特に医療機関）との連携について概説しています。

　近年では，障害等による困難がある子・人の支援のあり方として，生涯発達を踏まえた療育・教育が求められています。認知機能・知的機能の困難がある子・人についても，生涯発達支援（出生直後から高齢期）の視点を踏まえた上で，特別支援教育を考えていくことが求められています。

　本書が，特別支援教育を担当する教員を志す学生の入門書として，また現任の先生方の知識の整理に少しでもお役に立てればと願っています。

2021年10月

編著者を代表して　　笠井新一郎

目　次

第3章　教育課程・指導法

第4章　生涯発達支援

第1章
認知機能・知的機能の困難の概要（知的障害領域）

 1 認知機能・知的機能の困難とは

　本巻のタイトルが示すとおり，本巻では「認知機能・知的機能の困難」がある子どもたちを主題として取り扱う。一方で，本巻を含む特別支援教育免許シリーズは，特別支援学校教諭養成カリキュラムに対応しており，本巻において「中心となる領域」は「知的障害」である。では，なぜ「知的障害」ではなく，あえて「認知機能・知的機能の困難」が主題となっているのだろうか。それは，本シリーズ，および本巻が「障害」や「特別支援教育」についての新しい考え方に基づいて書かれているからである。

　ちなみに，障害領域のひとつである知的障害について，どのようなイメージをもっているだろうか。現職教員の中でも特別支援教育の初学者を対象とした研修や教員養成課程の授業で質問してみると，知的障害がある人とは「知能・知能指数（Intelligence Quotient：IQ）が低い人」「発達が遅れている人」であり，知的障害は「遺伝や出生前後の問題によって生じる」ものであり，「他者とコミュニケーションがとれない」「新しいことを覚えるのに時間がかかる」「勉強ができない」「誰かの介助がないと生活ができない」「成人しても仕事に就くことができない」などの困難が生じる，といった回答が得られることが多い。実際には，これらのイメージには多くの誤解が含まれている。教育のプロや，プロを志す大学生ですら，誤ったイメージをもっているということであり，当然ながら，それ以外の人は，さらに多くの誤解や偏見を抱いていることが想像されるだろう。

　こうした状況の中で，自分の子どもに，知的障害があると**診断・判断**された保護者は，そしてその家族は大変なショックを受けることになる。将来への不安や絶望を感じる一方で，何をどうすればよいのかわからず，五里霧中の状態にさらされることになるのである。

　確かに，障害がない人に比べると，認知機能・知的機能に関してさまざまな

診断・判断
本巻では，医師が医学的見地から診察し，必要に応じて障害や疾病に分類する（障害名・疾病名をつける）ことを診断とする。一般的に，診断の後は，医療・治療が行われる。
一方で，医師以外の専門職が，適切な教育や福祉のサービス（支援・指導など）を提供するために，特定の障害に分類することを判断とする。

発達障害
ICD や DSM（p.3参照）の日本語訳では「神経発達症」と表現されつつある。本巻では，法律・法令などで用いられる用語，特に文部科学省が制度や教育課程などを示す際に用いる用語を加味し，文脈・状況に応じて使い分けている。

合理的配慮
障害がある人が障害がない人と平等に，すべての人権と基本的自由を享有・行使することができるように，障害があることで発生する困難を取り除くための変更や調整。障害者の権利に関する条約などで規定されている。

基礎的環境整備
合理的配慮を提供する上で基礎となる環境整備。例えば，専門性のある指導体制や人材配置などがあげられる。

困難が生じやすい。特に，認知機能・知的機能の困難（例：知的障害や**発達障害**など）がある人は，新しく体験したり学習したりする内容を習得・習熟するには，障害がない人の数倍の時間を要することもある。しかし，時間をかければ熟達する。筆者が勤務する大学には，認知機能・知的機能の困難がある人たちが学内清掃スタッフなどとして勤務しており，実直な人柄と真摯な仕事ぶりは，全学の教職員・大学生などから一目置かれている。もちろん，認知機能・知的機能の困難に対応する**合理的配慮**の提供や**基礎的環境整備**は必要である。しかし，反対にいえば，個々人の力を発揮することができる環境が整えば，所属する組織・地域・社会において存在価値を示すことができるようになる。本シリーズが立脚する新しい考え方とは，障害を「特定の個人の属性」としてではなく，「個人と環境との関係の中で生じている困難な状況」としてとらえることである（詳細は，本章第3節を参照）。

　本巻では，読者に，そして社会に，この新しい考え方に基づいた知的障害やその周辺領域の障害に関する適切な価値観，および情報を提供したいと考えている。多くの人が，本巻で提供する価値観・情報を理解することは，知的障害やその周辺領域の障害がある人やその家族が，「自分の人生の主人公」として実り多い人生を送る上で，その障壁（バリア）となりうる「認知機能・知的機能の困難」を解消することにつながるだろう。

1　知 的 障 害

　では，そもそも「知的障害」とはどのような障害だろうか。また，「認知機能・知的機能の困難」と「知的障害」とはどのような関係があるのだろうか。

　実は，日本の法律には，知的障害を明確に定義したものがなく，さまざまな定義が混在している。例えば，教育領域における定義のひとつとして，文部科学省の教育支援資料（平成25年10月）[1]がある（下欄①）。また，「学校教育法施行令」第22条の3には，特別支援学校（知的障害）の対象である子どもの障害の程度として，2点が示されている（下欄②）。次に，平成25年10月4日付の通知においては，知的障害特別支援学級の対象となる子どもの障害の程度が示されている（下欄③）。これらの法令・通知は，各学校において教育する子どもの障害の程度（基準）を示したものであり，知的障害そのものの定義ではない。

---

① 教育領域における定義
　知的障害とは，一般に，同年齢の子供と比べて，「認知や言語などにかかわる知的機能」が著しく劣り，「他人との意思の交換，日常生活や社会生活，安全，仕事，余暇利用などに

ついての適応能力」も不十分であるので，特別な支援や配慮が必要な状態とされている。また，その状態は，環境的・社会的条件で変わり得る可能性があるといわれている。

[文部科学省「教育支援資料」（平成25年10月）]

② 特別支援学校（知的障害）の対象である子どもの障害の程度（2点）
・知的発達の遅滞があり，他人との意思疎通が困難で日常生活を営むのに頻繁に援助を必要とする程度のもの
・知的発達の遅滞の程度が前号に掲げる程度に達しないもののうち，社会生活への適応が著しく困難なもの

[「学校教育法施行令」第22条の3]

③ 知的障害特別支援学級の対象となる子どもの障害の程度
　知的発達の遅滞があり，他人との意思疎通に軽度の困難があり日常生活を営むのに一部援助が必要で，社会生活への適応が困難である程度のもの
　文部科学省「障害のある児童生徒等に対する早期からの一貫した支援について（通知）」

[（平成25年10月4日）]

　他方，保健医療福祉領域においては，厚生労働省が実施する「知的障害児（者）基礎調査」の「知的機能の障害が発達期（おおむね18歳まで）にあらわれ，日常生活に支障が生じているため，何らかの特別の援助を必要とする状態にあるもの」という定義が一般的に用いられている。このうち，「知的機能の障害」については，「標準化された知能検査（ウェクスラーによるもの，ビネーによるものなど）によって測定された結果，知能指数がおおむね70までのもの」とされており，「日常生活能力」については「日常生活能力（自立機能，運動機能，意思交換，探索操作，移動，生活文化，職業等）の到達水準が総合的に同年齢の日常生活能力水準（別記1）のa，b，c，dのいずれかに該当するもの」と示されている（本巻では別記1は省略する）。

　これらの定義のほかにも，医療現場などでは，世界保健機関（WHO）が公表している「国際疾病分類（ICD）」や，アメリカ精神医学会「精神障害の診断と統計マニュアル（DSM）」なども，診断基準として用いられている。これらの診断基準に共通する点としては，① 明らかに平均以下の知的機能：個別式知能検査でおよそ70以下（もしくは未満）のIQ，② 適応能力の明らかな制約や欠陥・不全，③ 発症が18歳以前，の3点があげられる。診断のガイドラインにおいて，個別知能検査のみで評価するのではなく，入手できるすべての情報に基づいて行うべきこと，文化・言語・社会的多様性を考慮すべきこと（本人が生活する地域社会や同年齢集団の状況の中で評価・判断すべきであること）が指摘されており，①の基準（IQ）による一次元的な評価・判断には警鐘が鳴らされている。その上で，軽度（IQ 50〜69），中度（IQ 35〜49），重度（IQ 20〜

34），最重度（IQ 20未満）といった，知的障害の程度が示されている。なお，知的障害の有無を判断する IQ の基準（70以下もしくは未満）については統計学的根拠に基づいており，第2章で詳解する。

さて，これらの定義や診断基準をみると，「知能・IQ が低い」「発達が遅れている」から知的障害であるというイメージが適切ではないことが理解できるだろう。これらの特徴・症状は，「精神遅滞（mental retardation：MR）」という側面を表しており，医学的診断名としては現在でも用いられている。また，日本の「学校教育法」においても，「精神薄弱」という用語が用いられていた。しかし，「遅滞」「薄弱」という用語に差別的側面があることから，ICD や DSM の最新版では「知的障害（intellectual disability）」や「知的発達症（disorder of intellectual development）」が用いられるようになり，日本の「学校教育法」においても1998年の改正以降は「知的障害」が用いられるようになった経緯がある。すなわち，（繰り返しとなるが）IQ は，知的障害の診断・判断における重要な指標ではあるが，IQ だけで診断・判断が行われるわけではないということである。

同様に，「他者とコミュニケーションがとれない」「新しいことを覚えるのに時間がかかる」「誰かの介助がないと生活ができない」「成人しても仕事に就くことができない」などの困難があるからといって，それだけでは知的障害と診断・判断されない。これらの特徴・症状は「適応能力」の困難を示しているが，これも知的障害児者の一部が抱える困難を部分的にとらえているにすぎない。また，「遺伝や出生前後の問題によって生じる」というイメージについても，染色体異常・異変（ダウン症候群や脆弱 X 症候群など）や，出生時のトラブル（新生児仮死や脳性まひなど）に伴う知的障害もあるが，ごく一部である。

前述した内容を包括すると，ことば（言語）や抽象概念（時間や数量など，社会のルールやシステム）を理解する「認知機能・知的機能の困難」がある点が，知的障害児者の特徴・症状であるといえるだろう（認知機能・知的機能については，次節で詳解する）。しかし，「認知機能・知的機能の困難」は知的障害児者のみが抱えるものではなく，周辺領域の障害ではしばしば合併・併発する。

2　発達障害

「発達障害」は，「発達障害者支援法」には「自閉症，アスペルガー症候群その他の広汎性発達障害，学習障害，注意欠陥多動性障害その他これに類する脳機能の障害であってその症状が通常低年齢において発現するものとして政令で定めるもの」と定義されている。このうち，「自閉症，アスペルガー症候群その他の広汎性発達障害」は，近年「自閉スペクトラム症」（自閉症スペクトラム障害）（Autism Spectrum Disorder：ASD）」と表現される。ASD は，対人的相

互作用の希薄さ，コミュニケーションの苦手さ，行動・興味・活動の偏りなどを主たる症候・特徴とする。同様に，学習障害（Learning Disorder, Learning Disabiity）は，読み書き困難（Dyslexia）や書字困難（Dysgraphia）などを含む広範な概念「LD」と総称されることが増えている。LD は，特定の認知機能（読む・書く・聞く・話す・計算する・推論する）のひとつ，もしくは複数の習得や使用に著しい困難を示す。注意欠陥多動性障害（Attention-deficit hyperactivity disorder：ADHD）は「注意欠如・多動性障害」「注意欠如・多動症」と表現される場合もあり，多動性（過活動）や**衝動性**，不注意を症状の特徴とする。

　これらの症候・特徴の背景には，潜在する認知機能の個人内差（**ディスクレパンシー**：discrepancy）が影響していると考えられている。　身体機能の疾病は，複数の医学的検査を実施し，得られた検査結果を複合的・統合的に分析することで発見することができるようになっているが，ディスクレパンシーも，標準化された個別式知能検査を組み合わせて実施することで，その具体を明確にすることができるようになっている。個別式知能検査の一部については，第 2 章でも触れるが，発達障害に関わる困難（行動上の問題，ことば・学びの困難）に関する心理・生理および病理については，本シリーズの他巻にて詳解しているので参照されたい。

衝動性
思いついた言動を行ってよいか，考える前に実行してしまう行動特徴。

ディスクレパンシー
ウェクスラー式知能検査の詳細分析等で用いられる概念。本来は，複数の検査結果（数値）間の有意差分析が主であったが，近年では，個人の認知機能・知的機能間の乖離（凸凹）を抽出する方法や，その分析によって抽出された個人内差を指す場合もある。

3　才能児（gifted）・2E児

　認知機能・知的機能の困難は，知的機能（例：IQ）が低い場合にのみ生じるわけではない。反対に，IQ が高い集団にも，学習・生活上の困難は生じる可能性がある。なお，知的障害の有無を判断する際に「IQ が70以下（もしくは70未満）」がひとつの基準として参照されるように，才能児（gifted and talented）か否かを判断する際には「IQ が130以上（もしくは130を超過）」がひとつの基準となる。知的機能が高いのであれば困難・問題が生じないのではないかと疑問に思うかもしれない。しかし，その子どもが属する集団（例：同じ地域・学校・学年の子ども）の平均的な知的機能から統計上有意に高い IQ を示すということは，ほかのメンバーが学んだり話したり遊んだりする内容は，簡単に（時に幼稚に）感じて興味・関心を維持できなくなってしまう。そのため，義務教育段階では集団から逸脱した言動がみられるようになり，社会適応上の問題（不登校傾向，精神疾患などの二次障害の発生）が生じる可能性が高まる。また，才能児の中でも，特に発達障害の特徴・症状も併せもつ子どもは，前項で述べた特徴的な症状があり，学校において二重に配慮を要することから「2E（twice-exceptional）児」と呼ばれている。

　才能児や2E児への対応については，先端的な取り組み（東京大学と日本財団が共同で実施している**異才発掘プロジェクト ROCKET** など）はあるが，日本の

異才発掘プロジェクト ROCKET
突出した能力をもちながら，学校環境になじめず，不登校傾向になる小中学生を対象としたプロジェクト。体験・プロジェクトを通した学習の深化や，各界で活躍するトップランナーによる講義・ディスカッションをとおして学びの多様性を開拓する挑戦的プロジェクト。

公的な義務教育段階に浸透するには至っておらず，社会適応上の問題が生じた子どもの受け皿がきわめて少ないことが喫緊の課題となっている。

4　その他

　前述の障害以外にも，病気（脳血管障害，脳症など）や事故（脳外傷など）によって，大脳が損傷されたために，知覚・記憶・思考・判断等の高次脳機能（認知機能），および時に感情・情動機能に困難が生じる高次脳機能障害，持続的に反社会的・行動的・反抗的な行動をとり，年齢相当の社会適応から逸脱する行為障害・反社会性人格障害，高齢者に多くみられる認知症も，「認知機能・知的機能の困難」が生じる。

　本節で紹介した障害は，社会に参画し生活する上で「認知機能・知的機能の困難」が生じる点において共通している。原因や発生機序（疫学）はそれぞれに異なるが，困難に対応する上で，類似する「認知機能・知的機能の困難」への対応は援用可能であったり，相互に有益な情報を提供し合ったりする。したがって，読者は，特定の障害領域に閉じた（その障害固有の）知識を学ぶため本巻を用いるのではなく，共通する困難に開かれた（困難に共通する）知識を学ぶことを志してもらいたい。

　加えて，これらの困難は，関連する障害・疾病がある人個人の能力（認知機能・知的機能）の問題によって生じるのではなく，その人が生きる文化・地域・社会との相互作用によって生じることも留意すべきである。反対に，文化・地域・社会のあり方が変わることで，困難が軽減・解消することも多い（詳細は，本章第3節を参照）。

|演習|課題|
1．認知機能・知的機能の困難とはどのようなものか，自分なりのことばで整理してみよう。
2．認知機能・知的機能の困難として，知的障害や関連する障害・困難を自分なりのことばで整理してみよう。

引用文献
1）文部科学省：教育支援資料　第3編　障害の状態等に応じた教育的対応　3　知的障害2012.
http://www.mext.go.jp/component/a_menu/education/micro_detail/__icsFiles/afieldfile/2014/06/13/1340247_08.pdf（最終閲覧：2019年2月5日）

❷　認知機能・知的機能とは

1　認知機能・知的機能と知能

　前節では「認知機能・知的機能の困難」について述べたが，そもそも認知機能・知的機能とは何だろうか。

　一般的に，認知機能・知的機能というと，まずは知能指数（IQ）を思いうかべることが多いだろう。IQ が高いほど「頭がよい，賢い」というイメージがもたれている。こうした傾向は古くからあるが，ボーリング（Boring, E. G.）が「知能とは知能テストが測ったものである」と批判的に定義したように，IQは知能を測る道具（ものさし）として開発された知能検査によって算出される数値のひとつでしかない。現在，教育や保健医療福祉領域で広く用いられている知能検査の創始者はフランスのビネー（Binet, A.）とされている。ビネーは，フランス政府からの依頼により，義務化された学校教育において，勉強したがらない子どもが多いのは，行動上の問題か知能の問題かを選別する方法について検討を行い，1905年にビネー・シモン検査を開発した。ビネーの目的は，まさに特別支援教育であり，知的機能に困難がある子どもを発見し，適切に支援・指導することであった。その後，1911年に，ビネー・シモン検査は決定版が開発され，精神年齢（mental age：MA）の算出が可能になった。ただし，ビネーは検査が子どもの序列化（ランクづけ）に使われることを拒否し，特別な教育的配慮（特別支援教育）のために使われるべきだと主張した。そして，序列化を避けるため，精神年齢によって知能を表現した。残念ながら，ビネー・シモン検査はその後改定をうける過程において，特にターマン（Terman, L. H.）による知能指数（IQ）の考案により，一次元的な順序（定型発達児の知能の発達診断）へと変化していった。これが現在知的機能の代表と考えられている知能指数である。

　知能指数（IQ）は，その後，**精神測定学**（psychometrics）の流れの中で，因子分析法により，知的活動に共通して機能する**一般知能**（g）と課題・領域ごとに異なる機能をもつ**特殊知能**（s）の2因子で構成されているとするスピアマン（Spearman, E. C.）や，一般知能（g）と七つの下位因子で構成されているとするサーストン（Thurstone, L. L.）らを経て，執筆時点で複数の知能検査の基本理論となっているキャテル（Cattell, R. B.）−ホーン（Horn, J. L.）−キャロル（Carrol, J. B.）理論（C−H−C 理論）として結実している。これらの理論における知能は，あくまで人間の認知機能・知的機能の一側面を投影しているだ

精神測定学
知能・性格・記憶・知覚など，精神（心）の働きやその機能を数量的に測定する方法論の総称。心理測定法と表現する場合もある。

一般知能
知的活動において共通して機能する。一般的・基本的な知的要素（因子）。

特殊知能
課題・領域固有に機能する知的要素（因子）。

けであり，数値（IQ など）が一次元的な序列や教育・学習の場の強制的な選別に利用されることには，倫理的に大きな問題がある。しかし，個人内の認知スタイルや得意／不得意のプロフィールを把握し，支援・指導に活用する，もしくは合理的配慮の要否や内容について検討するという意味では，教育実践や保健医療福祉臨床においては，有益な情報を入手できることから知能検査などで広く用いられている（C-H-C 理論や知能検査の詳細については第 2 章で述べる）。

2　スターンバーグによる知能の整理

　スターンバーグ（Sternberg, R. J.）は，多種多様な知能に関わる理論を以下の三つに大別し，さらに下位の分類（メタファ）に整理した。メタファには比喩，修辞法という意味があるが，スターンバーグは知能やその理論に関する研究上の問いを生み出す視点・枠組みとして用いている。

①　個人の内界との相係：人が知的に思考・行為するとき，「頭の中で」何が起こっているかを主題とする一群である。

ア）地理的メタファ：知能の構造（心的地図）を明らかにしようとする群である。精神測定学によるスピアマンの 2 因子説（一般知能 g と特殊知能 s），サーストンの 7 因子説などの因子構造モデルが含まれる。

イ）コンピュータ的メタファ：コンピュータ・プログラムに知能をなぞらえ，情報処理の過程を解明しようとした群である。ハント（Hunt, E. B.）の研究や，スターンバーグ自身の1970年代の研究が含まれる。

ウ）生物学的メタファ：脳や中枢神経系の解剖学・生理学に基づき，特定の能力に対応する脳の部位を同定（局在）しようとする群である。

エ）認識論的メタファ：知識や認知過程の構造として心をとらえ，その変化を記述しようと試みた群である。ピアジェ（Piaget, J.）の発生的認識論（genetic epistemelogy）を示す。

②　外界(社会)との関係：社会や文化が知能に与える影響に注目した群である。

ア）人類学的メタファ：頭の中だけの構造や過程としての知能を批判し，知能を文化に規定されるものととらえた。日常の自然な状況での知的行動を重視した。

イ）社会学的メタファ：社会的状況を重要視し，言語を媒介として思考様式が子どもの中に内在化される過程を明らかにしようとする群である。ヴィゴツキー（Vygotsky, L. S.）やその後のヴィゴツキー派が含まれる。

③　内界と外界の両者（経験）との関係（システム・メタファ）：個人が社会と関係する経験のあり方を考慮して，部分から組成されるシステムを考える一群である。内界と外界の媒介を組み込んで，より全体的なモデルを検討する。後述するガードナー（Gardner, H.）の多重知能理論（multiple intelligence theory), スターンバーグの三部理論 (triarchic theory) があげられる。

3 スターンバーグの三部理論 (Triarchic Theory)

スターンバーグは，情報処理的観点から知能について研究を始めたが，後に，知能を「一定の社会的文脈の中で何かを達成しようとする技術」と考えるようになった。そして，知能が「どのような過程で，どのような経験（内容）について，どのような結果を出すか」という観点から，知能の実際的側面を明らかにしようとした。最終的にスターンバーグは分析的知能，創造的知能，実際的知能の三つのバランスが重要であると考えた。

① 分析的知能：知能の基礎となる情報処理システムであり，問題解決や意思決定の場面で働く。従来の知能検査で測定できる学業的知能に反映されるが，同一ではない。

② 創造的知能：新しい仕事をどれだけ効率的に遂行できるかを示す知能（経験的知能）である。問題をどのように解くべきか考えるときやアイディアを生み出す時に働く。

③ 実際的知能：自分の生活に関連した現実世界から選択・形成・適応する能力（文脈的知能）である。現実社会で直面する問題は，学業的な問題とは異なり，問題が何かが決まっていない，内発的興味がある（本人にとって重要な意味がある），日常的な経験から離れていない，明確な正答・誤答がない等の特徴がある。そうした現実生活の問題を解く方略を思いつく「常識（文化的に適応した知識，日常の問題解決能力）」であり，「日常的賢さ (street smarts)」とも呼ばれる。

スターンバーグは，「スターンバーグ三部能力テスト (Sternberg triarchic abilities test：STAT) を作成し，教育現場での検証も行っており，教育効果などを含めた実証性も高い。

4 ガードナーの多重知能理論 (Multiple Intelligence Theory)

ガードナーは，知能を「情報を処理する生物心理学的な潜在機能であって，ある文化で価値のある問題を解決したり成果を創造したりするような文化的な場面で活性化されることができるもの」と定義し，八つの独立した知能を提唱した。

① 言語的知能：話しことば・書きことばへの感受性，言語を学ぶ能力，ある目標を成就するために言語を用いる能力。

② 論理・数学的知能：問題を論理的に分析したり，数学的な操作を実行し

たり，問題を科学的に究明する能力。

③　音楽的知能：音楽的パターンの演奏，作曲，鑑賞のスキル。

④　運動感覚的知能：問題を解決したり何かをつくり出したりするために，体全体・身体部位を使う能力。

⑤　空間的知能：広い空間のパターンを認識して操作する能力，限定された範囲のパターンについての能力。

⑥　対人的知能：他人の意図や動機づけ，欲求を理解して，その結果，他人とうまくやっていく能力。

⑦　内省的知能：自分自身を理解する能力。

⑧　博物学的知能：事例をある集団のメンバーだと認識し，ある種のメンバー間を区別し，他の近接の種の尊愛を認識し，正式・非正式にいくつかの種間の関係を図示する能力。

　なお，八つの知能を測定・評価する方法は確立されていない。ガードナーは質問一応答型の測定・評価は言語的知能や論理数学的知能の測定・評価にとっては適しているが，他の知能にとっては「公正ではない」と考えている。

　それぞれの知能は現実の課題解決や創造活動の中で発揮されるものであるから，子どもの学習活動の行動観察が最適な知能の把握する手がかりとされている。もともと一次元的な知能感やその観点に基づいた，画一的な知識伝達型の教授・学習法へのアンチテーゼとして提唱された理論であることから，既存の知能検査を置き換えるものではない。しかし，ガードナー自身，ピアノの教師と小学校教員だった経歴をもっていることを考えると，より現職教員の感性に近いと考えることもできるだろう。

5　学習指導要領における「生きる力」

　1996年7月19日に，文部省（現 文部科学省）の中央教育審議会は，「21世紀を展望した我が国の教育の在り方について（第一次答申）」において，「これからの子供たちに必要となる」力として，「いかに社会が変化しようと，自分で課題を見つけ，自ら学び，自ら考え，主体的に判断し，行動し，よりよく問題を解決する資質や能力など自己教育力」「自らを律しつつ，他人とともに協調し，他人を思いやる心や感動する心など，豊かな人間性」「たくましく生きるための健康や体力」をあげた。そして，これらを「変化の激しいこれからの社会を『生きる力』と称する」こととし，バランスよくはぐくんでいくことが重要であると考えた。このことを受け，全国どこの学校でも一定の教育水準が保てるよう，文部科学省が定めている教育課程（カリキュラム）の基準としての「学習指導要領」において，「生きる力をはぐくむ」ことが教育の目標・目的のひとつとしてあげられるようになった。2017年・2018年に改訂された「学習指

導要領」（いわゆる「新学習指導要領」）においても，「生きる力をはぐくむ」という目標・目的は踏襲されている。

　「新学習指導要領」をみると，「生きる力」として「学んだことを人生や社会に生かそうとする学びに向かう力，人間性等」「実際の生活や生きて働く知識及び技能」「未知の状況にも対応できる思考力，判断力，表現力等」があげられている。これらの「力」は，スターンバーグやガードナーが提唱する多次元的な知能を内包しており，日本独自の認知機能・知的機能の「メタファ」（認知・知的機能をとらえる枠組み）といってよいだろう。

　本節では，「知能」のとらえ方に関する諸家の理論・視点を紹介するとともに，既存の「知能」という観点だけで認知機能・知的機能をとらえるのではなく，子どもたちがこれからの社会を生きる上で必要になる全人的・多次元的な力（生きる力）としてとらえるべきことを説明した。この点に留意し，後述章・節の内容について学習してもらいたい。

　　演習課題
　1．知能と，知能検査・知能指数の関係について考察してみよう。
　2．知能に関する諸家の理論・視点と，学習指導要領における「生きる力」の関連について考察してみよう。

　　参考文献
・ハワード・ガードナー：MI：個性を生かす多重知能の理論（松村暢隆訳），新曜社，2001.
・ハワード・ガードナー：多元的知能の世界：MI 理論の活用と可能性（黒上晴夫監訳），日本文教出版，2003.

❸　認知機能・知的機能の困難がある人を理解する視点

1　認知機能・知的機能の困難は「障害があるから」生じるのか？

　本巻では，「障害」や「特別支援教育」についての新しい考え方のひとつとして，知的障害や発達障害などにより，認知機能・知的機能の困難がある人（いわゆる障害児者）が生活する上で抱える困難な状況を「障害状況」と表現する。認知機能・知的機能の困難による「障害状況」としては，知的障害がある人の困難としてイメージされることが多い「他者とうまくコミュニケーションがとれない」「新しいことを覚えるのに時間がかかる」「勉強ができない」などがあ

げられる。しかし，こうした障害状況は，障害があるから（障害児者にのみ）生じるのだろうか。

　このことを検証する上で，超高齢社会となった日本の現状が参考になる。2021年3月公表の人口推計（統計省統計局）によると，65歳以上の高齢者が3,619.1万人であり，高齢者が総人口に占める割合は29.3％に達している。人間誰しも年をとると，運動機能・認知機能などの心身機能が低下する（2020年10月1日現在，推計値）。特に，急増する認知症高齢者への対応は，日本における重大な課題として認識されている。認知症は疾患名ではなく，何かの病気によって脳の神経細胞が損傷を受けるために生じる症状・状態の集合を表す。つまり，物事を認識したり，記憶したり，判断したりする力（認知機能・知的機能）に，日常生活を送る上で困難・支障が生じていることを意味する。65歳以上の認知症高齢者数と有病率の将来推計についてみると，2012年の認知症高齢者数は462万人であり，65歳以上の高齢者の約7人に1人（有病率15.0％）であったが，2025年の有病率は19.0～20.6％，2050年には21.8～27.8％になるとの推計もある。

　加えて，認知症ではない高齢者も，加齢に伴い，個人が経験や学習を通して獲得していく結晶性知能（crystallized intelligence）は維持されるものの，新しい情報を取り入れ，処理し，操作する流動性知能（fluid intelligence）は，20歳代をピークとして低下していくことが示されている。とはいえ，流動性知能も急激に低下するわけではなく，長い年月をかけて徐々に低下していくので，日常生活に困難が生じることは少ない。ただし，漸減する過程で一定の閾値を超えると，認知症と診断される。この一連の過程において，本人または周囲の人に困り感が認識されない状況では「健常者」であるが，困り感が認識されるようになると「障害者」と診断・判断される。すなわち，「健常者」と「障害者（障害児，高齢者も含む）」の間に量的・質的に明確な境界があるわけではなく，両者は連続体（スペクトラム：spectrum）としてとらえる考え方が広まりつつある。この立場に立脚すると，「障害」とは，「特定の人がもつ性質や属性」ではなく，「個人的・環境的条件が整えば誰にでも生じ得る状況」と考えることができる。つまり，「知的障害などがあるから認知機能・知的機能の困難が生じる」のではなく，「認知機能・知的機能の困難が表面化することで，知的障害などと診断される場合が増える」ということである。

2　障害状況をとらえる新しい考え方

　歴史的には，知的障害などによる認知機能・知的機能の困難は，「障害がある人自身の属性」とみられてきたし，今でもそのような見方は残っているといえよう。こうした見方を大きく変えたのが，2001年に，世界保健機関（WHO）総会において採択された国際生活機能分類（International Classification of Functioning, Disability and Health：ICF）である。ICF は，その前身である国際障害分類（International Classification of Impairments, Disabilities and Handicaps：ICIDH）にはなかった新しい考え方を取り入れた。

　ICIDH は，障害を「個人に属するもの」「特定の人の，特定の状況・特性」ととらえていたため，障害を否定的な側面だけで定義しているとの批判が残った。また，どのような状況を「障害（障害状況)」ととらえるかについては，国や文化によって異なっており，国際的な合意が得られにくいという課題も残されていた。そこで，ICF では，図 1 - 1 に示すように，個人と環境との相互作用の中で生じるものととらえ，障害の本質を社会参加における「活動と参加の制約」とした。

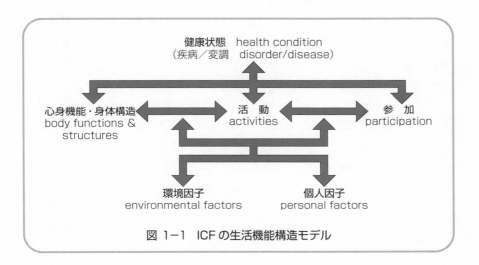

図 1-1　ICF の生活機能構造モデル

　この考え方を明快に示すものとして，環境心理学者レヴィン（Lewin, K.）の公式を紹介する。以下のレヴィンの公式［1］は，人間の行動は，その人の性格などの個人内要因と，その人が置かれた環境との相互作用（f：関数）によって生じるものであることを示している。

$$B = f (P,\ E) \cdots\cdots\cdots\cdots\cdots\cdots\cdots\cdots\cdots\cdots\cdots\cdots\cdots\cdots\cdots\cdots\cdots\cdots［1］$$
　　B：人間の行動，P：性格などの個人内要因，E：環境

　仮に，障害児者自身の障害特性や性格（個人内要因）に，認知機能・知的機能の困難が生じる原因を帰属されるならば，レヴィンの公式において，環境を示す「E」を除いた形になるため，以下の式［2］のように表される。

$$B = f (P) \cdots\cdots\cdots\cdots\cdots\cdots\cdots\cdots\cdots\cdots\cdots\cdots\cdots\cdots\cdots\cdots\cdots\cdots\cdots\cdots［2］$$

　この式に基づくならば，障害児者自身の個人内特性（能力，性格など）が変化しなければ，行動も変化しないということになる。レヴィンの公式［1］に比べると，障害児者が抱える，社会生活における「活動と参加の制約」を，障

害児者自身の問題としてとらえていることが理解できるだろう。

　もっとも，ICF の考え方やレヴィンの公式［1］は，環境（空間の構造や設えなどの物理的環境，人の属性や関わり方などの対人的環境，社会制度やルール・慣習などの社会文化的環境といった環境など）を変えれば，「活動と参加の制約」がすべて解消されるとは述べていない。

　ICF では，障害という現象を，健康上の問題から直接的に生じるものであり専門職（医師・看護師，学校教員，言語聴覚士など）による個別的な対応によって改善しようとする医学モデル（medical model）と，障害を主として社会によってつくられた問題（諸状態の集合体）とみなし，社会のあり方を変えることで障害状況を変えようとする社会モデル（social model）の統合を図っている。

　学校教育にあてはめてみると，それぞれの障害特性に応じた合理的配慮の提供，および基礎的環境整備によって障害状況の軽減・解消を図ることは社会モデル，各個人の学力・社会適応能力を高めるために支援・指導することは医学モデルに立脚した取り組みと考えることができる。これらは，車の両輪のようなものである。

　ハート（Hart, R.）は，子どもが効果的に社会に参画していくためには，ピアジェの発達段階を参考に，子どもの認識発達の段階に応じて，徐々に責任ある役割を担う経験を積み重ねていくことが重要であると指摘している（図1 - 2）。彼の立場に立脚すれば，仕事もその仕事に関連した情報も提供されず，何も決定する権利が与えられないのであれば，参画していない（非参画）ことと同義である。反対に，発達段階に応じた仕事・情報・決定権を割り振ることで，子どもは主体的に，そして効果的に社会に参加する意欲・態度を習得する（図1 - 3）。ハートのモデルは，子どもの発達段階に応じて処理できる仕事・情報・決定権を割り振ること（社会モデル）と，その上で子ども自身の参画能力を高めること（医学モデル）の統合を目ざしているといえる。

　特別支援教育を担当する教員も，認知機能・知的機能の困難がある人の発達段階（その時々に有している心身機能）を細やかに把握した上で，もっている力を最大限発揮するために必要な環境をつくり，その環境において成功体験を積み重ねることで，子どもが次の段階へと発達することを促そうとするだろう。その意味でも，本節で述べた新しい考え方・視点を統合し，教育実践に反映させることが強く期待されている。

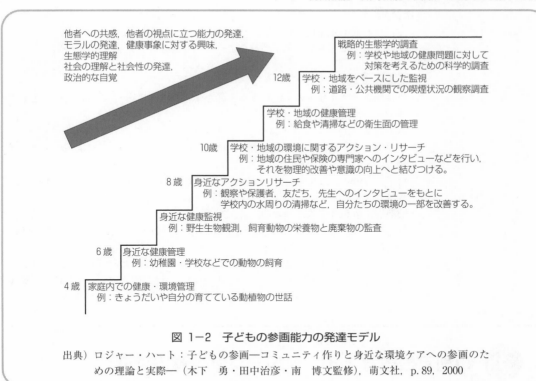

図 1-2　子どもの参画能力の発達モデル

出典）ロジャー・ハート：子どもの参画―コミュニティ作りと身近な環境ケアへの参画のための理論と実際―（木下　勇・田中治彦・南　博文監修），萌文社，p.89，2000

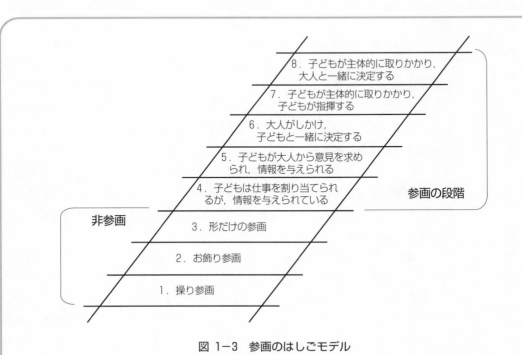

図 1-3　参画のはしごモデル

出典）ロジャー・ハート：子どもの参画―コミュニティ作りと身近な環境ケアへの参画のための理論と実際―（木下　勇・田中治彦・南　博文監修），萌文社，p.42，2000

演習課題

1．ICF と ICIDH の違いを，自分のことばで説明してみよう。
2．社会モデルと医学モデルの統合について，自分の考えをまとめよう。

参考文献

・松村暢隆：アメリカの才能教育：多様な学習ニーズに応える特別支援，東信堂，2003.
・村上宣寛：IQ ってホントは何だ？，日経 BP 社，2007.
・厚生労働省：国際生活機能分類―国際障害分類改訂版―（日本語版）の厚生労働省ホームページ掲載について，2002.
　https://www.mhlw.go.jp/houdou/2002/08/h0805-1.html（最終閲覧：2019年 2 月 5 日）
・内閣府：令和 2 年版高齢社会白書，2020.
　https://www8.cao.go.jp/kourei/whitepaper/w-2017/html/zenbun/index.html（最終閲覧：2019年 2 月 5 日）
・ロジャー・ハート：子どもの参画―コミュニティ作りと身近な環境ケアへの参画のための理論と実際―（木下　勇・田中治彦・南　博文監修），萌文社，2000.

❹ 特別支援教育・インクルーシブ教育の推進

2007年の文部科学省初等中等教育局長による「特別支援教育の推進について（通知）」[1]に示されている特別支援教育の理念は次のようになっている。「特別支援教育は，障害のある幼児児童生徒の自立や社会参加に向けた主体的な取組を支援するという視点に立ち，幼児児童生徒一人一人の教育的ニーズを把握し，その持てる力を高め，生活や学習上の困難を改善又は克服するため，適切な指導及び必要な支援を行うものである。」

特別支援教育では，幼児児童生徒が在籍する学校において，その生活や学習上の困難を改善または克服することが求められている。ここで重要なことは，障害そのものを改善，克服するのではなく，生活や学習上の困難を改善，克服することである。

また，特別支援教育について，次のようにも示されている。「特別支援教育は，これまでの特殊教育の対象の障害だけでなく，知的な遅れのない発達障害を含めて，特別な支援を必要とする幼児児童生徒が在籍する全ての学校において実施されるものである。さらに，特別支援教育は，障害のある幼児児童生徒への教育にとどまらず，障害の有無やその他の個々の違いを認識しつつ様々な人々が生き生きと活躍できる共生社会の形成の基礎となるものであり，我が国の現在及び将来の社会にとって重要な意味を持っている。」

　この通知からわかることは，特別支援教育は，特別な支援を必要とする幼児児童生徒が在籍するすべての学校が実施の対象であり，特別支援教育の推進が教育現場で求められているということである。

1　インクルーシブ教育システムとは

　日本の2014年の「障害者の権利に関する条約」の批准により，日本においても共生社会の実現に向けたインクルーシブ教育システム構築を進めていくことになった。インクルーシブ教育システムとは，簡単にいうと，障害がある人と障害がない人がともに学ぶ仕組みのことである。「障害者の権利に関する条約」では，障害がある人が一般的な教育システムから排除されないこと，自己の生活する地域において初等中等教育の機会が与えられること，その人個人に必要な「合理的配慮」が提供されることなどが必要とされている。

障害者の権利に関する条約
2006年に国連総会において採択された，あらゆる障害者の尊厳と権利を保障するための条約。

　また，中等教育審議会中等教育分科会報告[2]では，「インクルーシブ教育システムにおいては，同じ場で共に学ぶことを追求するとともに，個別の**教育的ニーズ**のある幼児児童生徒に対して，自立と社会参加を見据えて，その時点で教育的ニーズに最も的確に応える指導を提供できる，多様で柔軟な仕組みを整備することが重要」とされている。

教育的ニーズ
その子どもにとって必要な学習手段や学習内容のこと。

　インクルーシブ教育システムにおいては，本人，保護者，学校の教員が共通理解し，本人にとって必要な必要な支援と適切な指導に関する合意形成が必要となる。そして，対象となる幼児児童生徒の実態に応じた基礎的な環境が整備され，必要な合理的配慮が提供されることが重要となるのである。

2　知的障害特別支援学級，特別支援学校（知的障害）とは

　知的障害**特別支援学級**や**特別支援学校（知的障害）**は，インクルーシブ教育システムにおいては，次のように位置づけされている。

　自立と社会参加を見据えて，その時点で教育的ニーズに最も的確に応える指導を提供できる，多様で柔軟な仕組みを整備することと示されている学校や学級として，通常の学級，**通級による指導**，特別支援学級，特別支援学校がある。

　このように，個々の特性に応じた教育環境を提供することができるように，連続した学びの場として，知的障害特別支援学級や特別支援学校（知的障害）が位置づけられているのである。ここでは，文部科学省による知的障害特別支援学級と特別支援学校（知的障害）について触れておく[3]。

特別支援学級
第3章第3節参照。

特別支援学校（知的障害）
第3章第1節参照。

通級による指導
通常の学級に在籍しながら個別的な特別支援教育を受けることができる制度。小・中・高校で実施されている。

特別支援学校（知的障害）について

　知的障害の子どもたちのための教科の内容を中心にした教育課程を編成し，一人一人の言語面，運動面，知識面などの発達の状態や社会性などを十分把握した上で，生活に役立つ内容を実際の体験を重視しながら，個に応じた指導や少人数の集団で指導を進めています。

　小学部では基本的な生活習慣や日常生活に必要な言葉の指導など，中学部ではそれらを一層発展させるとともに，集団生活や円滑な対人関係，職業生活についての基礎的な事柄の指導などが行われています。

　高等部においては，家庭生活，職業生活，社会生活に必要な知識，技能，態度などの指導を中心とし，例えば，木工，農園芸，食品加工，ビルクリーニングなどの作業学習を実施し，特に職業教育の充実を図っています。

知的障害特別支援学級について

　必要に応じて特別支援学校の教育内容等を参考にしながら，小集団の中で，個に応じた生活に役立つ内容が指導されています。小学校では，体力づくりや基本的な生活習慣の確立，日常生活に必要な言語や数量，生活技能などの指導を実施しています。また，中学校では，それらを更に充実させるとともに，社会生活や職業生活に必要な知識や技能などを指導しています。

［文部科学省：特別支援教育について］

　いずれにしても，将来の生活のありようを考えて教育が進められなければならないということである。

3　合理的配慮とは

　インクルーシブ教育システムの構築においては，合理的配慮の提供は必須である。合理的配慮について，中央教育審議会の報告[4]では，「障害者が他の者と平等にすべての人権及び基本的自由を享有し，又は行使することを確保するための必要かつ適当な変更及び調整であって，特定の場合において必要とされるものであり，かつ，均衡を失した又は過度の負担を課さないものをいう」と示されている。特定の場合において必要とされるものと表現されているのは，対象となる人，一人ひとりの実態に応じて決定されるものであるということである。つまり，特別扱いすることを求めているのである。一人ひとりの実態は，成長に応じて変化すると考えられるので，合理的配慮の内容も一度決定したものがすべてではなく，継続されるものと新たに加わるもの，また，形を変えるものとさまざまあることが予想される。そのため，ケース会議などを実施し，学校と本人，保護者により発達段階を踏まえて共通理解を図りながら合意形成をした上で提供されることが望ましい。

　また，合理的配慮の具体的な内容については，**個別の指導計画**や**個別の教育**

個別の指導計画
第3章第4節2参照。

個別の教育支援計画
第3章第4節1参照。

支援計画などの中に記載するようにし，その評価を資料としながら，定期的に見直していくことが求められる。

4　特別支援教育コーディネーターとして

　合理的配慮の決定や合意形成の際に大きな役割を果たすのが，特別支援教育コーディネーターである。特別支援教育を推進する上でのキーパーソンであると考えることができる。校内委員会，校内研修の企画や運営，関係機関と学校，保護者との連絡調整，相談なども役割として担うことになると考えられる。このような重要な役割を担うことが期待されることから，校内での位置づけをはっきりさせ，仕事の内容も明確にしておくことが重要である。

　特に特別支援学校（知的障害）や知的障害特別支援学級においては，知的障害がある子どもの実態に応じた合理的配慮についての情報を得ておくことが重要になってくると考えられる。知的障害がある児童生徒に対する合理的配慮に対する概念は，発想そのものが新しいため，どのような環境を整える必要があるのかなどについては，あまり議論されてこなかった。また，同様に保護者にとっても新しい概念であるため，子どもや保護者からの直接的な求めが少ないと考えられる。そのため，担任が子どもたちの代弁者として，発信することができるように，特別支援教育コーディネーターが助言や情報提供することができるようにしておくことが大切である。

　また，特別支援学校における特別支援教育コーディネーターは，センター的機能の役割から，地域の学校への指導や助言も行っていく必要がある。

　このような特別支援教育コーディネーターに求められるものとしては，特別支援教育に関する理解，アセスメントの技能，支援方法に関する知識，調整力とカウンセリング能力などがあげられる。

5　校内委員会

　校内委員会は特別支援教育を学校で推進する上で，学校における中核的な役割を果たす組織である。担任が一人で対応に悩むのではなく，学校全体で情報を共有し，担任を支援するための組織でもある。つまり，特別な支援を必要とする児童生徒への支援については，校内委員会で検討するようにし，学校全体で取り組むようにするということである。そのために，定期的な実施に加え，必要に応じていつでも開催することができるように位置づけておくことが重要である。

　校内委員会の役割として一般的に次のような役割が考えられる。

・子どもの学習上，生活上の困難のアセスメントによる実態の把握

・アセスメントに基づく，学習上・生活上の困難を改善・克服するための支援方法の検討と評価

・作成された個別の教育支援計画に基づく具体的支援方法の実施内容の共通理解

・合理的配慮の具体的方法の検討

・特別支援教育関連の研修会などの企画

以上のようなことは，校内委員会で果たす役割の一部になるが，それぞれの学校の状況に応じて当然，役割は変わっていく。在学する子どもたちが楽しく有意義な学校生活を送ることができるようにするために，校内委員会の活用は重要である。

6 交流及び共同学習

校内委員会などは，特別支援教育の対象の児童生徒の充実した学校生活にとって必要であり，対象の子どもたちを受け入れる環境が整っているかどうかも非常に重要である。校内委員会で検討された合理的配慮を取り入れて授業をしようとしても，クラスにいる子どもたちが対象となる児童生徒への合理的配慮の内容を受け入れられなければ，インクルーシブ教育システムの構築は図れないからである。

また，基礎的環境整備についても，整っているかどうか検討する必要もあるだろう。

周囲の理解を得るための方法として，「交流及び共同学習」がある。障害がある子どもが地域社会の中で積極的に活動し，その一員として豊かに生きる上で，障害のない子どもとの「交流及び共同学習」をとおして相互理解を図ることはきわめて重要である。相互理解においては，双方にメリットがなければならない。障害がある子どもにとって有意義であるという理由で活動するだけではなく，小・中学校などの子どもたちや地域の人たちが，障害がある子どもとその教育に対する正しい理解と認識を深めるための絶好の機会ともしていく必要があるのである。

これまで，実施されてきた活動をみると，地域や学校の実態に応じてさまざまなものが検討されている。特別支援学校と小・中学校などとの間では，学校行事や総合的な学習の時間，一部の教科で活動をともにする直接的に触れ合う活動や，作品の交換やインターネットによるやりとりなど，間接的な活動も行われているようである。

小・中学校の特別支援学級と通常の学級の間では，実施方法を工夫しながら，日常の学校生活のさまざまな場面で交流活動が行われている。とはいえ，同じ学校で学んでいる場合は，設定した場面でのみ交流するというのではなく，日

常で過ごす中で自然と交流が生まれるように整えていくことが重要である。

　特別支援学校の子どもたちと地域社会の人たちとの交流の取り組みとして，文化祭などの学校行事に地域の人たちを招き，学習の様子を紹介したり，互いに交歓する活動を行ったり，地域での行事やボランティア活動に子どもたちが参加するなどがある。

　また，特別支援学校の子どもたちが，自分が住んでいる地域の小・中学校との間で，教育課程上の位置づけを明確にした上で，小・中学校の遠足に参加したり，一部の教科学習をともに受けたりするなどの活動も，「交流及び共同学習」として位置づけられるだろう。

　いずれにしても，インクルーシブ教育システム構築のための方法であるということを念頭に置き，「交流及び交流学習」を実施しているということを忘れてはならない。

演習課題
1．合理的配慮について，具体的なアイディアを考えてみよう。
2．特別支援教育コーディネーターの仕事と役割を考えてみよう。

引用文献
1）文部科学省：特別支援教育の推進について（通知），2007.
　http://www.mext.go.jp/b_menu/hakusho/nc/07050101.htm（最終閲覧：2019年10月24日）
2）中央教育審議会：共生社会の形成に向けたインクルーシブ教育システム構築のための特別支援教育の推進（報告），2012.
　http://www.mext.go.jp/b_menu/shingi/chukyo/chukyo3/044/attach/1321668.htm（最終閲覧：2019年10月24日）
3）文部科学省：特別支援教育について　4．それぞれの障害に配慮した教育（3）知的障害教育.
　http://www.mext.go.jp/a_menu/shotou/tokubetu/004/003.htm（最終閲覧：2019年10月24日）
4）中央教育審議会：共生社会の形成に向けたインクルーシブ教育システム構築のための特別支援教育の推進（報告）　参考資料，2012.
　http://www.mext.go.jp/b_menu/shingi/chukyo/chukyo3/siryo/attach/1325884.htm（最終閲覧：2019年10月24日）

参考文献
・中央教育審議会：初等中等教育分科会（第80回）配布資料，資料1特別支援教育の在り方に関する特別委員会報告　1．共生社会の形成に向けて，2012.
　http://www.mext.go.jp/b_menu/shingi/chukyo/chukyo3/siryo/attach/1325884.htm（最終閲覧：2019年10月24日）
・独立行政法人国立特別支援教育総合研究所：特別支援教育の基礎・基本，ジアース教育新社，2010.
・特別支援教育の推進に関する調査研究協力者会議：特別支援教育のさらなる充実に向けて（審議の中間まとめ），2009.

第2章

心理・生理・病理

❶ 医学的基礎知識（生理・病理）

1 疫学・成因

（1）疫　　学

DSM-5
「精神疾患の診断と統計のためのマニュアル第5版」（Diagnostic and Statistical Manual of Mental Disorders：DSM）（アメリカ精神医学会作成）米国精神医学会（APA）の精神疾患の診断分類，改訂第5版（2013年）。
DSM-Ⅳが発表された1994年以来，19年ぶりの改訂となった。ASDの新設や双極性障害の独立など従来の診断カテゴリーから大幅な変更が施されることとなった。

ICD-10
「疾病及び関連保健問題の国際統計分類」(International Statistical Classification of Diseases and Related Health Problems：ICD)とは，異なる国や地域から，異なる時点で集計された死亡や疾病のデータの体系的な記録，分析，解釈および比較を行うため，世界保健機関憲章に基づ
（p.23へ続く）

知的障害は，DSM-5においては「知的能力障害（知的発達症／知的発達障害）」，ICD-10においては「精神遅滞」という診断名となる。知的能力障害（知的発達症）は，発達期に発症し，概念的，社会的，および実用的な領域における知的機能と適応機能両面の欠陥を含む障害である[1]。ここでは，知的障害における疫学的な事項を述べる。知能指数（IQ）については第1章で触れたが，知能指数を多因子性の特徴である正規分布と考え，平均を100として，1SD（標準偏差）以下を知的障害とすれば，集団中の知的障害の頻度は約15％となる。2SD（標準偏差）以下を基準とすれば約2.27％となる。ブルガー（Brugger, C.）（1931）は，1929年の調査の結果，精神薄弱(知的障害)の有病率は人口100に対し，0.54であったと報告している[2]。実際に一般集団を対象に行われた疫学調査では，知的障害の発生率は人口の1％と概算されている。知的障害を有する人のうち軽度は85％程度，中等度は10％程度，重度3〜5％，最重度は1〜2％を占めるといわれている[3]。「令和3年版　障害者白書」によると，日本の知的障害がある人（知的障害がある子どもを含む）は2018年現在109万4千人であった。総人口で計算すると0.9％程度となる。2012年と比較して約55万人増加している。知的障害は発達期に現れるものであり，発達期以降に新たに知的障害が生じるものではないことから，身体障害のように人口の高齢化の影響を大きく受けることはない。以前に比べ，知的障害に対する認知度が高くなり，療育手帳取得者が増加したことが要因のひとつと考えられる[4]。

性差については，知的障害が女性よりも男性に多いことは古くから知られており，DSM-Ⅳでは1.5対1，スチマンスキー（Szymanski, L. S.）らによると1.6対1であった[5]。他の報告での数値もほぼ同等とされている。この男女差のもっ

とも大きい原因は遺伝的要因によるものと考えられている。つまり，脆弱X症候群（p.27参照）を代表とする知的障害を伴う遺伝病が，定型的には男性のみに出現するからである。知的障害の頻度に男女差が生じるそのほかの要因として，男性に適応や行動上の問題が生じやすいことや，「読み」における男女差などが推測されている[6),7)]。「平成28年生活のしづらさなどに関する調査」において，日本における知的障害児者数（療育手帳所持者数）を性別にみると，65歳未満では男性が49万7千人（62.5%），女性が29万5千人（37.1%），65歳以上では男性が8万9千人（53.0%），女性が7万3千人（43.5%）となっている。

「令和3年版　障害者白書」によると，知的障害者の年齢分布としては，在宅の知的障害者96万2千人の年齢階層別の内訳をみると，18歳未満21万4千人（22.2%），18歳以上65歳未満58万人（60.3%），65歳以上14万9千人（15.5%）となっている。身体障害者と比較すると18歳未満の割合が高い一方で，65歳以上の割合が低い点に特徴がある。

（2）要　　因

1）生理的要因

特に知能が低くなる疾患を有しているるわけではないが，たまたま知能指数が低くて障害とみなされる範囲である場合が該当する。生理的要因から偶然にも遺伝子の組み合わせで生まれたことなどが原因と考えられる。このように多遺伝子により決定されると推定される知的障害の群を家族性あるいは生理的知的障害という。この群は，病的知的障害の範囲とは考えられず，多くは合併症もなく，身体の健康状態は良好である。知的障害者の大部分はこのタイプであり，知的障害の程度は，軽度から中等度（IQはほとんど50〜70に分布）であることが多い。

2）病理的要因

知的障害の原因としては，①出生前の要因：染色体異常（ダウン症候群，脆弱X症候群，クラインフェルター症候群，ターナー症候群，猫鳴症候群など），先天性代謝異常（アミノ酸代謝異常；フェニルケトン尿症，メープルシロップ尿症など，糖代謝異常：ガラクトース血症など，ムコ多糖代謝異常：ハーラー症候群，ハンター症候群など），先天性内分泌異常（クレチン症など），神経皮膚症候群（結節性硬化症など），②周生期の要因：胎児の低栄養，母体内での感染：梅毒，風疹，トキソプラズマ感染症，サイトメガロウイルス感染症，仮死症による低酸素脳症など，③出生後の要因：脳炎などの感染症，**ウエスト症候群**などの難治性てんかん，脳白質ジストロフィーなどの変性疾患，脳挫傷・脳出血などの脳損傷など，と分類される。しかし，原因が以上のいずれかを診断できず，原因不明なことも多い。脳性麻痺やてんかんなどの脳の障害や，心臓病などの

（p.22の続き）
き，世界保健機関（WHO）が作成した分類である。最新の分類は，ICDの第10回目の改訂版として，1990年の第43回世界保健総会において採択されたものであり，ICD-10（1990年版）と呼ばれている。

ウエスト症候群
ウエスト症候群（点頭てんかん）は，両上肢の突然の屈曲，体幹の前屈，下肢の伸展，および脳波上のヒプスアリスミア（同期性の乱れた不規則の高電位棘徐波）を特徴とするてんかん発作である。

内部障害を合併している場合も多く，身体的にも健康ではないことも多い。

3）心理社会的要因

　子どもが育つ環境要因の不備，養育者の虐待や会話の不足，あるいはまったく放置されたために学習の機会が奪われ，発育環境が劣悪であることが原因で知的障害を生じることがある。これら心理社会的要因によって，知的障害の程度は軽度だったり重度だったりする。知的障害に不利な状況がとりわけ早期に起こり，放置され，長く慢性的に続く場合には，その他の要因がないあるいは些少であっても，知的障害が引き起こされる可能性がある。児童虐待児，**野性児**，**ホスピタリズム**などがこの例とされる。このようにして生じた知的障害は，心理社会的要因の早期発見と適切な治療教育によって，回復が可能である場合と回復困難な場合がある。その決定要因として，何歳で知的障害に対する治療的処置が開始されたか，すなわち発達心理学における発達の臨界期の問題が関わる[8]。

　知的障害の成立に主に病理的要因や生理的要因が働いた場合でも，心理社会的要因がそれに関連して働き，重症化していることも考えられる。疫学においては，健康事象の原因を「病因」「宿主要因」「環境要因」の三つに分ける「疫学的三要因」という考え方があるが，それに照らし合わせて考えれば，知的障害（発達障害の一部として考える）の「病因」としては，病理的要因（染色体異常，未熟児，感染症，脳損傷など）が，「宿主要因」としては生理的要因（家族性あるいは生理的知的障害など），「環境要因」としては心理社会的要因（養育者，家族，社会状況など）が想定される。疫学的三要因は相互に影響を及ぼしながら，健康事象（知的障害）の成立および進展に大きく関与している。

野性児
何らかの原因により人間社会から隔離された環境で育った少年・少女のこと。

ホスピタリズム
乳幼児期に，何らかの事情により長期に渡って親から離され施設に入所した場合に出てくる情緒的な障害や身体的な発育の遅れなどを総称して言うものである。「施設病」「施設症」と呼ぶこともある。

2　合併症（障害）

　障害を二つ以上合わせもつことを重複障害という。厚生労働省では，具体的に視覚障害，聴覚障害，言語障害，肢体不自由，内部障害，知的障害，精神障害の七つの障害のうち二つ以上を合わせもつこととされている。一方，「学校教育法」では，視覚障害，聴覚障害，知的障害，肢体不自由，病弱（身体虚弱を含む）の五つのうち二つ以上を併せ有する場合が重複障害とされている。

（1）知的障害に合併する発達障害

1）ASD（Autism Spectrum Disorder：自閉症スペクトラム障害）

　ASDとは，3歳位までに現れ，①他人との社会的関係の形成の困難さ，②ことばの発達の遅れ，③興味や関心が狭く特定のものにこだわることを特徴とする行動の障害であり，中枢神経系に何らかの要因による機能不全があると推定される。これら三つの症状以外にも，多動・感覚過敏・手先の不器用さな

どを示すことが少なくない。ASD では半数近くが知的障害を併存していると
され，他方，軽度の知的障害がある人の 1 ～ 2 ％，重度の知的障害がある人の
5 ％程度が自閉症をもつと考えられている[9]。

　注）1930年に「カナー型（古典的）自閉症」が提唱され，その後 DSM–Ⅳ では「広
　　　汎性発達障害」の下位概念として「アスペルガー症候群」が分類されていた。
　　　DSM–5 では ASD として分類されるようになった。

2 ）ADHD(attention-deficit hyperactivity disorder：注意欠陥多動性障害，注意欠如・多動性障害，注意欠如・多動症)

　ADHD とは，年齢あるいは発達に不釣り合いな注意力，および／または衝
動性，多動性を特徴とする行動の障害で，社会的な活動や学業の機能に支障を
きたすものである。また，7 歳以前に現れ，その状態が継続し，中枢神経系に
何らかの要因による機能不全があると推定される。知的障害がある人の約11％
に ADHD がみられるという報告がある[10]。

3 ）LD （learning disability：限局性学習症，学習障害)

　LD とは，基本的には全般的な知的発達に遅れはないが，聞く，話す，読む，
書く，計算するまたは推論する能力のうち特定のものの習得と使用に著しい困
難を示すさまざまな状態を指すものである。LD は，その原因として，中枢神
経系に何らかの機能障害があると推定されるが，視覚障害，聴覚障害，知的障
害，情緒障害などの障害や，環境的な要因が直接の原因となるものではない。
元来，LD は知的障害が認められない場合に使用される概念であるが，軽度の
知的障害があり，かつ特定分野で一層の能力障害がみられる場合にも用いられ
るようになった（文部科学省の定義）。

4 ）CD （conduct disorder：素行障害，行為障害)

　反復し持続する反社会的・攻撃的・反抗的な行動パターンを呈するものが
CD である。① 人または動物に対して攻撃的，② 所有物の破壊，③ 人に嘘を
つく・物を盗む，④ 決められたルールの違反，などが症状としてあげられて
いる[1]。素行障害・行為障害は，知的障害の 1 ～16％に合併するといわれる[11]。

（2）知的障害に合併する精神障害

　精神障害は，一般人口と比べ，知的障害がある人でより多くみられる。精神
障害のタイプは知的障害がある人でも知的障害がない人でも同じとされてい
る。不安障害とストレス障害の発生率は，同年齢の知的障害がない人と比べ，
知的障害がある人でより高い。また知的障害に伴う問題行動として，自傷行為，
他傷などの攻撃的行動，常同行動，異食や多飲などの食行動異常などが高い割
合で認められる[12]。さらに，知的障害がある人は認知症を発症するリスクが異
例に高く，特に40歳代後半から50歳代でピークを迎えるといわれている。

1）てんかん（epilepsy）

てんかんとは脳の慢性疾患で，脳波異常に基づいて繰り返しけいれんなどの発作症状を呈するものである。原因はさまざまであるが，例えば周生期の障害，仮死分娩や頭蓋内出血などがある。先天性の脳の奇形なども原因となる。脳腫瘍，頭部の外傷，脳炎，髄膜炎などの感染症，脳血管障害，低酸素脳症など非常に多くの，また多様な原因で起こることがあり，これらは「症候性てんかん」と呼ばれる。てんかんの分類基準は，発作型と脳波像，病因，焦点の解剖生理学的局在，発作誘因，発病年齢，発作の強度，予後，バイオリズムによってなされている。こうした診断分類に基づいて治療が行われる。知的障害におけるてんかんの合併は一般人と比較すると高率である。その頻度は報告者によって異なるが，知的障害の重症度や年齢，病因により異なってくる。軽度知的障害で6％，重度知的障害で30％，最重度知的障害で50％という報告がある[13]。一般的にてんかんの**有病率**は0.5〜0.9％といわれている。これらの事実は知的障害と脳損傷の関連によると考えられる。逆にてんかんが知的障害の原因になっているものは少ないが，**けいれん重積**やウエスト症候群などで発達の停滞だけではなく退行もみられることが知られている[14]。

2）統合失調症（schizophrenia）

知的障害に統合失調症を合併する頻度としては1.3〜6.2％と報告されているが[15]，ほぼ3％とする報告が多い。このとき注意すべきはASDと統合失調症との鑑別である。もともとカナー（Kanner, L.）は小児の精神病としてASDを報告した。しかしラター（Rutter, M.）らにより，ASDは発達障害であり統合失調症とは異なる病態であることが明らかにされた[16]。知的障害やASDではストレス状態から混乱したり被害的になったりすることがある。ASDの症状を誤って統合失調症ととらえられることもあるかもしれない。逆にコミュニケーションの問題から周囲に気づかれないままのこともある。鑑別においては発達歴など詳細な問診が必要となる所以である[14]。

3）気分障害（mood disorder）

子どもや知的障害では人格構造が未熟なためうつ病は発現しないといわれてきたが，最近では小児のうつ病も認識されるようになった。知的障害におけるうつ病は成人で1.2〜3.2％，小児で1.5〜2％と報告者により幅がある[17]。知的障害におけるうつ症状は，一般人の場合と異なり非特異的であることが報告されている。抑うつ状態にある知的障害児では，不快感と悲しみ，生活リズムの変化，活動性の変化，不機嫌などの徴候がみられる。また環境への不適応から抑うつ状態になることは珍しいことではなく，不安，強迫，食欲低下，緊張，自殺念慮などの症状がみられる[14]。

有病率
ある一時点において疾病を有している人の割合。

けいれん重積
発作がある程度の長さ以上に続くか，または，短い発作でも反復し，その間の，意識の回復がないもの。

（3）知的障害に合併する内部障害

　内部障害とは，「身体障害者福祉法」第4節に定める，肢体不自由以外の体の内部の障害であり，「1.心臓機能障害，2.腎臓機能障害，3.呼吸器機能障害，4.膀胱・直腸機能障害，5.小腸機能障害，6.ヒト免疫不全ウイルスによる免疫機能障害（HIV感染症），7.肝臓機能障害」の七つを指す（身体障害者福祉法）。知的障害児者においても重複することはあるが，体の内部に障害を有するため，外見上では他者に理解を得づらい傾向がある。

（4）知的障害に合併するその他身体疾患（生活習慣病など）

　知的障害児者には，肥満による糖尿病や高脂血症，心筋梗塞，脳梗塞などを起こすリスクが高いと報告されている。特に中等度や重度では，高血圧や糖分の摂り過ぎ，脂肪分の摂り過ぎなどと健康診断の結果で指摘されやすい。ASDを伴う場合には，健康状態に異常がある場合が特に多いとされ，未成年のうちに発作や精神状態などの理由で繰り返しあるいは長期間入院させられるケースもある。

3　疾　　患

　以下，知的障害の頻度の高い代表的な疾患について述べる。

1）ダウン症候群

　1866年，イギリスのダウン医師（Down, J. L. H.）によりひとつの疾患単位であると発表された。原因は21番染色体の過剰であり，遺伝子・染色体関連異常のなかでは最も頻度が高い。この症候群の約95％を占める「21番染色体トリソミー」では，母親が高齢であるほどダウン症児が出生する確率が高くなり，25歳で1/1,200，40歳で1/100の出生率といわれている。しかし残りの約5％を占める「転座型」の場合には母親の年齢とは無関係に出現する。

　症状としては，扁平な丸顔で，切れ長の眼と低い鼻，巨大舌，手掌単一屈曲線（手のひらに一直線にのびる深いシワのこと）といった身体的特徴をもつ。全身の筋緊張低下がみられる。身体的には生命にかかわる奇形，すなわち心臓や消化管の奇形をしばしば合併している。また視覚異常，自己免疫性疾患，白血病，てんかんなどを合併しやすい。早期（40歳代）より老化するといわれている。情緒的には，人懐こくリズム感にあふれ，比較的良好な対人コミュニケーションを築ける人が多い[18]。

2）脆弱X症候群

　X連鎖性染色体異常の知的障害の代表的な疾患である。顔貌の異常と特徴的な顔貌と巨大睾丸を伴う。発生頻度は2,000～4,000人に1人と推定される。知的障害の原因としてはダウン症候群に次いで多い。知的障害が主症状であり，

その程度は重度から境界域までさまざまである。顔貌は前頭部凸による頭囲拡大，細長い顔と長い顎，大きな耳介が特徴的である。時に巨大睾丸，関節の過伸展，扁平足，漏斗胸を伴う[19)]。

漏斗胸
胸骨やろっ骨が陥凹して胸の中央が漏斗のようにくぼむ病気。

3）結節性硬化症

結節性硬化症とは，皮膚と脳神経に結節が多発する，神経皮膚症候群の代表的な疾患である。① 知的障害，② けいれん発作，③ 顔面の皮脂腺種（両側の頬，特に鼻周辺に直径数ミリ程度の脂肪の塊のようなぶつぶつが多発する）を三徴候とする。優性遺伝であり，5万人に1人の割合で出現する。

4）フェニルケトン尿症

肝臓におけるフェニルアラニン水酸化酵素の先天的な欠損のために，食物中のフェニルアラニン（アミノ酸）がチロジンへと代謝されず，その結果としてフェニルアラニンの異常代謝物質であるフェニル乳酸・酢酸などが異常に増加し，それが脳神経に蓄積することで大脳の正常な発達が阻害される疾患である。

症状としては，中等度～重度の知的障害，けいれん，皮膚および毛髪の色素減少による白色皮膚と赤毛，尿がネズミ臭であることなどである。常染色体劣性遺伝で，8万人に1人の発生がある。

生後早期に全新生児で血中のフェニルアラニンの量を調べ（新生児マススクリーニング），高値の場合には生後2～3か月までに低フェニルアラニン食を開始することで知的障害を予防することができる。

5）クレチン症

先天的に甲状腺機能低下症があると，胎児の時期から脳の発達が阻害され，さらに出生後の脳発達も阻害される結果として，知的障害が生じる。

症状としては，出生6か月ころより，知能・身体発達の遅れ，低体温，乾燥皮膚，巨大舌といった特徴が明らかとなる。生後早期に血中の甲状腺ホルモンの量を調べ（新生児マススクリーニング），低値な場合には甲状腺ホルモンを投与することにより，知的障害を予防することができる[18)]。

4　医学的評価（視覚・聴覚・その他）

感覚は，大きく三つに分けることができる。一般的には，体性感覚，内臓感覚，特殊感覚である。このうち特殊感覚には，視覚，聴覚，嗅覚，味覚，前庭感覚が含まれる。これらが障害されると感覚障害と呼ばれる。

知的障害では，聴覚障害や視覚障害を伴うことがある。斜視，白内障，角膜混濁，虹彩欠損，眼振，網膜色素変性症など眼の異常を伴ったり，耳介変形や外耳道閉鎖などの奇形を伴うこともある。後天性の障害として顔面への自傷行為による網膜剥離や白内障が原因で視力障害，失明がみられることもある。視聴覚の障害の合併は療育を行う上でその方法論に大きく影響するので見逃して

はならない[14]。そのほか，体性感覚や内臓感覚の障害についても知的障害で伴うことがある。体性感覚は，表在感覚（痛覚・冷覚・触覚），深部感覚（振動覚・関節位置覚）などであり，内臓感覚は，臓器感覚（吐き気など），内臓痛などである。

5　医学的評価（運動）

　知的障害には，脳障害に起因する運動機能の障害（脳性まひ）や運動発達遅滞を伴うことがある。体全体の運動の不器用さがある場合には「発達性協調運動障害（不器用児）」と診断される。重度な知的障害と重度な運動障害とが合併したときには，「重症心身障害」と呼ばれる。知的障害児者の運動機能の特徴として，走行や跳躍などの身体運動は一般の健常児と比べて著しく異なることはないが，器用さや技術を要する協応運動の側面では遅れがみられることが指摘されている。脳性の運動障害や末梢性（脊髄・筋肉）の運動障害は，筋緊張や運動パターンの異常を伴うが，知的障害の運動の問題は，筋緊張や運動パターンの著しい異常とは異なるとされている[18]。

　知的障害に伴う運動機能の障害，運動発達遅滞に関しては，脳の広範な障害に起因するものから，知的な遅れと関連したモチベーションの問題に起因するもの，粗大運動のみならず協調運動の障害などが存在する。運動機能の障害を伴う知的障害（精神遅滞）の場合は，単に運動機能を評価して理学療法（physical therapy：PT）や作業療法（occupational therapy：OT）をするのではなく，知的能力に配慮していくことが必要である[14]。

演習課題
1．知的障害に合併する障害，知的障害を伴う頻度が高い疾病を整理しよう。
2．医学的評価について，自分のことばで整理してみよう。

引用文献
1）日本精神神経学会監修：DSM-5　精神疾患の分類と診断の手引，医学書院，pp. 17-41, 2014.
2）Brugger C.: Versuch einer Geisteskrankenzahlung in Thuringen, *Zeitschrift für Neurologie*, **133**, pp. 352-90, 1931.
3）大堂庄三：精神遅滞児の臨床　原因・脳・心理・療育，青弓社，pp. 8-14, 2003.
4）内閣府：令和元年版　障害者白書，2019.
5）Szymanski, L. S., Kaplan, L. C.: Mental Retardation, In Textbook of Child and Adolescent Psychiatry. 2 nd Ed. ed by Wiener LM, American Psychiatric Press, pp. 183-218, 1997.
6）有馬正高：精神遅滞の遺伝疫学，井上英二監修：遺伝学入門，培風館，pp. 111-142, 1986.

7）竹下研三：精神遅滞の遺伝疫学，古庄敏行他編集：臨床遺伝疫学［Ⅴ］，診断と治療社，pp. 220-234，1993.

8）太田昌孝編集：発達障害児の心と行動　改訂版，放送大学教育振興会，pp. 115-129，2006.

9）若子理恵訳：精神遅滞，長尾圭造・宮本信也監訳：児童青年精神医学，明石書店，pp. 807-821，2007（Volkmar, F. R., Dykens, E.：Mental retardation. In. Rutter & Taylor（Eds.）, Child & Adlescent Psychiatry（4 th ed.）Blackwell Publishing, 2002）.

10）Gillberg, C., Persson, E., Grufman, M., Themmer, U：Psychiatric disorders in mildly and severely mentally retarded urban children and adolescents：Epidemiological aspects, *British Journal of Psychiatry*, **149**, pp. 68-74, 1986.

11）Loeber, R., Burke, J. D., Lahey, B. B., Winters, A., Zera, M.：Oppositional defiant and conduct disorder：A review of the past 10 Years. Part I, *Journal of American Academy of Child Adolescent Psychiatry*, **29**, pp. 1468-1484, 2000.

12）佐藤新治・田中新正・古賀清治：障害児・障害者心理学特論　新訂版，放送大学教育振興会，pp. 73-83，2013.

13）黒川　徹：発達障害とてんかん，発達障害研究，**13**（2）：8，pp. 1-87，1991.

14）伊藤利之監修，伊藤利之・北村由紀子・小池純子・半澤直美編集：発達障害児のリハビリテーション―運動発達系障害と精神発達系障害―，永井書店，pp. 222-232，2008.

15）Gostason, R.：Psychiatric illness among the mentally retarded：A swedish population study, Acta phisychiatr Scand 71（suppl 318）, pp. 1-117, 1985.

16）丸井文男監訳：自閉症その概念と治療に関する再検討，黎明書房，pp. 11-39，1982（Michael Rutter and Eric Shopler：AUTISM：A Reappraisal of Concepts and Treatment, 1978）.

17）Giuberg C., Presson E., Grufman N., *et al*：Psychiatric disorders in mildly and severely mentally retarded urban children and adolescents epidemiological aspects, *Brit J Psychiatry*, **149**, pp. 68-74, 1986.

18）日本精神保健福祉士養成校協会：新・精神保健福祉士養成講座　第1巻　精神疾患とその治療　第2版，中央法規出版，pp. 191-195，2012.

19）Wattendorf, D. J., Muenke, M.：Diagnosis and management of fragile X syndrome, *American Family Physician*, **72**, pp. 111-113, 2005.

 心理学的基礎知識（認知・知的発達）

1　言語獲得の理論

　　子どもは生まれてわずか数年の間に，母語のさまざまな要素を学習する。具体的な知識としては，音の特徴，さまざまな語の意味，そして単語を結びつけ

る統語規則などが含まれる。母語の習得にかかる年数には個人間で大きな差はなく，子どもの個々の特徴や置かれた環境と無関係に，おおよそ同じ道筋を辿りことばは学ばれる。また，第二言語の習得過程とは明らかに異なり，意識的に語いや文法を学ぶ必要はなく，日常における相互的やりとりを経るだけで母語の学習は達成される。人がいかにして言語を獲得するのか，その道筋を説明する代表的な理論を三つあげ概観する。

　古典的な理論としては，スキナー（Skinner, B. F.）らによる**行動主義的アプローチ**があげられる。この理論では，言語学習を一般的な行動学習と同じようにとらえ，言語は経験によって獲得されるとする立場をとっている。経験に基づく一般的な学習とは，どのような状況で，どのような行動が行われ，その結果どのようなことが起こったかという，先行条件（antecedent）－行動（behavior）－結果（consequence）と呼ばれる過程を客観的に分析（ABC分析）することによって説明が可能であるとされている。このことを言語行動に置き換えると，例えば，子どもがほしい物を相手に要求したり，目の前にある事物を叙述したり，大人の言語を聞いて模倣したりする目的をもった状況で，「ブーブー」といった言語を発して他者に働きかけるとする。それらに対して，その言語行動が正しいものであれば，相手からの応答を得る，対象物を獲得するといった強化が行われ，誤っていれば訂正される，要求が満たされないなどの結果に至る。子どもがそのとき置かれた環境の刺激に応じて，何らかの言語反応を表出し，それに対して引き起こされるでき事によって，学習が強化されていくという段階を繰り返すことで言語学習が達成されることになる。こういった選択的強化を受けることにより，母語が学習されていくのだと説明したのが，学習論の考え方である。

　一方，人が言語を操る能力は，学習により培われるのではなく生得的に備わっていると論じたのが，チョムスキー（Chomsky, N.）である。その背景として指摘したのが，子どもを取り巻く刺激の貧困（poverty of stimulus）である。子どもが言語を獲得する過程においては，周囲の大人は，ことばの意味や規則について説明したり，子どもの間違いを逐一正したりはしない。さらには，外界から入力される言語刺激は，しばしば不完全であいまいであり，言い誤りを伴うことさえある。このような刺激の貧困状態にも関わらず，子どもは母語の規則を獲得し，大人から聞いたことのない文章を話すことすらできる。行動主義アプローチにおいては解決できないこれらの現象を指摘した上で，チョムスキーは，人間には生まれながらに**言語獲得装置**（Language Acquisition Devise：LAD）が一般的な認知機能からは独立して備わっているのだと主張した。それが機能する具体的な道筋として，人間の頭の中には，あらゆる言語に共通する普遍文法（Universal Grammar：UG）が存在するのだとし，その文法の可変的な部分が，置かれた環境によって設定されることにより，個別の文法が生成

行動主義的アプローチ
動機や感情といった心的状態に頼らず，客観的に行動を観察することで事象を理解しようとする心理学的手法のひとつ。

言語獲得装置
人間に生得的に備わっている，母語の習得を可能にする脳内のモジュール。一般的な認知機能とは分離したものと考えられている。

するのだと説明した。これにより，子どもは特別な環境や訓練を必要とすることはなく，母語の刺激入力を受けることのみにより言語を獲得できるのだとしている。この考えは，子どもがゼロから言語を学習するとする説が代表的であった時代において，非常に大きなインパクトをもって受け止められることとなった。

最後に，言語を獲得するための生得性を認めつつも，子どもの**社会的認知**の能力や，環境入力の果たす影響についても考慮したのが，ラネカー（Langacker, R.）による用法基盤アプローチ（usage-based approach）である。この理論において，子どもの言語獲得には，ことばに特化した領域固有の装置は必要なく，領域一般的な認知的スキルによって達成されると説明した。トマセロ（Tomasello, M.）は，特に重要な認知機能として，他者の意図理解などの社会的認知の能力をあげた。例えば，語いを学習する状況が例にあげられる。子どもは語い学習時，新奇なラベルだけでなく，ラベルづけをする他者の意図に注意を向ける必要がある。例えば，大人が指差しをしながら「見て，ウサギだよ」と語りかけるとき，ウサギと称される対象は，大人が指した先にあるはずである。一方，もし子どもが大人の意図した対象を追わずに，自分の手元にあるおもちゃをウサギであると学習するならば，語い獲得はうまくいかないということになる。この例が示すように，自分と他者が何に注意を向けているのか，相手が何を意図し，意図していないのかを読み取る社会的認知能力は，言語獲得に不可欠な基盤であると論じられている。また，言語獲得に重要な役割を果たすもうひとつの能力として，刺激からパターンを見いだす力があげられている。これは主に言語形式の学習に関わるものである。子どもは言語入力を重ねるうちに，一定の規則を見いだしていく。例えば，単語と単語の切れ目を見いだしたり，典型的な語順を学んだりすることがあげられ，これらを意図的行動や文脈と結びつけていくことにより，個別の言語を学習していくとしている。これに関連して，子どもの構文発達の過程について「動詞−島仮説」（verb island hypothesis）を提唱し，文法がボトムアップ的に学習される過程を説明している。普遍文法の考えによれば，ある動詞について学習された構文の知識は，瞬時にすべての動詞に汎化されると説明している。一方，動詞−島仮説においては，初期の段階では，文法は個々の動詞ごとに，離れ小島のように形成されると論じられている。つまり養育者とのやりとりで頻繁に交わされるパターンに基づき，最初は入力を受けたことのある構文が保守的に用いられるが，やがて汎用的な文法規則が生成されるのだとした。このように用法基盤アプローチでは，子どもが養育者との社会的なやりとりの中で意図の対象を共有し，パターンを学習していくという，社会認知に重きを置いた説明を行った。

以上，人がいかに言語を獲得するかという問いについては，さまざまな仮説が生み出され，議論が交わされてきた。これらのアプローチは第一言語習得の

社会的認知
自己や他者，また社会的な関係性やでき事などに関する情報を理解したり考えたりする能力。

領域のみならず，さまざまな分野と関わりをもち，応用されている。例えば，行動主義的アプローチは知的障害や発達障害を抱える子どもの支援や，睡眠や摂食を含む行動のさまざまな問題の支援（行動療法）にも取り入れられている。生成文法理論はコンピュータ言語や数学といった領域からも関心を集めており，またその知識が外国語教育の場面で用いられることもある。共同注意（p.39参照）を介したコミュニケーションモデルも同様に，言語教育の場や，社会性に困難さを抱える ASD の療育プログラムにも活かされている。

2　言語発達：話しことばの獲得

次に，具体的な言語発達の道筋について概観する。前述したように，人がことばを獲得するとき，学ばれる知識とは，母語に特徴的な音，ことばの意味，そして単語の結びつきを決める文法的な規則である。ここでは，これらの側面が生後どのような発達を遂げるのか，**定型発達**と呼ばれる子どもの経路を説明していく。

（1）音韻の発達

赤ちゃんは誕生してすぐに産声を上げる。その後数週間は，言語音声を発することはなく，咳やゲップの音や，泣き声などの叫喚音を発する。これは，口腔を占める舌の大きさが大きいこと，咽頭が高い位置にあること，口腔と鼻腔が分離されていないことなど，発声器官が構造的に未熟であることが理由とされている。

生後2～3か月ころには，咽頭の位置が下がり成人の構造に近づくため，咽頭腔において声帯の振動音が共鳴しやすくなる，舌の動きにより構音が可能になるなどの変化が生じる。これにより，「あー」「くー」といったような，のどの奥を鳴らす**クーイング**（cooing）が認められるようになる。クーイングは泣き声とは異なり，赤ちゃんがご機嫌な場面に多くみられる発声である。その後，複数の母音を「あーうー」のようにつなげたり，笑い声のような声を出したりするようになる。

4か月～6か月ころになると，咽頭部の空間がさらに広くなることで，舌を用いてさまざまな音をつくり出すことができるようになり，子音のような音声も聞かれるようになる。声の大きさや長さ，ピッチなどにもバリエーションが生じるのもこの時期であり，赤ちゃんは自らいろいろな音を試して遊ぶような行動がみられるため，声遊びの時期と称されることもある。クーイングから喃語への中間段階にあることから，過渡期喃語と呼ばれている。

その後，生後6か月から10か月ころにかけては，規準喃語（bubbling）が出現する。これは「まままま」「ななな」といったように，子音と母音の組み合わ

定型発達
発達障害またはそのような状態ではない人びと。英語では typically-development であるため典型発達と訳されることもある。健常，普通（normal）などの表現に代わり用いられるようになったが，上記以外にも，神経学的定型，神経学的多数派などの呼び方もあり，社会的な動きに伴い適切な呼称の議論は今も続いている。

クーイング
生まれて数か月の赤ちゃんにみられる，唇や舌を使わない発声。鳩のクークーという鳴き声に似通っているために名づけられた。

喃語
子音と母音を組み合わせた複数の音節に基づく発声。クーイングから初語の間に用いられる。同じ音節を繰り返す反復喃語から，異なる音節を組み合わせた非反復喃語がみられるようになる。

せによる安定した反復構造を有しており，リズムをもった音節で発声される。こういった特徴から，初期の喃語は反復（重複）喃語とも呼ばれている。その後は「あだぶ」「あべー」などの，異なる組み合わせの音節からなる非反復（多様）喃語を発するようになる。しかしこの時点では，音と対象との間に結びつきはなく，意味のあることばとはみなされない。また，周囲に人がいないときにも赤ちゃんは喃語を表出し，相手の注意を引くなどの意図は反映されていないと考えられている。第一言語獲得においては，喃語は言語普遍的な現象であるとみなされている。喃語の音の特徴は母語の性質を反映しているといわれ，聴覚に障害のある赤ちゃんにおいては，声による喃語がみられにくいが，手による喃語が表れることが報告されている。

　10か月ころになると，さらに非反復喃語にイントネーションや音の強弱が伴うようになり，養育者はわが子がことばを話し始めたと感じるようになる。これはジャーゴン（jargon）と呼ばれ，獲得母語の意味は伴わずとも，自身のことばで会話をしているような印象を与える。1歳ころには初語が現れ，有意味語を話すようになる。構音についてはゆるやかに発達が継続するが個人差も大きい。「せんせい」を「しぇんしぇい」，「さかな」を「たかな」と構音するなどの誤りが，幼児期にもみられることがあるが，就学までにはおおよその子どもが母語の音を正しく発することができるようになる。

（2）語いの発達

　1歳〜1歳3か月くらいの間に，赤ちゃんは最初のことばを話し始める。これは初語と呼ばれ，喃語やジャーゴンとは異なり，明確に意味を伴っている。初語期（初語〜50語獲得までの期間）に現れることばとして最も典型的なものは「マンマ」であるが，そのほか「ワンワン」「クック」といった身近な物に対する幼児語や，「ナイナイ」「ハイ」といった社会的なやり取りや日々の活動に関することばも現れる。一方で，この時期には動詞や形容詞などの述語や，機能語がみられることは少なく，初期の語い発達において名詞がそのほかの品詞よりも多く獲得される現象は，言語普遍的であると考えられている。また，初語の期間に学んだ単語は必ずしも継続的に使用されるとは限らず，一旦消失することもある。

　またこの時期には，語の**過剰拡張**（over extension）や**過剰縮小**（under extension）といった特徴も報告されている。過剰拡張とは，ある単語を実際の意味よりも広い範囲に適用して用いることで，例えば「ニャーニャー」を猫だけでなくすべての四足の動物に当てはめて呼ぶ，「パパ」を父親だけでなく全ての男性に対して使うことなどがあげられる。一方，過剰縮小とは，語を本来の意味よりも狭い範疇でとらえることを指し，「ワンワン」を自分の家で飼っている犬を呼ぶときにしか使わない，「ぎゅうにゅう」を紙パックに入っている文脈にだけ当てはめ，コップに入っている場面では牛乳とはとらえない，といっ

過剰拡張と過剰縮小
語い獲得初期の子どもが，単語の意味を実際よりも広い範囲に適用したり，実際よりも狭い範囲に狭めて学ぶ現象。

た例があげられる。

　1歳6か月を過ぎるころになると，子どもによる語いの学習スピードは急激に速まり，この現象は**語い爆発**（vocabulary spurt）と呼ばれている。初語期にはひと月に数語程度とゆっくりとしたペースで語いが増えていくのに対し，この時期には，多いときには一日に10語もの語いを身につけるという。ただし，語い爆発が生じない子どもや，理解語いに対して表出語いは伸びない子どもがいることも報告されており，その変化量には個人差があるようである。また，英語と日本語では，名詞や動詞の爆発期の時期が異なるという報告もなされており，言語間での違いも指摘されている。

　このような語い爆発期において，子どもは新しいことばをたった一度聴いただけで，その単語の意味を推測し学習する。これは**即時マッピング**（fast mapping）と呼ばれている。本来，新奇な語を音声で聞いたときに，その対象となりうるものは無数に存在する。例えば養育者が「クジャク」と発したとき，それがクジャクを意味するのか，クジャクが羽を広げる動作を示すのか，クジャクの頭，あるいは羽の色を表すのか，いくつもの仮説を立てることができる。そのような状況にも関わらず，おおよその場合，子どもが正しく語いを学んでいけるのはなぜだろうか。マークマン（Markman, E. M.）は，子どもの即時的な語い学習を可能にするために，いくつかの**認知的制約**が機能していると論じ，次の三つの原理をあげ説明した。

　ひとつ目は**事物全体制約**（whole object constraint）と呼ばれるもので，これは子どもが新しいラベルに遭遇したとき，その意味は対象となるモノの部分や属性を示すのではなく，モノ全体を指すのだととらえる原理である。これに従えば，子どもが新しく「クジャク」と聞いたときに，細部や動作を表す可能性を排除し，目の前にいる動物全体を意味に結びつけることができる。二つ目の原理は，**事物分類制約**（taxonomic constraint）と呼ばれている。これは，新奇なラベルは，目の前にある個別物体の名称を意味するのでなく，それが属するカテゴリ全体，つまり同じような特徴をもつ物全般の総称を指すのだととらえる原理である。これにより，ラベルづけの場面で「クジャク」として言及された個体だけでなく，同じような特徴をもつ動物に対しても，クジャクであると認識するようになる。最後にあげるのは**相互排他性**（mutual exclusivity constraint）の原理である。新奇なラベルは子どもにとって新しい物体の名称を指し，既にラベルをもつ物体には該当しないというルールである。例えば，子どもの前に，既に名前を知っているサルとペンギン，そして初めて目にするクジャクがいたとする。親が第三者の方角を指して「見て，クジャクだよ」と語りかけたとき，子どもは既に名称をもつサルやペンギンではなく，初めて見た新しい動物をクジャクと結びつけて意味を推測するというものだ。

　以上，これらの制約に従えば，余計な時間をかけることなく早いスピードで

語い爆発
初語の出現から一定期間をおいてやってくる，子どもが，短い時間かつ速いスピードで語いを増やす時期。1歳6か月〜2歳ころにみられることが多い。

語い獲得に及ぼす三つの認知的制約
子どもの語い獲得初期に，速いスピードで効率的な学習を可能にする，三つの認知的な想定のこと。事物全体制約，事物分類制約，相互排他性の原理が含まれる。

語いの学習が可能になるとされている。一方，これらの制約が永続的に機能するならば，クジャクの「くーちゃん」といった固有名詞や，「動物」「生き物」などの上位カテゴリのことばを学習する機会が奪われてしまう。よって語い発達の後期にはこの制約は弱まり，語いのさまざまな可能性を検討できるようになると考えられている。

（3）文法の発達

　1歳を過ぎ，初語が現れて1語文を話す段階では，単語と単語を組み合わせることができない。よって，子どもが「ワンワン」といっても，それが指す意味は「ワンワンが来た」や「ワンワンに触りたい」などさまざまである。これらが視線や指差しなどに非言語的な手がかりとともに発話されることにより，養育者は子どもの意図を推測する。そして1歳3か月～1歳6か月くらいに差しかかると，「でんしゃ　来た」「ジュース　ちょうだい」のように，語と語をつなぎあわせて二語文を話すようになる。興味深いことに，指差しの頻度は，二語文が出るころには減少することもわかっている。このころの発話は**電報文体**（telegraphic speech）段階であるといわれており，その理由は，発話の多くが内容語であるために，表現が電報の文面のようであるからといわれている。二語発話文は，成人の文のように成熟してはいないもの，その結びつきは文法的・意味的な関係を反映し，一定のパターンを有している。例えば，「これ　ワンワン」などのような指示と名称の組み合わせ，「お水　飲む」などの対象と行為，「ばあば　来た」などの行為者と行為の組み合わせといった意味関係が反映された二語発話がみられている。

　やがて子どもは機能語や文法的形態素などを使い始め，より複雑な統語規則を運用できるようになっていく。二語文に続き三語文，そして多語文へと発達を遂げていくが，その時期には個人差があり，年齢よりは表出語い数との関連が高いとの指摘もある。ただし，子どもは初めから文法を常に完璧に用いることができるわけではなく，さまざまな文法規則の誤用が観察される。日本語において重要な機能を果たす文法機能のひとつが助詞であるが，格助詞の「が」「は」「の」「を」などは，2歳前後から使われ始めるのが一般的である。誤用の例としては，「赤いの車」のように，車の連体修飾として形容詞に助詞をつけてしまうことがあげられる。また，自動詞と他動詞の混同使用も典型的な誤用現象といわれている。例えば，子どもが大人に対し自分の靴を脱がせてもらいたいとする要求場面において，相手に「クック脱いで」と頼むといった動詞の誤りがみられることがある。比較的早く獲得される自動詞の規則を，過剰汎用してしまう例である。これらの誤りは，子どもが自分の学習した規則を，同じようなことばに適用して話すことにより発生する。単に周囲の大人の発話を模倣すること，そしてその発話が養育者によって強化されることのみによって

電報文体
子どもが二語文，三語文と長い発話を使い始めるころに認められる，機能語が抜け落ちた発話のこと。英語であれば冠詞や前置詞，be動詞などがあげられ，日本語では典型的に助詞が抜けやすい。

は，このような現象は起こらないはずである。子どもの言語発達が，養育環境における入力のみに依存しない，何らかの生得的な学習の基盤を備えていることを示唆している。

3　言語運用の諸問題

（1）語用論スキル

　人がある言語を獲得しているということは，対象言語における音の規則，語の意味，そしてそれらを結びつける文法規則を知っていることを意味している。しかしながら，コミュニケーションの場面で意思疎通が達成されるためには，単に互いが同じ言語形式の知識を備えているというだけでは十分ではない。なぜなら，同じ記号を発していても，それにより伝わるメッセージは文脈によって幾とおりにも変わりうるからである。例として，話し手が「いま何時かわかりますか」という発話をあげよう。多くの場合，この質問に対し「はい，わかります」という返答だけでは，やりとりとしては不十分である。相手が時間を確認できる状況にあるかどうかだけでなく，何時か教えてほしいという依頼の意図をもっているかもしれないからだ。あるいは，場面が違えば，帰りが遅くなった相手に対して，非難の意図を伝えていることもありうる。この場合は「午後10時です」という返答も不適切になるだろう。この例が示すように，発話における言語形式により伝わる意味と，話し手が伝えたいと意図していることとの間にはギャップがあり，この現象を発話の文脈を踏まえて説明しようとするのが，**語用論**の領域である。

　言語行為論を提唱したオースティン（Austin, J. L.）は，言語による行為を次の三つに分類している。ひとつ目は発話行為（locutionary act）と呼ばれ，音や意味，文法などの言語形式を伴った発話を用いる行為を示す。第二には発話内行為（illocutionary act）と呼ばれるもので，発話行為をとおして，疑問や依頼，命令といった話し手の意図を聞き手に伝達する行為を意味する。三つ目の発話媒介行為（perlocutionary act）とは，発話内行為によって，実際に聞き手の感情や行動に及ぼす影響を指すものである。例えば，「部屋が少しまぶしいなあ」と話すとき，その行為は発話行為であり，聞き手にカーテンを閉めてほしいとする依頼の意図が，発話内行為である。そしてその意図を受け取った聞き手が部屋のカーテンを閉めるとき，それは発話媒介行為となる。依頼の発話を例に取ると，二語文を話し始めた子どもはすでに，「牛乳ちょうだい」などの直接依頼を他者に行うことができる。「〜ください」「〜です」といったていねい語表現がみられることもある。幼児期に差しかかると，「私，牛乳が飲みたいな」「牛乳飲んでもいい？」などの，よりていねいで間接的なお願いをすることができるようになる。「なんだかのどが渇いちゃった」といったよう

語用論
発話が文脈と相互作用し意味が伝わる仕組みを研究する領域。音・意味・文法といった言語形式とは異なり，言語の運用の側面を扱う。言語学の諸領域の中では比較的歴史が浅いが，最近では発達障害や人工知能などの研究と深い関わりをもち，その重要性が認知されている。

に，ことばの裏にある含意として相手に依頼の意図を伝達できるようになるのは，一般的には学齢期以降であるとされている。

　文脈に依存するさまざまな発話解釈が生まれる仕組みの説明として，グライス（Grice, P.）は，コミュニケーションの推論モデルを提唱した。それまでは，発話を介したやり取りは，コードモデルを用いて説明されており，話し手の思考が記号化され，受け手がそれを解読するだけで成立すると理解されていた。しかし先にあげたような字義どおりではない発話の理解は，このモデルでは説明できないことは明らかである。そこでグライスは，発話の解釈は推論的プロセスであると述べ，聞き手は，発話から生まれるさまざまな解釈のうち，その文脈において話者が意図していたと考えられる，最も合理的な仮説を導き出すのだと説明している。これは，解釈のすれ違いを引き起こす可能性をはらむことを意味している。また，スペルベル（Sperber, D.）とウイルソン（Wilson, D.）は**関連性理論**を提唱し，コミュニケーションの推論モデルを，認知的な側面から説明している。話し手が明確な伝達意図をもって発話するとき，聞き手は，その場でかける労力と得られる効果のバランスが最適な解釈に，自動的にたどり着くというものだ。彼らは，発話解釈に関わる語用論的なスキルは，ことばの音や文法など言語形式を理解・表出するスキルからは独立した，「心の理論」モジュールを基礎に成り立っていると論じた。心の理論とは，他者の知識や信念が自分のそれとは異なりうることを理解する能力を指す（p.39参照）。この，相手の立場に立って物事を考える力が，文脈に依存した発話の解釈に不可欠であるのだとされている。

関連性理論
人間の認知は，既存の知識の強化や修正，新情報の獲得といった認知効果を最大限にするよう働いていること，発話等の意図明示的伝達行為は，その文脈において最適な認知効果を生み出すとの見込みが自動的に聞き手に生じると主張した。

（2）コミュニケーションの発達

　ことばを用いたやりとりにおいては，言語形式の知識のみならず，発話において話し手が意味していたメッセージを推論する必要がある。他者の意図に気づき，理解する能力はいつどのように発達するのだろうか。社会性やコミュニケーションの発達について概観する。

　生まれて間もない乳児は，既に人に対する興味を示すことが知られている。音声に関しても人への関心が示されており，新生児は，人の音声を，モノなどのノイズよりも好むことが知られている。やがて生後2～3か月ころにさしかかると，乳児は能動的に他者とのやりとりに参加するようになり，養育者の話しかけに対し，クーイングを用いて反応する。生後6か月ほどの乳児であれば更に，人には意図があることを理解し，相手に働きかけるなどの行動がみられることがわかっており，他者との情動的な交流への志向を示すものである。

　コミュニケーションの発達において最も興味深いのは，自己－他者－事物の三項関係が成立する生後10か月前後の時期である。このころの乳児は，自分の興味のあるものに対して他者の注意を向けようと試みたり，他者の視線を追いその対象を特定しようと試みたりするようになる。自分のほしい物を指差す要求

の指差しや，相手と対象を共有することを目的とした叙述の指差しなどがみられるのもこの時期である。自己と他者が同じ対象に注意を向けることは，**共同注意**（joint attention）と呼ばれている（図2−1）。1歳ころの子どもは単に他者と同じ対象に注意を向けるだけでなく，三項関係が成立しているか確かめようと，相手の視線が同じ対象に向いているかをチェックすることが知られている。また，未知の状況に置かれたときの行動の指針として，信頼できる他者に情報を求める社会的参照（social referencing）がみられるのもこの時期である。共同注意が言語発達で果たす役割については，社会的認知（p.32参照）を基盤とした言語獲得の仮説にて述べたとおりである。

　1歳6か月を迎えるころには，自分と他者との違い，また他者のさまざまな性質の違いについて関心を示すようになってくる。さらには，行動の裏には意図があり，それが達成できなくても，本来の目的を理解したり再現したりできることが報告されている。2歳になる子どもはイヤイヤ期に突入することで知られているが，これは，行動の裏にある意図を読むだけでなく，他者の意図を操作しようとする試みが反映されている。大人からの指示を拒んだり，禁止された行為に及んでみたりするのは，その結果として起こる他者の反応への関心に基づいている。行動と意図との因果関係に気づきや関心をもつのもこのころである。養育者になぜ，どうしてと問うような行為は，こういった発達を反映している。魔の2歳児といわしめる数々の行動については，成長の証として歓迎すべき節目でもあるといえるだろう。

　3〜4歳に差しかかるころには，意図や欲求だけではなく，知識や信念の理解が発達する。この能力は**心の理論**（theory of mind）として，プレマック（Premack, D. G.）とウッドルフ（Woodruff, G.）により提唱され，他者の信念が自分とは異なるという視点をもって物事を考える能力を指す。この理解を確かめるための最も代表的な課題が，バロン−コーエン（Baron−Cohen, S.）らが考案した誤信念課題（サリーとアンの課題（サリー・アンタスク））と呼ばれるものである（図2−2）。この課題では，サリーとアン（図2−2−①）という2人のキャラクターが登場する物語を子どもに呈示し，その理解をテストする。まず，サリーがボールを目の前にあるカゴに入れ，（図2−2−②）その場面を立ち去る（図2−2−③）。そしてサリーが不在の間に，アンがボールをカゴから箱に移し替えてしまう（図2−2−④）。次に，その場面を見ていないサリーが

子ども自身もおもちゃに視線を向け，母親がおもちゃに注意を向けていること，一緒に視線と注意をおもちゃに向けていることを理解する。

図 2−1　共同注意

出典）Gillespie-Lynch, K.（2013）. Response to and initiation of joint attention : overlapping but distinct roots of development in autism. *OA Autism*, 1（2）, p.13.

共同注意
視線，指差し，発声などを手がかりに，他者の注意の対象に目を向けたり，自分の注意の対象に相手の注意を向けさせたりすることで，両者がひとつの事象に注意を向け共有している状態のこと。子どもは共同注意が成立していることを確かめるため，他者と対象との間に視線を行き来させる。

心の理論
行動の裏には意図や欲求，信念といったものが存在するが，他者におけるこれらの心的状態は，自己のそれとは異なることを理解する能力を指す。その発達は，誤信念課題によってテストされ，他者による誤った知識や信念をとらえ，その人物の行動を推測する力を測っている。

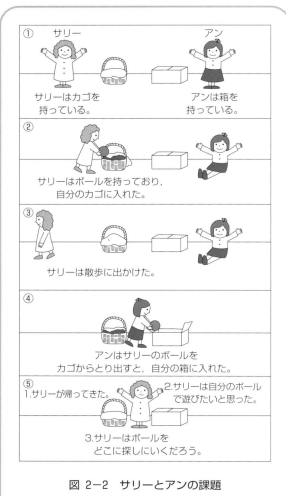

① サリー　　　　　アン

サリーはカゴを
持っている。

アンは箱を
持っている。

② サリーはボールを持っており，
自分のカゴに入れた。

③ サリーは散歩に出かけた。

④ アンはサリーのボールを
カゴからとり出すと，自分の箱に入れた。

⑤ 1.サリーが帰ってきた。　2.サリーは自分のボール
で遊びたいと思った。

3.サリーはボールを
どこに探しにいくだろう。

図 2-2　サリーとアンの課題

出典）Baron-Cohen, S., Leslie, A. M., & Frith, U. (1985). Does the autistic child have a "theory of mind"?. *Cognition*, 21（1）, pp. 37-46.

戻ってくる（図2-2-⑤）のだが，ここで「サリーがボールをどこにさがしにいくか」を，テスト質問として子どもに与える。すると，3歳児の典型的な回答は箱であり，自身の信念と他者のそれとを混同している。他者の誤信念を理解し，カゴと答えられるようになるのは，4～5歳ころと考えられている。この課題での達成には，［サリーは［ボールがカゴの中にある］と思っている］といった入れ子構造の表象が必要であると考えられている。

　学齢期に差しかかると，さらに複雑な二次の誤信念の理解が可能になるとされ，先の課題よりさらに複雑な［アンは［サリーは［ボールがカゴの中にある］と思っている］と思っている］といった，二重の（あるいはさらに複雑な）入れ子構造を理解することができるようになる。この二次の誤信念の理解は，皮肉やジョークなどといった，字義とおりでない表現の理解との関連も指摘されている。例えば，会議に大幅に遅刻してきた人物に対し，「君は大した人物だね」と述べた皮肉表現を理解するには，［話し手は［誰かが［君は大した人物だ］と信じること］を馬鹿げていると思っている］といった入れ子構造に基づいて，話し手が自身の発話から距離をおき，その内容とはむしろ逆の意図を伝達していることに気づかなければならない。

　このように，コミュニケーションが成立するためには，前項で述べたような音や文法，語いを解読する力を備えるだけでは十分ではない。その発話がなされた文脈を踏まえ，話し手の立場から物事をとらえて解釈する語用スキルが重要となる。そしてその発達は，他者理解の能力を基盤としているため，乳幼児期における意図や注意の理解から，学齢期における複雑な信念理解にいたる過程と同期し，段階的に洗練されていくと考えられている。

　本節1～3では，知的機能・認知機能に困難がない子どもの言語発達を概観した。言語発達は，より高次な認知機能（学習）や社会適応能力（生きる力，

ライフスキル）の発達の基盤にもなる。また，知的機能・認知機能の困難は，本節1〜3で述べた機能・段階のいずれかにおいて生じていることが多い。実際の事例と結びつけ，多様な知的機能・認知機能の困難を十全に理解する一助とされたい。

4　知能検査

　認知や知的発達を測定する方法として，「知能検査」や「発達検査」があげられる。これらは厳密に標準化されていることや，定められた手続きに従えば誰が行っても同じ結果が導き出せることなどから，信頼のできる心理検査として扱われる。各検査は，正しい理解と解釈があれば，検査の対象児者に対する有効な教育や支援の手立てを考えるための材料となる。本項では，特別支援教育や**就学相談**などに関わる教員や福祉関連職種などの障害がある子どもに関わる専門職を対象に，各知能検査および発達検査の概要を解説する。

　「知能検査」の第一の目的は，ある個人の知能の全体的な水準を測定することである。結果は精神年齢（mental age：MA）と生活年齢（chronological age：CA）の比によって算出される「**知能指数**（intelligence quotient：IQ）」として示される。知的障害の有無の判断に用いられたり，検査や質問の結果から示された数値によって社会的サービスや処遇を決めたり変化させたりすることもあり，障害を社会に提示し，社会が障害がある人びとを援助するための合意形成に用いられる側面がある。

　第二の目的は，知能の構造的特徴を把握することである。知能検査の種類によって，因子別や下位検査ごとに結果が示されることで，詳細な特性を把握することができる。障害がある子どもや大人の一人ひとりに合った支援の内容や程度を検討していく場合に，客観的な特性ごとの数値がひとつの参考とするポイントとなる。

　第三は，心理的援助や心理療法の効果測定を目的とする場合である。ある心理的援助の開始時に知能検査を実施して，援助の終了時に知能検査を再度実施してその変化を比較する。その他，薬物などの治験等効果の判定や追跡調査などにも用いられる。

（1）田中ビネー式知能検査

　フランスの心理学者であるビネー（Binet, A.）が1905年に，世界で最初の知能検査を発表した。ビネー式の知能検査は諸外国へ伝わり，それぞれの国で翻訳や**標準化**が行われた。日本においては，現在「田中ビネー知能検査Ⅴ」が使用されている。日本では，ウェクスラー式知能検査と並んで多用され，特別な支援を必要とする子どもたちや成人（適用範囲は2歳〜成人）に対して，比較

就学相談
本人や保護者の意見，教育や医学などの専門的見地，学校や地域の状況などの総合的な観点から就学先を決定する仕組み。

知能指数
15歳以上になると知能検査得点の上昇が鈍化し，暦年齢に比例しなくなるため，不合理な結果を生じてしまう。

標準化
テストの結果が集団全体の中でどの位置にあるか，また，ほかの結果と比較できるよう，平均と分散とに基づいて変換すること。

的に実施や活用がしやすい代表的な個別知能検査とされる。

　１～13歳級までの問題が合計96問（１～３歳級は各12問，４～13歳級は各６問）あり，14歳以上の成人の問題は17問となっている。所要時間は約60分とされる。14歳未満の被験者には知能指数（IQ）が算出され，14歳以上の場合には**偏差知能指数**（deviation IQ：DIQ）が算出され，知能の高低が示される。

偏差知能指数
同年齢集団の知能の平均値とどの程度のずれがあるかを示す。

　田中ビネー式知能検査Ｖを実施する場合，それぞれの年齢級単位で被験者に問題を実施する。その年齢級の問題がすべて終了した時点で，検査者は次にどの年齢級の問題を行うか判断し，引き続き実施するか終了するかを判定しなければならない。年齢級の中でひとつでも達成されない問題があれば，もうひとつ前の年齢級の問題を実施して，すべての問題を達成できる下限の年齢級を特定する。また，すべての問題が達成されない上限の年齢級も特定し，下限と上限の年齢級や達成された問題の数などから，結果を算出していく。

　14歳未満の子どもに実施した場合，回答から精神年齢（mental age：MA）を算出し，検査日から被験者の生年月日を引くことで算出される生活年齢（chronological age：CA）で割って100をかけることで知能指数（IQ）を算出する。

$$IQ = \frac{MA}{CA} \times 100$$

　知能というものを，いくつかの因子に分類された能力のまとまりとしてとらえるのではなく，「一般知能」というさまざまな能力の基礎となる，ひとつの心的能力としてとらえたビネーの考えに基づいている。

　14歳以上の成人の場合には，幼児期や児童期に比べて発達が緩やかになったり下降したりして，生活年齢との関係だけでは知能発達がとらえにくくなる。そのため，その被験者が"同じ年齢集団と比べて"どの程度の発達レベルに位置するかを，相対評価として偏差知能指数（DIQ）を算出する。DIQは，「**結晶性**」「**流動性**」「**記憶**」「**論理推論**」の４領域ごとにそれぞれ算出され，それぞれ知能の特徴を示している。これは，知能を14歳未満では「**一般知能**」というひとつの総合的な心的能力としていたものが，加齢に伴って分化していくということを意味している。

結晶性，流動性
第１章第３節１参照。

一般知能
第１章第２節１参照。

　結果として算出された数値を参考にするだけでなく，具体的な検査内容や検査に取り組む様子を振り返りながら，今後の発達をどのように促していくかという視点で総合的に活用していくことが必要である。

（２）ウェクスラー式知能検査

　ウェクスラー式知能検査（Wechsler Inelligence Tests）は，1949年にアメリカのウェクスラー（Wechsler, D.）により開発された個別式知能検査である。現在，クリニックや心理相談室などの心理臨床場面や学校などの教育現場など

において，ビネー式知能検査とともに最も使用されている知能検査のひとつとなっている。1949年に，5〜15歳を対象としたウェクスラー児童用知能検査（Wechsler Intelligence Scale for Children：WISC），1955年に16歳以上の成人を対象としたウェクスラー成人用知能検査（Wechsler Adult Intelligence Scale：WAIS），そして1967年に，4歳〜6歳半の幼児・児童を対象としたウェクスラー就学前幼児用知能検査（Wechsler Preschool and Primary Scale of Intelligence：WPPSI）が公表されている。検査項目の改訂が重ねられており，最も新しい改訂版として，WISC-Ⅳが2003年に，**WAIS-Ⅳ**が2008年に，**WPPSI-Ⅲ**が2002年に公表されている。また日本語版については，WISC-Ⅳが2011年に，WAIS-Ⅳが2018年に，WPPSI-Ⅲが2017年に，それぞれ最新の改訂版が公表されている。

　これらを発刊している日本文化科学社では，検査は実施と解釈に必要な知識や経験が検査によって異なるため，求められる使用者のレベルを A，B，C の3つに分けている。レベル A は保健医療・福祉・教育等の専門機関で心理検査の業務に従事するものであり，レベル B ではさらに大学院修士課程での心理検査に関する実践実習を受けていることなど，それに加えてレベル C では心理学や教育学などの博士号や，心理検査にかかる資格（公認心理師，臨床心理士，特別支援教育士，学校心理士，臨床発達心理士，医師，言語聴覚士など）のいずれかを有していることなどが規定されている。WISC や WAIS，WPPSI はレベル C に該当し，実施にあたっては確認が必要である。

　ウェクスラー式知能検査では「偏差IQ」という指標を用いており，個人の知能水準を，同年齢集団の知能の平均値とどの程度のずれがあるかをとらえている。「偏差IQ」は，属する年齢集団が異なってもその値の示す意味は同一であるため，ある個人の数年前の結果と今回行った検査結果を直接比較することができる。

　WISC-Ⅳについては，基本検査10問と必要に応じて行われる補助検査5問の全15問によって構成されている。所要時間は子どものペースや補助検査施行の有無にもよるが，60〜90分程度である。下位検査ごとに出された粗点から評価点が換算され，評価点の合計は，全体的な知的能力を示す「全検査IQ（full scale IQ：FSIQ）」に算出される。また，四つの指標の合成得点も換算される（表2-1）。

　評価点や合成得点により，「個人間差」や「個人内差」をみることができる。「個人間差」とは，子どもの知的能力を，同じ年齢の大多数の子どもたちとの間で相対的にとらえられており，同年齢集団との平均値のずれを表している。

WAIS-Ⅳ
10の基本検査により，全検査IQ（FSIQ）と，言語理解指標，知覚推理指標，ワーキングメモリー指標，処理速度指標が算出される。

WAPPSI-Ⅲ
2歳6か月〜3歳11か月と4歳0か月〜7歳3か月の2部構成となっており，合成得点を構成する下位検査がそれぞれ異なる。

表 2-1　WISC-Ⅳの指標と各下位検査

指標名	内　容	下位検査の名称
言語理解指標 （verval comprehension index：VCI）	言語の理解力や表現力，ことばの概念や知識を推測したり説明したりする力。	【類似】【単語】【理解】【知識*】【語の推理*】
知覚推理指標 （perceptual reasoning index：PRI）	空間の認知力，視覚的に知覚した情報を概念化する（共通点やルールを見いだす）力。	【積木模様】【絵の概念】【行列推理】【絵の完成*】
ワーキングメモリー指標 （working memory index：WMI）	聴覚的な短期記憶力，短期記憶の内容を操作（順序立てる，計算する）する能力。	【数唱】【語音整列】【算数*】
処理速度 （processing speed index：PSI）	視覚と運動の供応（目の動きと手の動きを連結させる力），視覚的な注意力，視覚的な短期記憶能力。	【符号】【記号探し】【絵の抹消*】

＊：補助検査を示し，基本検査が0点であった場合や，何らかの理由で基本検査が無効になった場合，障害がある子どもで補助検査が適していることが明らかな場合などに行う。

（3）K-ABC 心理・教育アセスメントバッテリー

　K-ABC 心理・教育アセスメントバッテリー（Kaufman Assessment Battery for Children：K-ABC）は，認知心理学や神経心理学を理論的な基礎として，1983年にカウフマン夫妻（Alan S. Kaufman & Nadeen L. Kaufman）によって開発された。日本では，1993年に松原・藤田・前川ら（1993）によって日本版の K-ABC が刊行された。K-ABC は心理学的，臨床的アセスメント，学習障害やその他の障害がある子どもの心理・教育的アセスメント，**教育計画**の作成と適正就学，就学前児のアセスメントおよび研究などに用いるのに有効だとされている。

　K-ABC は，イーゼル（問題掲示板）を使用することによってより簡単に実施でき，採点も1点であるか0点であるかの判定と容易である。K-ABC の内容はさまざまなニーズのある子どもに対してアセスメントができるように工夫がなされている。ビネー式やウェクスラー式の知能検査の下位検査では，子どもが習得してきた事実に関する知識を問うものが多いため，学校での学習が困難な子どもの問題解決能力としての知的能力を正しく測定することが難しい。そのため，K-ABC の下位検査では，学習し習得してきた知識を問題とすることをできるだけ避け，文化的影響が少なくどの子どもでも目新しく公平な内容による課題解決能力を要求するものを設定している。また，聾，難聴，言葉の障害，日本語を話さない子どもなどの知的能力も測定できるよう，「非言語尺度」が設けられている。下位検査の内容はジェスチャーによって実施され動作によって反応できるようになっており，この尺度による認知処理過程のアセスメントも可能である。

　対象年齢は2歳6か月〜12歳11か月であり，日本版では小学校6年生まで測

教育計画
特別支援教育においては「個別の指導計画」や「個別の教育支援計画」などの作成に活用する。

定できるようになっている。所要時間は約30分（2歳6か月）〜約60分（6歳以上）である。14の下位検査によって構成され，「継次処理尺度」「同時処理尺度」「認知処理過程尺度」「習得度」を測定することができる。年齢によって実施する下位検査が異なり，高年齢ほど多くの検査項目を行う。

「継次処理」は，情報を一度にひとつずつ時間的な順序で連続的に分析処理する力であり，「同時処理」は，最も効果的に問題を解決するために提示された情報を統合する力とされる。これら二つを合わせたものが「認知処理過程尺度」である。「習得尺度」は，上記の尺度と異なり，子どもが家庭や社会などの文化的環境や学校環境から得た情報を取り出し，習得する能力を測定している。

またこれらの得点から，「実施・採点マニュアル」を用いてプロフィール分析を行うことで，より詳しい解釈を行うことができる。換算表をもとに算出した標準得点を比較し，統計的に**有意差**があると判断された場合には，不等号（>，<）を記入することで，認知処理のスタイルに関する情報を得ることができる（有意差の検討）。また，各下位検査評価点がその子どもの平均評価点からどれだけ離れているかという観点から，個人内での相対的な「強い下位検査（strength：S）」と「弱い下位検査（weakness：W）」を判断することができる。また，一人の子どもに同じ検査を繰り返した場合の**信頼性**である「測定誤差」を算出することや，下位検査においてその子どもよりも低い得点をとった同年齢の子どもの割合を示す「パーセンタイル順位」を算出することができる。

手順に従ってプロフィール分析表を完成させていく中で，子どもの認知処理のスタイルや強い成績や弱い成績，さらに子どもの背景情報や検査中に観察された行動，K-ABC以外の心理テストの結果を合わせて総合的に検討し，採択されたプロフィールの仮説を，子どもの教育・援助計画の資料として役立てていく。例えば，「継次処理」が強ければ，段階的に情報を提示したり，言語的な手がかりや指示を重視する，段階を教えたり，リハーサルさせるなど，「同時処理」が強ければ全体的な概念や問題を最初に与えたり，視覚的・運動的手がかりや指示を重視する（イメージづくり），課題を具体的なものにするなどの教育方法や支援が考えられる。

有意差
偶然起こったものではないといえるかどうかを，統計的に検討した結果の差のこと。

信頼性
同一個人に同一の条件でテストを行った場合に，安定して同じような結果が得られるかを判断する。

5　発達検査

発達検査は，就学前の特に0〜3歳児の精神発達を測定するものである。知能検査よりも適用年齢が低いこと，知能検査で測定している認知機能や言語機能だけでなく，運動機能も含めた評価対象にしていることが発達検査の特徴である。

発達検査の目的は，知能検査の目的のうちで第二の知能構造の把握を除いた

二つである。第一に処遇を決めるための発達指数（development questient：DQ）を得ることを目的とする場合であり，第二に心理的援助や治療効果の把握を目的とする場合である。

（1）新版Ｋ式発達検査

　Ｋ式発達検査は，心理検査の臨床研究を目的として，1951年に京都市児童院（現 京都市児童福祉センター）で開発された。その後二度の改訂を経て，2001年に「新版Ｋ式発達検査2001」が公表された。対象年齢は生後0か月から成人までとされる。発達の精密な観察を行い，精神発達のさまざまな側面について，全般的な進みや遅れ，バランスの崩れなど発達の全体像をとらえるための検査である。日本で開発されたものであり，保育，教育，相談現場で広く用いられる。

　検査用紙には，検査問題が年齢段階に沿って配置され，クリアした問題には「＋（プラス）」を，不通過であった場合には「－（マイナス）」を記載していく。検査項目という表現を用いているが，対象になる子どもの行動を観察するために設定された検査用具や教示を含む場面のことであり，検査場面あるいは観察場面といい換えることもできる（**観察法**）。検査項目は，実際に体を動かして，ある姿勢や動きができるかなどをみる「姿勢・運動領域（postural-motor：P-M）」，検査者の質問に答えたり，検査道具を操作したりする「認知・適応領域（cognitive-adapture：C-A）」と「言語・社会領域（language-social：L-S）」の3領域から構成されており，全般的な発達水準の評価に加え，領域ごとの評価も可能である。検査時間は対象にもよるが，30分〜1時間程度とされる。

　「姿勢・運動領域（P-M）」は身体発達や運動能力に関する発達状態を把握し，この領域のみ0歳から3歳6か月までの乳幼児を対象に検査を行う。「認知・適応領域（C-A）」は探索行動や物と物との関係の理解，概念（数，多少，大小など）の理解，全体を部分に分けたり，部分と部分を全体として統合したりする能力，問題解決能力などを問う。問題の遂行にあたって，視覚から得た情報をとらえる，あるいは記憶する能力，目と手を同時に動かして操作する供応能力などが求められ，これらの能力を把握することが可能である。「言語・社会領域（L-S）」はことばの意味に関する理解，物事に関する説明能力，社会的な知識やふるまいに関する理解と表出能力を評価する。検査者の質問に答える，やりとりを行う相互的なコミュニケーション能力の評価が含まれる。

　検査結果としては，全領域および領域ごとの発達年齢（developmental age：DA）と発達指数（DQ）を算出する。発達年齢（DA）とは，発達の水準が何歳レベルであるかを指し，発達指数（DQ）とは，実年齢と発達年齢が同等であるか，どの程度離れているかを数値化したものである。自然な関わりの中で発達を把握する検査であり，対象児の全般的な発達水準と各領域における発達状

観察法
観察者が被験者を客観的に観察し，その行動，言動を記録していく研究法のひとつ。

態のバランスがとらえられる。

（2）津守式乳幼児精神発達診断（津守式発達検査）

　津守を中心に1961年に『乳幼児精神発達診断法　0才～3才まで』が刊行され，1965年には『乳幼児精神発達診断法　3才～7才まで』が刊行された。0歳から3歳用については，1995年に出された増補版が用いられており，「津守式発達検査」の通称で知られる。**乳幼児健康診査**や発達相談の場，保育機関や教育機関で広く用いられている。実施時間は約20～30分程度である。

　この検査では，乳幼児の発達状態を基本的には「運動」「探索」「社会」「生活習慣」「言語」の五つの領域から把握することができる。質問紙は，対象児の年齢を基準に1～12か月まで，1～3歳まで，3～7歳までの3種類に分かれる。この質問紙の種類によって，扱っている領域の内容に若干の違いがある。例えば1～3歳では，身体発達や運動能力に関する「運動」，周りのものに興味を示し操作しようと試みるなどの「探索・操作」，大人や友人との関係における社会性の発達といった「社会」，身辺自立に関する「食事・排泄・生活習慣」，ことばの発達やことばの正しい使い方といった「理解・言語」について評価が行われる。

　質問紙は，主養育者が回答する方式であり，子どもに直接検査を実施することと比べて，観察場面や検査道具が限定されず，状態や障害に左右されることがなく，普段の生活の全体状況に基づいて判断されるといったメリットがある。

　5領域について評価した結果は，各領域を線でつなぐ**発達輪郭表**として示される。全般的な発達状態と各領域における発達のバランスが判断され，支援が必要な領域の選別などに役立つ。

（3）遠城寺式乳幼児分析的発達検査（遠城寺式発達検査）

　遠城寺式発達検査は，九州大学附属病院の小児科医である遠城寺を中心に作成し，1958年に標準化された。現在は1977年に改訂された「九大小児科改訂版」が用いられている。検査道具を用いて対象児に課題を提示し，対象児の課題に対する反応や遂行能力を観察して発達状態をとらえる個別式の検査である。本来，脳性まひや知的障害を早期発見することを目的としてつくられ，主に運動発達に関連して詳細に評価できる。

　主養育者への聞き取りを併用して行われることが多い検査法である。同じく個別式であるK式発達検査よりも簡易であり，項目数も少ないため，明らかに発達に遅れが疑われる場合や，あるいは対象児に対して検査を行うことが難しく，短時間で発達状態を把握する必要がある場合に多く用いられる。

　この検査は，乳幼児の発達を「運動」「社会性」「言語」の3領域から把握しようとするもので，「運動」を移動運動と手の運動，「社会性」を基本的習慣と

乳幼児健康診査
「母子保健法」の規定により，乳幼児の健康の保持増進を図るため市町村が乳幼児を対象に行う健康診査。

発達輪郭表
各領域の発達状態が視覚的に示されることで，発達状態のアンバランスさがみえる。

対人関係，「言語」を発語と言語理解のそれぞれ二つの側面に分け，計六つの下位領域から構成されている（表2-2）。

　適用年齢は，0か月から4歳8か月までである。実年齢相当の項目から，対象児に課題を提示し，主養育者に対象児の日常の様子について尋ねる。検査法の書籍にカードなどがついており，特別の器具や技能を必要としない。各項目の行動ができるか否かについて合格（○），不合格（×）を評定する。約20分程度の検査時間である。発達段階を乳児期は1か月ごとの12段階，1歳から1歳6か月までは2か月ごとの3段階，1歳6か月から3歳までは3か月ごとの6段階，3歳から4歳8か月までは4か月ごとの5段階に分けている。0歳児から利用でき，早期の年齢区分をより細かく分類している。

　すべての検査項目について，年齢ごとの通過率が示されている。例を示すと，「移動運動」（1歳0か月～1歳1か月）の問題「2～3歩歩く」については，判定は"2～3歩1人でどうにか歩けば合格"となっている。11か月の通過率は44.2%，1歳0か月～1歳1か月は68.3%，1歳2か月～1歳3か月は89.5%，1歳4か月～1歳5か月は98.0%である。

　障害がある子どもの療育や教育の効果判定にも役立ち，保護者への説明や指導の際にも，グラフを示せば伝えやすく理解しやすいという利点がある。領域ごとに発達指数への換算もできるが，基本的にはこの検査法によって発達指数を測定することは難しく，特に全発達指数を算出しないことにこの検査の特徴がある。実年齢と比較して各領域の発達水準から離れているか，また発達状態のアンバランスを視覚的にとらえることができる。発達指導の指標として，合格した問題のひとつ上の不合格の問題などが次の発達課題，指導目標となる。

表2-2　遠城寺式・乳幼児分析的発達検査表（九州大学小児科改訂新装版）3歳0か月～4歳0か月のプロフィール表

（年：月）						
4：0	ブランコに立ちのりしてこぐ	はずむボールをつかむ	信号を見て正しく道路をわたる	ジャンケンで勝負を決める	四数詞の復唱	数の概念がわかる（5まで）
	片足で数歩とぶ	紙を直線にそって切る	入浴後，ある程度自分で体を洗う	母親にことわって友だちの家に遊びに行く	両親の姓名，住所をいう	用途による物の指示
3：8	幅とび（両足をそろえて前にとぶ）	十字をかく	鼻をかむ	友だちと順番にものを使う（ブランコなど）	文章の復唱	数の概念がわかる（3まで）
3：4	でんぐりがえしをする	ボタンをはめる	顔を1人で洗う	「こうしていい？」と許可を求める	同年齢の子どもと会話ができる	高い，低いがわかる
3：0	片足で2～3秒立つ	はさみを使って紙を切る	上着を自分で脱ぐ	ままごとで役を演じることができる	二語文の復唱	赤，青，黄，緑がわかる
（年：月）	移動運動	手の運動	基本的習慣	対人関係	発語	言語理解
	運動		社会性		言語	

（慶応義塾大学出版会）

（4）KIDS 乳幼児発達スケール

　KIDS 乳幼児発達スケール（Kinder Infant Development Scale）は，1989年に日本の発達科学研究教育センターから発行された検査であり，全国の乳幼児約6,000名によって標準化がなされている。乳幼児の日常生活での行動についてよく観察している主養育者や保育士，幼稚園教員が回答する質問紙式の検査となっている。ほかの検査より比較的新しく，保育や教育，相談現場において近年多く用いられている。

　適用年齢は0歳1か月～6歳11か月であり，対象年齢別にタイプA（0歳1か月～0歳11か月），タイプB（1歳0か月～2歳11か月），タイプC（3歳0か月～6歳11か月），また発達の遅れがみられる乳幼児向けのタイプT（0歳～6歳児）の四つに分かれている。知的障害が顕著な場合には，中学生年齢まで対象とすることが可能とされており，就学相談時にも使用される。

　乳幼児の発達の状態について，タイプごとに評価する発達領域や項目数は異なるが，「運動」「操作」「理解言語」「表出言語」「概念」「対子ども社会性」「対成人社会性」「しつけ」「食事」の九つの領域からとらえることができる（表2－3）。日頃の行動に照らして，「○（はい）」か「×（いいえ）」で回答してもらう。乳幼児の自然な行動全般から発達をとらえることができ，場所・時間の制限を受けずにどこでも短時間（10～15分程度）で実施が可能である。例えば，タイプTの項目については，「運動」では「動くものを見るとその動きに合わせて顔を動かす」，「対子ども社会性」では「ままごと遊びで何かの役を演じる」などの項目について「○」または「×」の印をつけていく。

　領域ごとの得点および総合得点を算出し，発達年齢や発達指数，発達プロフィールが算出される。領域ごとの得点と総合得点から換算表を用いて発達年齢を算出し，発達指数はK式発達検査と同様に総合発達年齢を生活年齢で割り，100倍して求めることができる。領域別評価の示されないほかの知能検査などの補助検査としても活用することができる。

表 2-3　KIDS 乳幼児発達スケールの領域と内容

領域名	内　容
① 運動	体全体の大きな動き
② 操作	手指などの意図的な動き
③ 理解言語	ことばの理解
④ 表出言語	話すことのできることば
⑤ 概念	状況依存によらない言語的理解
⑥ 対子ども社会性	友だちとの協調行動
⑦ 対成人社会性	大人との関係，親子関係
⑧ しつけ	社会生活における基本的なルール
⑨ 食事	衛生感覚や食事の基本的なルール

6　言語発達検査

言語発達検査は，言語発達の段階やその症状を把握する手段のひとつである。**小児言語聴覚療法**においては，**言語発達遅滞児**の訓練・指導に用いられている。特別支援教育においても，教育現場で求められる専門的な支援に活用できる。表2－4に言語発達検査の一覧を示す。本項では，言語発達検査がどのような考え方に基づき，どのように構成されているかを説明する。

言語発達検査においてことばの発達は，言語の諸側面に基づき評価される。言語の諸側面とは，例えば，言語理解・言語表出，話す・聞く・読む・書く，コミュニケーション機能（要求，拒否，説明，ほか）などがあげられる。対象児のことばの発達について，定型発達児のそれと比較し，ことばの遅れがあるかどうか，ことばの遅れの程度や特徴を把握する。

言語発達検査の結果は，「ことばの遅れの程度」を知るために，**言語発達段階**を知る指標が示されるようつくられているものが多い。例えば，国リハ式言語発達遅滞検査＜S-S法＞では，言語発達を「記号」の習得ととらえ，言語未習得から助詞を用いて文を扱う段階まで用意されている。一方，「ことばの遅れがあること」を抽出する目的でつくられた検査には，「ことばのテストえほん」があり，ことばの遅れ，吃音，発音の誤りなどのことばの特徴を大まかに振り分けるようつくられている。

言語発達検査の適応については，次のように考慮するとよいだろう。例えば，

小児言語聴覚療法
言語聴覚士によることばやコミュニケーションの発達を促す目的で行われる言語訓練。

言語発達遅滞児
言語発達が定型発達から遅れていると認められた子ども。

言語発達段階
ことばの発達を，多くの子どもに共通する特徴に基づき，その量的・質的な違いによって段階に分けたもの。

表 2－4　特別支援教育で活用できる主な言語発達検査一覧

検査名称	検査の適用	実施に必要な用具
国リハ式言語発達遅滞検査＜S-S法＞ 「言語記号（記号形式―指示内容関係）」「コミュニケーション態度」「基礎的プロセス」の3領域でとらえ，包括的な評価を行う。	発達年齢6歳ころまで	検査セットが販売（エスコアール）
言語・コミュニケーション発達スケール［LCスケール］ 言語表出・言語理解・コミュニケーションの各領域ごとの粗点を言語・コミュニケーション年齢（LC年齢）で示す。	0〜6歳 （生活年齢7歳以上はLC指数の対応なし）	絵図版が販売（学苑社） 物品は身近にあるものを調達
PVT-R絵画語い発達検査 語い年齢（VA）と評価点（SS）で示し，語いの理解力がどの年齢水準に相当するかを推測する。	3歳0か月〜12歳3か月	図版が販売（日本文化科学社）
ことばのテストえほん ことばの異常を漏れなく選び出し，言語障害のタイプに大まかに振り分ける。発達の段階や水準は知れない。	主として幼児や小学1年生	図版が販売（日本文化科学社）
新版　構音検査 構音治療の具体的方針を得る。構音の評価と併せて言語発達を評価することが不可欠である。	発音に誤りがある子ども	検査セットが販売（千葉テストセンター）

教育現場でしばしば用いられる WISC 知能検査にも，下位検査に「類似」「単語」などがあり，言語発達やその特徴をある程度把握することができる。知的機能を把握した上で，言語発達検査を併せて解釈すると，よりよい教育的指針が得られる。知能検査の課題が難しいために適用できない子どもたちにおいても，言語発達検査は比較的容易な課題が配置されていて役立つ。

（1）国リハ式＜S-S 法＞言語発達遅滞検査

　＜S-S＞法は，言語行動を「言語記号（記号形式―指示内容関係）」「コミュニケーション態度」「基礎的プロセス」の 3 領域でとらえる（図 2-3）。S-S は，Sign-Significate relations の略で，記号形式―指示内容関係のことである。前言語期からおおむね発達年齢 6 歳まで適用できる。生活年齢 7 歳以上の定型発達児であれば，ほぼ上限に達する課題が用意されている。学齢児に実施し不通過の課題があれば，言語発達遅滞を疑い，包括的に評価することが求められる。

　言語記号は，記号形式と指示内容のつながりである。記号形式は，音声だけでなく，指差しや身振りなど「指し示すもの」である。指示内容は，その指し示す記号と対応する「指し示されるもの」であり，意味や概念である。この記号形式―指示内容関係の段階は，事物を操作したりする概念の段階いわば**前言語期**から，単語を話す段階から助詞を使って文の理解・表出ができる段階を含んでいる。表 2-5 に記号形式―指示内容関係の段階を示した。

　コミュニケーション態度では，人とのやりとりの様子や，言語記号を使用す

言語行動
聞き手に意思を伝達する行動。行動分析学では人間の行動を言語行動として機能分析する。

前言語期
初語が出現する前の段階。周囲の人・物への興味・関心が育ち，ことばの理解・表出の基礎が形成される。

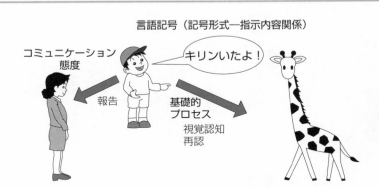

例えば，子どもが「キリンいたよ」と母親に発話している。これは言語記号（記号形式―指示内容関係）としては，/kiriN/*という音（言語形式）と「キリン」の概念（指示内容・意味）との対応，また「キリン」と「いた（よ）」という二つの単語が結合した二語発話（文）である。基礎的プロセスとしては，「キリン」の視覚的な再認，/kiriN/という語音の産生などが含まれる。コミュニケーション態度では，話し相手である母親に注目し，キリンがいるという事実と自分が見つけた喜びを相手に伝えるという報告（叙述）機能がある。

図 2-3　言語行動の 3 側面

＊：/kiriN/　モーラ音素/N/は撥音で，文字「ん」にあたる。日本語のリズム単位はモーラで，ほぼ仮名一文字に対応される。

51

表 2−5　記号形式—指示内容関係の段階

段　階		内　容
段階	5	語連鎖・統語方略
	5−2	助詞
	5−1	語順
段階	4	語連鎖・要素
	4−2	三語連鎖
	4−1	二語連鎖
段階	3	事物の記号
	3−2	音声記号
		成人語音声
		幼児語音声
	3−1	身ぶり記号
段階	2	事物の基礎概念
	2−3	選択
	2−2	ふるい分け
	2−1	機能的操作
段階	1	事物・事態の理解困難

る側面から，Ⅰ群（良好），Ⅱ群（非良好）を評価する。人への自発的な働きかけ，人からの働きかけの受け取り，コミュニケーションをとっているときの人への注目，感情表現の適切さ，独語やエコラリアなどの特徴的な言語使用，などが含まれる。

　基礎的プロセスは，動作性課題，聴覚的記銘力，身振り・音声模倣という課題で構成され，言語発達を支える認知能力といえる。動作性課題には，事物の永続性，小球入れ，積み木の構成，図形の弁別，描線が含まれる。聴覚的記銘力は，聞き取った単語を頭の中に把持しておく力で，絵カードを二つまたは三つ選ばせることで評価する。

　このように言語行動の3領域に基づき構成された検査を行い，言語症状を分類する。症状分類は図2−4に示した。症状分類に対応した指導例は『言語発達遅滞訓練マニュアル＜1＞＜2＞』『言語聴覚士のための言語発達訓練ガイダンス』を参照されたい（p.59，60，参考文献）。

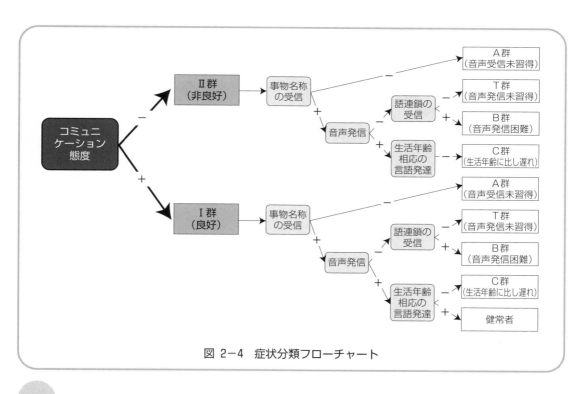

図 2−4　症状分類フローチャート

（2）言語・コミュニケーション発達スケール（LCスケール）

　LCスケール（Language Communication Developmental Scale）は，言語表出・言語理解・コミュニケーションの3領域の発達水準を評価する。発達水準は，「ことば芽生え期」「一語文期」「語連鎖移行期」「語操作期」「発展期」の五つの時期に整理する（表2-6）。言語表出・言語理解・コミュニケーションの3領域の検査結果は，言語・コミュニケーション年齢（LC年齢）と，言語・コミュニケーション指数（LC指数）で示される。対象年齢は0～6歳である。生活年齢7歳以上にはLC指数の換算表は対応していない。上限に達しない子どもに限って，LC年齢÷生活年齢×100を参考値として算出し，ことばの遅れを判断する目安とすることが解説されている。

　2013年刊行の「増補版」では「領域別まとめシート」が導入された。言語面の領域である「語い」「語連鎖」「談話・語操作」「**音韻意識**」，さらに「コミュニケーション」の領域を視覚的にプロフィール化することで，どの領域に問題があるのかを把握できる。刊行元の学苑社ホームページからはLCスケール記録用紙がダウンロードできる。

音韻意識
語を構成する音の単位を意識すること。4歳代ごろからしりとりなどのことば遊びができるようになる。

（3）絵画語い発達検査（PVT-R）

　PVT-R（Picture Vocabulary Test-Revised）は，基本的な「語いの理解力」の発達度を測定する。方法は，4枚の絵の中から，検査者のいう単語に最もふさわしい絵を選択させる。正答数，選択誤答数，無答数を記録し，**当て推量の影響**を鑑みるために修正得点を求める。検査結果は，語い年齢（VA）と評価点（SS）で示され，語いの理解力がどの年齢水準に相当するかを推測することができる。簡便で使いやすく，多くのアセスメントの導入検査として適している。適用年齢は，3歳0か月～12歳3か月である。なお，評価点（SS）は10±

当て推量の影響
PVT-Rは4選択肢の検査のため，いいかげんに，あてずっぽうに答えたことによるまぐれ当たりが可能となる。

表2-6　5段階（期）の言語発達レベル

言語発達レベル*1		ことばの様子	通常の発達年齢範囲*2
ことば芽生え期		表出語いはまだないが，コミュニケーションの基礎が築かれている時期	0歳～1歳前半
一語文期		音声と意味が結びつき（有意味語），語連鎖の形成に向かっている時期	0歳後半～1歳後半
語連鎖移行期		二語連鎖の表現が可能であり，そのスキルを使った表現・理解を広げつつある時期	1歳前半～3歳後半
語操作期		ことばを説明や論理的思考・表現の道具として使うことが一層可能になりつつある時期	2歳後半～4歳後半
発展期	前期	より抽象的な語いを獲得し，助詞・助動詞による複雑な表現へと展開しつつある時期	2歳後半～4歳後半
	後期		4歳前半～

*1：発達レベルの段階はそれぞれが重なり合って移行していく。
*2：通常発達の場合に示される年齢範囲の目安。発達レベルの重なりや個人差が大きいことがわかる。

53

３を平均の範囲としており，それを下回れば言語発達遅滞を疑う判断をする。

（４）ことばのテストえほん

「ことばのテストえほん」は，主として幼児や入学したばかりの１年生の中から，ことばの異常を漏れなく選び出すことを目的としている。あくまで選別検査であり，前述の言語発達検査のように発達の段階や水準は知れないが，５分程度で簡単に実施でき，言語障害のタイプに大まかに振り分けることが特徴といえる。内容は，①ことばの理解力のテスト，②ささやき声でのことばを聞き分けるテスト，③発音のテスト，④声・話し方その他の表現能力のテストという四つからなる。臨床的には特に，ささやき声への反応から，注意力や聴力に疑わしい兆候がないかどうかをみることが大切である。

（５）新版　構音検査

構音とは，発音のことである。教育現場で支援が必要な子どもの中に，発音の誤りが目立つ子どもは多いと思われる。「新版　構音検査」は，構音障害の評価・診断を行い，治療の適応を判断し，治療の具体的方針を得ることが目的である。会話の観察，単語検査，音節復唱検査，文章検査，構音類似運動検査から構成されている。この中で単語検査が主検査である。音の誤りを聴取し，記述する。口や舌の動きなどの特徴も評価する。治療の適応のひとつに，言語発達水準がおおむね４歳６か月以上あることがいわれており，構音の評価と併せて言語発達を評価することが不可欠である。

7　その他関連検査（適応機能を含む）

知的障害児者が有する認知機能・知的機能の困難の背景にはさまざまな原因や合併する問題があり，発達検査，知能検査，言語発達検査以外の検査が必要となることが少なくない。知的障害児者をはじめとする認知機能・知的機能の困難に対するその他の関連検査を「適応行動・情緒の検査」「感覚・運動の検査」「神経心理学的検査」「発達障害に関連する検査」「性格・人格・人間関係の検査」「その他の検査」に分類し，主なものを表２－７に示した。ここでは，これらの中から代表的なものを概説する。

（１）適応行動・情緒の検査

個人が社会を生きるためのスキル（適応行動）と感情の表れ（情緒）の検査である。情緒の評価は，感情の表れの結果となる行動に着目するため，ほとんどの適応行動検査に含まれている。

表 2-7 認知機能・知的機能の困難を評価するそのほかの検査

検査領域	検査名	適応範囲	内　容
適応行動・情緒の検査	日本版 Vineland-II 適応行動尺度	0～92歳	半構造化面接による行動評価尺度で，被検者の適応行動を多面的にとらえるとともに，不適応行動の強度も評価できる
	S-M 社会生活能力検査　第3版	乳幼児～中学生	自立と社会参加に必要な生活への適応能力の発達を評価する
	Child Behavior Checklist（CBCL）Caregiver-Teacher Report From（C-TRF）	1歳半～18歳 1歳半～5歳	乳幼児期から青年期を対象とした心理社会的な適応・不適応状態を包括的に評価するシステム
	反復行動尺度修正版（RBS-R）	幼児～成人	主に ASD 障害児者のこだわり行動を包括的に評価する尺度
感覚・運動の検査	日本版感覚プロファイル（SP）	0か月～成人	感覚刺激に対する反応を評価するための質問票
	日本版ミラー幼児発達スクリーニング検査（JAMP）	2歳9か月～6歳2か月	幼児の認知面，言語面，感覚運動機能面の発達を多面的に評価する
	JPAN 感覚処理・行為機能検査	3～10歳	感覚処理や運動行為機能の評価から感覚統合機能をアセスメントする
	改訂版随意運動発達検査	2歳～6歳11か月	運動パターンを模倣させて随意運動の発達特徴を診断する検査
	ムーブメント教育・療法プログラムアセスメント（MEPA-R）	0～72か月	ムーブメント教育・療法による支援のための子どもの運動スキル，身体意識，心理的諸機能，情緒・社会性の発達を把握する
神経心理学的検査	フロスティッグ視知覚発達検査（DTVP）	4歳～7歳11か月	幼児～小学校低学年の子どもの視知覚上の問題を発見し，適切な訓練を行うための検査
	Rey の複雑図形検査（ROCFT）	小学生～成人	視空間能力，視覚構成と視覚記憶の評価に加え，実行機能も評価できる
	慶應版ウィスコンシンカード分類検査（KWCST）	小学生～成人	前頭葉機能検査のひとつで，セットの形成および維持・転換の障害，高次の保続のほか，言語による行為の制御の障害を評価する
	ベントン視覚記銘検査（BVRT）	8歳～成人	器質的脳機能障害患者の視覚認知，視覚記銘，視覚構成能力を評価するスクリーニング検査
	標準失語症検査（SLTA）	成人	失語症の有無および重症度を判定するための検査だが，LD障害児や軽度知的障害児などの言語機能の評価にも用いられることがある
	BADS 遂行機能障害症候群の行動評価 日本版	成人	日常生活上の遂行機能に関する問題点を検出する行動的検査
	CAT 標準注意検査法	20～70歳代	脳損傷例の注意機能を評価する検査で，検査項目の中には発達障害に関連する検査の CPT 課題が含まれている
発達障害に関連する検査	乳幼児自閉症チェックリスト修正版（M-CHAT）	16～30か月	ASD の一次スクリーニングを目的とした親記入式の質問紙
	新装版 CARS 小児自閉症評定尺度	小児期（成人も実施可能）	行動観察あるいは養育者への成育歴および行動の様子の聞き取りから ASD の有無だけでなく，重症度も評価する
	PEP-3 自閉児・発達障害児教育診断検査	2～12歳	ASD 児に対する教育の手がかりを得るための ASD の発達のばらつきや ASD 特有の行動のアセスメント
	誤信念課題（false-belief task）	4歳以降	サリー・アン課題に代表される心の理論の発達を評価する課題
	ADHD Rating Scale（ADHD-RS-IV）	5～17歳	養育者あるいは教師にこの6か月間の子どもの行動についてチェックさせ，ADHD の症状や障害の頻度・重症度を評価する
	Conners 3 日本語版 DSM-5 対応	6～18歳	ADHD および ADHD と関連性の高い症状を評価する検査
	Continuous Performance Test（CPT）	4歳～成人	注意の持続性と反応のコントロールを評価する検査
性格・人格・人間関係の検査	P-F スタディ	6歳～成人	欲求不満状況に対する反応からパーソナリティを把握する投影法検査
	FTD 親子関係診断検査	小学4年生～高校生	「（子どもが）親を安全基地としているか」という情緒的側面から親子関係を把握する検査
	現代子育て環境アセスメント（PACAP）	0～6歳	適切な人的・物的環境を整えるために子どもの発達状況と親・生活環境を把握し，適切な人的・物理的環境を用意するためのプレアセスメントツール
そのほかの検査	レーヴン色彩マトリックス検査（RCPM）	45歳以上	スピアマンの一般知能 g 因子を測定するための簡易知能検査。適用範囲は45歳以上であるが，近年，小学2年生～6年生の標準値が示され，小児への適用も可能となっている
	ベンダー・ゲシュタルト・テスト	5歳～成人	視覚・運動ゲシュタルト機能の成熟度，機能的・器質的障害の様相，パーソナリティの偏りなどを臨床的に評価する
	日常生活動作検査	主として成人	起居動作，移乗，移動，食事，更衣，排泄，入浴，整容の日常生活を送るために最低限必要な日常的動作を評価する

1）日本版 Vineland-Ⅱ 適応行動尺度

個人的および社会的充足を満たすために遂行される日常的活動（適応行動）を**半構造化面接**によって聴取し，「コミュニケーション」「日常生活スキル」「社会性」「運動スキル」の４領域と「不適応行動」の五つに分けて評価する検査である。適用範囲は 0 ～92歳と幅広い。

2）S-M 社会生活能力検査　第３版

自立と社会参加に必要な生活への適応能力（社会生活能力）を子どもの日頃の様子から評価する検査である。「身辺自立」「移動」「作業」「コミュニケーション」「集団参加」「自己統制」の六つの領域から構成され，それぞれの質問項目に保護者や担任教師が回答する。回答結果から社会生活年齢（social age：SA）および社会生活指数（social quotient：SQ）が算出できる。適用範囲は乳幼児～中学生である。

（２）感覚・運動の検査

感覚刺激に対する反応や体性感覚の識別機能に関する問題，平衡機能や協調運動の問題に関する検査である。知的障害児者はこれらの問題を有することが多い。

1）日本版感覚プロファイル

「聴覚」「視覚」「前庭覚」「触覚」「複合感覚」「口腔感覚」といった感覚情報に対して，どのようにそれを調整するかを評価する質問票であり，乳児用（0 ～6か月，7 ～36か月）（Infant/Toddler Sensory Profile：ITSP），3 ～10歳用（Sensory Profile：SP），成人用（11歳以上）（Adolescent/Adult Sensory Profile：AASP）がある。被験者の感覚情報に対する行動や反応について「反応の起こりやすさ（閾値が高いか低いか）」と「感覚情報に対して能動的に行動するか受動的な行動となるか」という二つの軸から四つの感覚パターン（「低登録」「感覚探求」「感覚過敏」「感覚回避」）に分類する。

2）日本版ミラー幼児発達スクリーニング検査

（Japanese version of Miller Assessment for Preschoolers：JAMP）

幼児の認知面，言語面，感覚運動機能面の発達を多面的に評価できる検査である。この検査には平衡機能，協調運動，運動行為（praxis）機能などの感覚運動機能を評価する項目が多く含まれているのが特徴である。「基礎能力」「協応性」「言語」「非言語」「複合能力」の五つの領域指標に分けて評価できる。適用範囲は２歳９か月～６歳２か月である。

（３）神経心理学的検査

知覚や記憶，実行機能などの検査であり，知的障害児者の特性を把握するために神経心理学的検査が用いられることも少なくない。

半構造化面接
あらかじめ質問項目を決めておくが，被面接者の反応に応じて質問を変更・追加して自由な反応を引き出す方法。

低登録
感覚情報に対して反応が起こりにくいが，感覚情報を積極的に求めないタイプ。

感覚探求
感覚情報に対して反応が起こりにくく，感覚情報を得ようと積極的に動くタイプ。

感覚過敏
感覚情報に対して反応が起こりやすいが，嫌な感覚情報でもその場で強く嫌がる受動的なタイプ。

感覚回避
感覚情報に対して反応が起こりやすく，嫌な感覚情報を避けようと能動的に動くタイプ。

1）フロスティッグ視知覚発達検査

（Developmental Test of Visual Perception ：DTVP）

　視知覚能力の障害は，その原因いかんにかかわらず特別な訓練を行えば改善させることができるという立場からフロスティッグ（Frostig, M.）によって開発された。幼児から低学年児童の視知覚上の問題を明らかにするための検査である。「視覚と運動の協応」「図形と素地」「形の恒常性」「空間における位置」「空間関係」の五つの視知覚技能を測定し，それぞれの知覚年齢（perceptual age：PA）と評価点，および検査全体の知覚指数（perceptual quotient：PQ）を算出できる。適用範囲は4歳〜7歳11か月であり，個別，集団いずれの方法でも行える。

2）Reyの複雑図形検査（Rey-Osterrieth Complex Figure Test：ROCFT）

　複雑な幾何図形の模写を行わせた後，主に言語性課題や雑談などで干渉し，3分後，30分後に再生させる。模写と再生ともに採点基準に従って36点満点で採点する。構成能力，視空間認知，視覚的記憶，**実行機能**，手指巧緻性（運動機能）などの神経心理学的能力を評価できる。適用は主に成人であるが，簡便であり，教示内容の理解が比較的容易であることから小学生にも適用可能である[1]。

3）慶應版ウィスコンシンカード分類検査

（Wisconsin Card Sorting Test（Keio Version）：KWCST）

　ミルナー（Milner, B.）の原法をネルソン（Nelson, H. E.）が修正し，さらに鹿島らが重複するカードをなくして検査時間を大幅に短縮させた前頭葉機能検査である。色・形・数の異なる図形のカードを検査者の意図を推測しながら分類する検査で，心の構え（セット）の形成と維持の障害，および転換の障害（**高次の保続**），言語による行為の制御の障害が評価できる。適用範囲は成人であるが，手続きが簡便であり，教示も理解しやすいことから小学生にも適用可能である。しかし，**符号化**の能力の発達が不十分である小学校3年生以下への適用は不適切との指摘もある[2]。

（4）発達障害に関連する検査

　知的障害とASDやADHDなどの発達障害は併存することがある。特にASDでは半数近くが知的障害を併存しているとされる。

1）乳幼児自閉症チェックリスト修正版

（Modified Checklist for Autism in Toddlers：M-CHAT）

　16〜30か月の乳幼児に対するASDの1次スクリーニング検査である。親記入による質問紙で，**共同注意**，模倣，対人的関心，ノンバーバルな対人コミュニケーション行動（遊びなど）の主要な16項目とASD特異的な知覚反応や常同行動，言語理解，移動に関する7項目の計23項目で構成されている。親の回

図形と素地
ある物がそれ以外の物を背景として浮き上がるように明瞭に知覚されたとき，ある物を図，背景となった物を地という。

形の恒常性
ある物を異なる角度から見ても同じものと知覚する現象。

実行機能
将来の目標達成のために適切な構え（セット）を維持する能力。

高次の保続
前頭葉症状のひとつで，いったん抱かれた心の構え（セット）からほかのセットに転換できなくなった状態。

符号化
場面の中の重要な特徴を抽出し内的な表象を形成すること。

共同注意
相手が注意を向けているものに気づき，自分も同じものに注意を向けて，注意や関心を共有すること。

答結果を判定する第 1 段階と，その 1 〜 2 か月後に ASD が疑われる子どもに対して保健師や発達の専門家が未通過項目を中心に具体的な発達状況を確認する第 2 段階がある。

2）新装版 CARS 小児自閉症評定尺度

CARS（The Childhood Autism Rating Scale）は ASD の子どもと ASD 以外の発達障害がある子どもの鑑別のために開発され，発達の専門家の直接の行動観察，あるいは養育者への問診を基に対象となる子どもの行動をとおして ASD の有無とその重症度を評定する尺度である。人との関係，模倣，情緒反応，身体の使い方，物の扱い方，変化への適応，視覚による反応，聴覚による反応，味覚・嗅覚・触覚反応とその使い方，恐れや不安，言語性のコミュニケーション，非言語性のコミュニケーション，活動水準，知的機能の水準とバランス，全体的な印象の15項目からなる。適用範囲は小児期であるが，成人にも実施可能である。

3）ADHD Rating Scale（ADHD-RS-Ⅳ）

アメリカ精神医学会の診断基準（Diagnostic and Statistical Manual of Mental Disorders：DSM）に準拠した簡便な行動評価尺度で，日本語版では DSM-Ⅳ に準拠した ADHD-RS-Ⅳ が公表されている（アメリカでは DSM-5 に準拠した ADHD-RS-5 が出版されている）。評価項目は DSM の ADHD の診断基準に則って不注意項目 9 項目と多動衝動性項目 9 項目からなる。家庭版と学校版があり，養育者あるいは教師に直近 6 か月の子どもの行動について，「ない，もしくはほとんどない」「ときどきある」「しばしばある」「非常にしばしばある」の 4 件法（0 〜 3 点）で18項目をチェックしてもらい，不注意項目，多動衝動性項目の点数の合計から不注意得点，多動衝動性得点を算出する。適用範囲は 5 〜 17歳である。

（5）性格・人格・人間関係の検査

1）P-F スタディ（Picture Frustration Study）

アメリカのローゼンツアイク（Rosenzweig, S.）によって考案された欲求不満状況に対する反応に基づいて，対象の性格傾向を把握する**投影法**検査である。線画で示された日常誰もが遭遇するような24種類の欲求不満場面（**自我阻害場面，超自我阻害場面**）にいる人物のセリフを答えさせる。結果は攻撃の方向性（他責・自責・無責）と攻撃型（障害優位・自我防衛・欲求固執）の組み合わせによる九つの型と二つの変型を合わせた11の評点因子に分類して分析される。児童用，青年用，成人用の 3 種類があり，適用範囲は 6 歳以上である。

投影法
あいまいな刺激に対する解釈や判断，表現などから性格傾向や欲求などを診断する技法。

自我阻害場面
人為的，非人為的な障害によって直接自我が阻害されている場面。

超自我阻害場面
他者から非難，詰問されて超自我（良心）が阻害されている場面。

（6）そのほかの検査

1）レーヴン色彩マトリックス検査

(Raven's Coloured Progressive Matrices：RCPM)

　スピアマン（Spearman, C.）の**一般知能 g 因子**を測定する簡易知能検査で，**失語症**や認知症の検査として広く利用されている。問題は12問 3 セットで全36問からなり，標準図案の欠如部に合致するものを六つの選択図案から選ばせて，非言語的推理能力（知的能力）を測定する。言語を介さないため文化的背景の影響がなく実施できる。適用範囲は45歳以上であるが，小学 2 年生～ 6 年生児童の標準値が調査され[3]，近年小児に対しても広く用いられている。

一般知能 g 因子
スピアマンの二因子モデルに基づく小学校の各学科共通の一般的で基本的な知能因子。

失語症
大脳の損傷により，一旦獲得された言語記号の操作能力の低下ないし消失を来した状態。「聴く」「話す」「読む」「書く」の四つのモダリティーすべてが障害される。

演習課題

1．言語獲得に関わる代表的な三つのアプローチをあげ，それぞれの違いを説明してみよう。
2．子どもの即時的な語い学習を可能にするとする認知的制約を三つあげ，例を交えて説明してみよう。
3．知能検査のひとつを取り上げ，その特徴を説明してみよう。
4．発達検査のひとつを取り上げ，その特徴を説明してみよう。
5．言語発達検査のひとつを取り上げ，その特徴を説明してみよう。
6．そのほか関連検査のひとつを取り上げ，その特徴を説明してみよう。

引用文献

1 ）服部淳子：Boston Qualitative Scoring System を用いた小学生の Rey-Oster-rieth Complex Figure Test 再生作品の評価の実際と事例での適用，小児保健研究，71（2），pp. 294-303，2012.
2 ）青木俊仁・苅田知則・濱口雅子ほか：小児版 Wisconsin Card Sorting Test 作成の試み―健常成人を対象とした小児版と慶應版との比較―，言語発達障害研究，6，pp. 19-27，2008.
3 ）宇野　彰・新家尚子・春原則子ほか：健常児におけるレーヴン色彩マトリックス検査―学習障害児や小児失語症児のスクリーニングのために―，音声言語医学，46（3），pp. 185-189，2005.

参考文献

・ポール・グライス著，：論理と会話（清塚邦彦訳），勁草書房，1998.
・ジョン・オースティン：言語と行為（坂本百大訳），大修館書店，1978.
・ダン・スペルベル，ディアドリ・ウイルソン：関連性理論―伝達と認知　第 2 版，研究社（内田聖二他訳），1999.
・トマセロ・マイケル：ことばをつくる　言語習得の認知言語学的アプローチ（辻幸夫他訳），慶応義塾大学出版会，2008.
・中村淳子・大川一郎・野原理恵・芹沢奈菜美：田中ビネー知能検査Ⅴ，田研出版，2003.
・上野一彦・松田修・小林玄・木下智子：日本版 WISC-Ⅳ による発達障害のアセスメント―代表的な指標パターンの解釈と事例紹介―，日本文化科学社，2015.
・藤田和弘・前川久男・大六一志・山中克夫編：日本版 WAIS-Ⅲ の解釈事例と臨床研究，日本文化科学社，2011.

・前川久男編：K-ABC アセスメントと指導―解釈の進め方と指導の実際―，丸善
メイツ，1995.
・嶋津峯眞監修／生澤雅夫編：新版 K 式発達検査法―発達検査の考え方と使い方
―，ナカニシヤ出版，1985.
・遠城寺宗徳：遠城寺式・乳幼児分析的発達検査法―九州大学小児科改訂新装版，
慶応義塾大学出版会，2009.
・津守　真・磯部景子：乳幼児精神発達診断法，大日本図書，1965.
・東江浩美・飯塚直美・大西祐好・知念洋美・東川　健・原　広美：国リハ式＜S
－S 法＞言語発達遅滞検査マニュアル　改訂第 4 版，エスコアール，1998.
・佐竹恒夫・小寺富子・倉井成子・東江浩美・那須道子：＜S–S 法＞言語発達遅滞
検査マニュアル＜ 1 ＞　第 6 版，エスコアール，2002.
・佐竹恒夫：＜S–S 法＞言語発達遅滞訓練マニュアル＜ 2 ＞，エスコアール，2003.
・佐竹恒夫・小寺富子・倉井成子編集：言語聴覚士のための言語発達遅滞訓練ガ
イダンス，医学書院，2004.
・大伴　潔・林安紀子・橋本創一・池田一成・菅野　敦：LC スケール　増補版
言語・コミュニケーション発達スケール，学苑社，2013.
・上野一彦・名越斉子・小貫　悟：PVT-R 絵画語い発達検査手引き，日本文化科
学社，2009.
・田口恒夫・小川口宏：新訂版　ことばのテストえほん　言語障害児の選別検査
法，日本文化科学社，1987.
・今井智子・加藤正子・竹下圭子・船山美奈子・山下夕香里：新版　構音検査―
Japanese Articulation Test, Second Edition―，千葉テストセンター，2014.
・坂本龍生・田川元康・竹田契一・松本治雄編著：障害児理解の方法―臨床観察
と検査法―，学苑社，1997.
・尾崎康子・三宅篤子編著：乳幼児期における発達障害の理解と支援①　知って
おきたい発達障害のアセスメント，ミネルヴァ書房，2016.

③　医学的・心理学的介入

１　リハビリテーション

　　リハビリテーションとは，「人間らしく生きる権利の回復」すなわち「全人
間的復権」[1]とされており，病気などが原因で心身機能・構造の障害と生活上に
支障を生じたときに，個人と生活する環境に対して，多職種が連携して問題解
決を支援する総合的アプローチの総体である。リハビリテーションには，医療
とその関係分野の専門職が行う医学的リハビリテーションだけでなく，教育リ
ハビリテーション，職業リハビリテーション，社会リハビリテーションなどが
ある。小児のリハビリテーションは，「ハビリテーション」「療育」とも呼ばれ
る。リハビリテーションは，国際保健機関（WHO）が提起した国際生活機能

分類（ICF）の考えに基づき，障害を健康状態と背景因子（環境因子，個人因子）の間の複雑な相互作用であるととらえ，「社会モデル」の観点から支援を行う。

　医学的リハビリテーションには，医師，理学療法士，作業療法士，言語聴覚士など多数の専門職が関わっており，理学療法，作業療法，言語聴覚療法などが行われる。筆者は言語聴覚士であるため，本節においては言語聴覚療法を中心に述べる。染色体異常などの先天性疾患を伴う認知機能・知的機能の困難（知的障害など）は早期発見がされやすく，出生直後から早期に医学的リハビリテーションが行われる。認知機能・知的機能の困難にはさまざまな障害が関係しており，代表的な知的障害を伴い，医学的リハビリテーションの対象となる人は多様である。本項では，主に身体障害を合併しない知的障害の医学的リハビリテーションについて詳解する。新生児期に知的障害などの認知機能・知的機能の困難を早期発見できた場合，発見された時点で開始されることが多く，遅くとも2〜3歳の就学前から支援が始まっている。この点を留意し，現時点の発達水準を評価した上で支援する。また，加齢に伴い家庭から，保育所・幼稚園・認定こども園・児童発達支援関連施設など，小学校・中学校・高等学校・特別支援学校など，そして企業などの就労先・グループホーム・地域社会など，生活の場も変化するため，**ライフステージ**に沿った支援を行う必要がある。

（1）理学療法

　理学療法（physical therapy：PT）は，座る，立つ，歩くなどの**粗大運動**に対し，理学療法士が基礎的動作能力（主に全身運動，移動運動）の改善を図る治療法である。認知機能・知的機能の発達が遅い知的障害は，座位や独歩などの運動発達においても実年齢に比し遅れを認めるためPTを開始する。近年では医療の進歩により，先天性異常がある場合は新生児集中治療室（neonatal intensive care unit：NICU）に入院しているときから，低出生体重の場合は退院1か月後から開始する場合もある。ダウン症候群などの染色体異常や先天性代謝異常では，全身の姿勢・筋緊張低下が認められるため，筋力強化などの機能障害の改善を目的とした働きかけを行う。一方，知的障害を主症状とする運動発達の遅れの場合，脳性まひ児者への神経生理学的アプローチ（**ボバース法**など）を応用した**課題指向型アプローチ**が行われ，さまざまな場面で対応可能な運動パターンの習得を目的とした働きかけを行う。例えば，上下肢の支持性や体幹のコントロールを獲得するためには，他動的に四つ這い位をとらせることや抱っこ，座位姿勢のバリエーションを増やすなどを行う。また，本人の全身運動の促進に加え，歩行が困難な段階ではバギーカーや車椅子の設定・調整，歩行が可能になった段階でも靴の中に中敷（インソール）を入れるなど**補装具**の作成・調整も担う。実際の臨床現場では，歩行が可能になった段階でPTを終了することが多い。しかし，ダウン症候群では歩幅が広い歩行（ワイドベース

社会モデル
障害は個人にあるのではなく，社会などの環境が障壁になって障害がさらに悪化するという考え方。

ライフステージ
年齢に伴って変化する生活段階を指す。

粗大運動
姿勢の保持や移動運動などの全身を使って大きく動く運動のこと。歩く，走る，跳ぶなどである。

ボバース法
神経発達学的治療であり，神経学的異常性を抑制し，正常な感覚運動経験を促進させることを原則としている。

課題指向型アプローチ
日常の運動課題に着目し，その問題解決を試みて課題の遂行を学習することであり，治療手技は従来の方法の応用である。

補装具
失われた身体の一部，あるいは機能を補完するものの総称で，車椅子，装具などがあたる。

歩行）などの問題を認めることが多いため，安定した交互歩行が可能になるまで継続する必要がある。また，近年では，**発達性協調運動障害**（developmental coordination disorder：DCD）に対し，眼球運動，頭部，体幹，四肢の運動筋群を制御するなどの運動学習を行うことで，学習支援や学校生活への参加を促進することが求められている。

（2）作業療法

　作業療法（occupational therapy：OT）は，切る，書くなどの手指の**微細運動**や**日常生活動作**（activites of daily living：ADL）に対し，作業療法士が応用的動作能力（食事，トイレなど日常生活に必要な活動）の改善を図る治療法である。日常生活の支援を展開する専門家であるため，他職種の専門性と重なる部分が多い。小児のOTでは，運動，感覚，知覚，認知などの基礎的動作能力の促進とともに，日常生活に必要な箸を使う，ボタンを留めるなどの巧緻動作の獲得を目的に遊びをとおした作業を行う。また，本人の身体機能の促進だけでなく，箸，鉛筆を持つなどの身辺処理技能の援助を目的に**自助具**の作成なども行う。これらの能力に社会適応能力（就学，就労，地域活動への参加）を加えた能力を維持，改善し，「その人らしい」生活の獲得を目標としている。ダウン症候群では，乳児期の座位や独歩が確立したころを目安に，作業療法士が介入を開始する。遊びをとおして微細運動の発達を促し，ADL獲得に向けた働きかけを行う。また，子どもの世話の仕方など母子関係をつくる支援も行う。幼児期には食事動作，排泄，衣服の着脱，清拭動作などの基本的な日常生活の確立と安定を目ざし，遊びをとおして興味・関心の幅を広げ理解を深める支援を行う。このような支援を行うことで身辺処理や遊びなどの活動の基礎を築き，集団生活の参加をしやすくする。さらに，感覚の発達を促し学習および運動の基礎能力を獲得するために**感覚統合療法**が行われることもある。学童期には，教師と連携し，鉛筆の持ち方指導や，**バリアフリー文具**の提供，自助具の作成・調整など，授業や学校生活で直面している問題への働きかけを行う。青年期・成人期では，他機関と連携しながら，**手段的日常生活動作**（instrumental activities of daily living：IADL）の支援を行う。

2　言語聴覚療法

　言語聴覚療法（speech and language hearing therapy：ST）（以下，ST）は，聴覚機能，発声発語機能，摂食嚥下機能，言語機能，高次脳機能など，主にコミュニケーション機能に障害がある人に対して，言語聴覚士が検査，訓練および指導，助言その他の援助などの専門的な関わりによって，対象者の機能の獲得や維持・向上を図る治療法である。つまり，STにおいては，発音に対する

構音訓練だけでなく，言語発達の促進など，コミュニケーション全般に対して支援を行う。

　STの臨床の流れを図2-5に示す。医師からの処方・依頼に基づき家族や関連職種・施設から主訴，相談経緯（現病歴），家族構成，生育歴，発達歴，教育歴，既往歴，日常生活の様子などの情報収集を行い，子どもの言語・コミュニケーションを中心とした観察や検査（医学的・心理学的アセスメント）などを行った後，総合評価，予後予測，訓練適応の有無，支援方針の立案を行う。なお，医学的・心理学的アセスメントについては，本章第2節4～7と重複している内容も多いため本項では省略する。これらの医学的・心理学的アセスメントの結果に基づき，目標設定・プログラムの立案を行い，一定期間実施した後，再評価（中間評価）を行い，訓練適応やプログラムを見直し，「評価・診断→働きかけ・支援→再評価」という流れを繰り返す。先天性疾患を伴う知的障害（ダウン症候群など），重度の知的障害の場合は乳児期前半からSTを開始するが，軽度や中等度の知的障害の場合には運動機能や生活習慣の習得もそれなりに可能であるため，言語発達の遅れから2～3歳ころに開始することが多い。

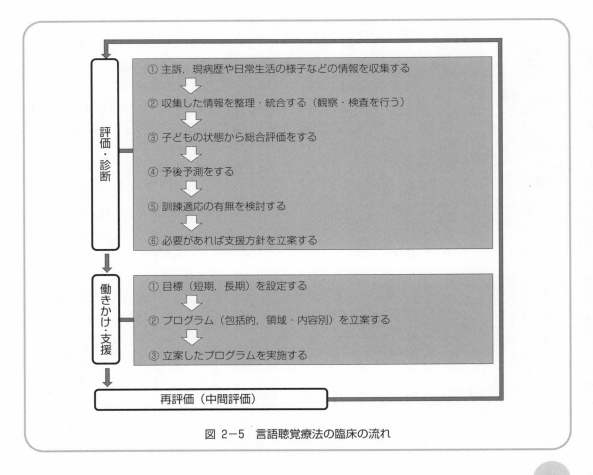

図 2-5　言語聴覚療法の臨床の流れ

ST における働きかけには，子どもに対する直接的な働きかけと，家族や関連施設に対する間接的な働きかけの双方を効果的に組み合わせた支援を行う。子どもへの直接的な働きかけは，生活年齢ではなく，**前言語期**，**語い獲得期**，**構文獲得期**，就学以降の**学習言語期**それぞれの言語・コミュニケーションの発達段階に即した支援を行う。また，子どもの障害特性や行動特性，関連要因，生活年齢，環境に合わせて支援技法を利用する。

（1）直接的な働きかけ

1）前 言 語 期

前言語期は，目と手の協応（視知覚機能と巧緻運動の連関）に代表されるように感覚運動的な課題を行う。すなわち，型はめ，見本合わせなどを行い弁別や分類の能力を促進し，物の関係性の理解や概念を育てることを目ざす。また，「音の聞き取りは語彙理解に影響する」[2]ため，音に対する興味や言語音と視覚刺激の対応を日常生活の中で育てる。子どもが，人に対して興味を抱き，その人とのやりとりの中で**共同注意**を経験し，コミュニケーションの基礎を習得するように促すことも重要である。

なお，言語聴覚士が言語発達検査として前言語期から言語発達およびコミュニケーションの評価に用いる国リハ式＜S-S 法＞言語発達遅滞検査は，評価と働きかけが結びついており，言語記号(記号形式－指示内容関係)，コミュニケーション態度，基礎的プロセスの3側面から段階的に言語発達およびコミュニケーションを促すことができ，言語理解ができていない段階の知的障害にも利用できる。この他，言語聴覚士も**インリアル・アプローチ**，**TEACCH** プログラム，**PECS**™，**AAC** などを取り入れて，包括的な働きかけを行う場合もある。これらのアプローチの詳細は，本節3〜8を参照されたい。

2）語い獲得期

語い獲得期は，言語聴覚士が，ST の対象となる子どもに，視覚刺激と音声を同時に提示し，記号形式（ことば）と指示内容（事物）の関係理解を促しことばの理解へと導く。例えば，型はめのピースを複数提示し音声で「くつ」と指示を出し，子どもに選択させる。このとき，もし子どもが反応しなければ動作（ジェスチャー）を提示するが，それでも反応がない場合には，型はめのピース（実物）を提示し，指示されたピースを合致する場所に合わせられるよう指導・支援を行う。このような指導においては，「音声のみに限定せず身ぶり動作，絵カード，マーク，サインなどの視覚刺激を有効に用いる」[3]ことが大切である。特に，聞こえの困難がある子どもやダウン症児などには，早期から文字導入を行う場合がある。文字指導に際しては，音（一音）と文字（一文字）を結びつけて教える分解法ではなく，視覚刺激（絵・写真など）とその視覚刺激の名称（名称を表す複数の文字，単語）を結びつけて教える全体法を用いる。こ

前言語期
音声言語を習得する前の時期で，ことばを使用できるようになる1歳ころまでを指す。

語い獲得期
音声言語の単語の理解，表出が可能な時期で，1〜2歳ころまでを指す。

構文獲得期
二語文，三語文の文理解，表出が可能な時期で，2〜3歳ころまでを前期構文獲得期，4歳以降を中期構文獲得期ともいう。

学習言語期
読み書きなどの学習に必要な言語能力が可能な時期で，学齢期に相当する。

共同注意
本章第2節，p.39, 57参照。

インリアル・アプローチ
本節3参照。

TEACCH
本節6参照。

PECS™
本節7参照。

AAC
本節7参照。

れらの一連の指導・支援により，記号形式と指示内容の対応関係について，子どもの理解を促進する。

　一方，音声の理解が可能になれば，音声模倣から自発的な発語を促す。このとき「りんご」を「ご」と発語するなど，ことばの一部分のみの発語や不明瞭な発音であっても自発的な発語が表出されていれば許容する。また，発語の表出が困難な場合でも，身ぶりの模倣が可能であれば，身ぶり模倣から自発的な身ぶりや，音声模倣を促し自発的な発語へと移行させる。

　このように記号形式（特に音声刺激）と指示内容（主に視覚刺激）との対応が獲得された後，子どもがすでに獲得した語いの概念を広げる必要がある。STにおいて，子どもがすでに獲得した語いとその周辺語を体験し，相互に結びつける機会を意図的に設ける。例えば，りんごといった名詞だけでなく，「食べるもの（食べ物，果物）はどれ？」「丸い（赤い）食べ物はどれ？」など（動詞，形容詞，抽象語など）を含む働きかけを理解，表出の順で行う。

3）構文獲得期

　構文獲得期は，子どもが獲得している語いの拡大と並行して，「ごっこ遊びなどをとおして『見立て』，『ふり』の**表象**の発達を促進」[3]する。また，二語文や二語句の理解から始め，語の連鎖を増加させる。語連鎖の理解には，語彙だけでなく，複数の単語を聞いて覚える**記銘力**も必要であるため，聴覚的記銘力を高めることも大切である。一方，二〜三語文の理解および名詞，動詞，形容詞などの表出が可能になれば，二語文，三語文などの発話を促進する。一語のみを表出した場合は，「何を」と追加質問し，難しいようであれば二語文の見本を示し模倣を促す。このような即時場面の表出だけでなく，離れた場所にいる家族へ伝達する遅延場面での表出や，言語聴覚士と役割を交替して表出を促すことも必要である。

　4歳以降の中期構文獲得期になると，語いの拡大（用途を表す動詞，疑問詞，位置を表す語など）や構文理解（格助詞など）を促す。構文理解には，意味方略，語順方略，助詞方略の順で習得されるため，助詞の違いにより意味が異なる状況を絵カードで表現し助詞の違いや意味の違いに気づかせるとともに，「順序概念の習得など認知面への指導」[4]も並行して行うことが望ましい。

　一方，表出面では，格助詞を含む発話や，複数の文をつなげてでき事について語るナラティブなどを促す。また，なぞなぞなどのことば遊びを取り入れ，質問 - 応答などの会話の指導も必要である。一方，「音韻発達は4歳頃に習得され，理解，発語，構音，書字に影響する」[5]ことが指摘されており，しりとりなどの**音韻意識**の指導も必要である。発話量が多くなると構音の不明瞭さが目立ってくるが，言語発達水準が4歳未満の場合は，構音の発達途上であること，音韻の発達が未習得であることから，机上課題による体系的な構音指導は経過観察とすることが多い。そのため，保護者や支援者（保育者・教員など）に日

表象
目の前にない事物を思い浮かべたり，関係づけたりするイメージや概念のこと。

記銘力
新しく体験したことを覚える能力のこと。

音韻意識
単語を構成する個々の音のことを音韻といい，その一つひとつに意識を向けることを指す。

口腔顔面運動の練習方法
アッカンベーなどの顔の動きを真似する、シャボン玉やラッパを吹く、棒つきの飴をなめる、うがいをするなどの方法がある。

誤り音
本来、構音されるべき音ではない誤った音のこと。誤り音には、別の音に置き換わる置換、子音が抜け落ちる省略、正しくない歪みがある。

聴覚的弁別訓練
正しい構音操作により産生された音と誤り音とを聞き分ける訓練のこと。

音の産生訓練
正しい音を子どもに聞かせ、模倣させる聴覚刺激法などの方法を組み合わせて新しい音の産生を行う訓練のこと。

学習言語
語の意味の抽象化、複雑な構文、文法規則、談話、語用、比喩、読み書きなどのこと。

長所活用型
強い能力や認知処理様式に注目し、より積極的に強い能力を活用すること。

継次処理
部分から全体へまとめる過程で、初めから順序立てて緻密に処理する。

同時処理
全体の中の部分を認識する過程で、大雑把にポイントを押さえて物事を大まかに処理する。

ライフスキル
日常生活に生じるさまざまな問題に対して、よりよく生きるために必要な技術・能力のことで、生活技能ともいう。

ソーシャルスキル
他の人に対する振る舞い方やものの言い方など、社会の中で対人関係を円滑にするために必要な技術や能力のこと。

自立活動
障害がある児童生徒が自立を目指して、教育的な活動を行う指導領域である。

常生活の中で行うことのできる**口腔顔面運動の練習方法**を助言する。ただし、「知的障害がある場合や誤り音が多い場合には、4歳という目安にとらわれず、可能であれば**聴覚的弁別訓練**や**音の産生訓練**などの構音訓練を開始」[6]する。

4）学習言語期

　学習言語期は、コミュニケーションを中心とした言語とは異なる学習の手段や思考・推論、知識を得るための**学習言語**の習得が必要になる。具体的には、「集団における報告、学習語彙、比喩などの理解、時系列・5W1H・接続詞を含む表現、丁寧語・尊敬語、推論、文章の要約などの習得」[7]である。しかし、「知的障害の言語発達の到達水準は、軽度で小学6年生程度、中等度で小学1〜2年生程度とされ、また年齢が上がると繰り返している活動に関連した領域は高くなり、偏りが生じることもある」[8]と指摘されている。

　そのため言語聴覚士は、現在の発達水準を踏まえた上で、得意な領域の水準と、苦手な領域の水準を把握し、得意な学習方略を用いて苦手な学習を補う**長所活用型**の考え方を念頭に指導・助言を行う。例えば、作文を指導する際に、**継次処理**が得意な場合は、旅程表を手がかりに修学旅行の主なでき事を順番に思い出させた後、旅行中に利用した資料や記念品などの部分的な思い出をテーマに沿ってまとめさせる。一方、**同時処理**が得意な場合は、視聴覚機器を利用し修学旅行の体験を具体的に思い出せた後、動画で全体のイメージを想起させてから写真で細部を思い出させるなどである。

（2）間接的な働きかけ

1）関連施設への働きかけ

　特別支援学級・特別支援学校を選択した知的障害がある子どもの多くは、個別もしくは小集団での学びの機会が保障される。なお、制度上、通級による指導は知的障害を対象としていないため、通常の学級に在籍する知的障害がある子どもは特別な教育的配慮を受ける機会が少なくなる。知的障害を対象とした通級による指導の必要性は指摘されているが、現行制度の中では位置づけられておらず、医学的リハビリテーションを受ける場合には、病院や放課後等デイサービスなどのSTを活用するなどの工夫が必要になる。

　また、言語聴覚士は、学校関係者と協力し将来を見据えて、日常生活で直面する課題に効果的・建設的に対応するための**ライフスキル**や、集団生活のトラブルを少なくするために社会性などを習得するための**ソーシャルスキル**の学習を勧める必要がある。学校の教育過程において、言語聴覚士の専門性に関わるものは主に**自立活動**であり、その他は、コミュニケーションに関わる諸活動・問題の評価と指導計画の作成、指導法に関する教員への援助、教室環境や学級風土などの調整を促す環境調整、保護者支援などが考えられる。当然のことながら、就学後もSTは必要となることから、STの継続を希望する子ども・保

護者は少なくない。しかし，言語聴覚士の数が十分でないなどの理由により，学校現場の類似サービス（通級による指導など）に移行しているのが現実である。

２）家族などへの働きかけ

家族などへの働きかけでは，家族が子どもにとって最も身近な支援者，コミュニケーションパートナーになるよう助言する。また，家族が安心して子育てができるように，傾聴と共感的理解を心がけ，子どもに関わる情報提供，言語発達やコミュニケーションに関わる具体的な指導・助言を行う。

乳幼児期には，子どもの言語発達などに関して家族の不安や困っていることをじっくりと聞き，子どもへの関わり方を発達過程に応じて具体的に提示する。また，子育て全般の支援を，医療機関，市区町村の保健センターや親子教室などと連携して実施する。

子どもが保育所・幼稚園・認定こども園などの集団生活に入ってからは，集団の場での子どもの状態を把握し助言するとともに，家庭と子どもの所属機関が一貫した関わりができるように協力する。さらに，就学に向けて，言語・コミュニケーションに関わる相談に応じ，適切な関係機関も紹介する。

学齢期・思春期では，言語聴覚士は家族に改めて発達や特性について説明し，子どもの気持ちや意思を代弁して伝える役割を担うとともに，学校が家庭との共通理解のもとに指導できるよう協力する。その上で，就労や余暇活動の指導・助言も行う。

（3）自立に向けた支援

STによる言語・コミュニケーションの発達段階ごとの直接的な働きかけや，ライフステージごとの家族などへの間接的な働きかけについて述べたが，教育現場で求められるのはSTの訓練ではなく，STによって得られたアセスメントや訓練の結果を生かした学習や生活場面における支援である。つまり，「言語聴覚士などの専門家が新しい課題を身につけさせるための質的発達（縦への発達）の支援を行い，家庭では獲得した課題を確実に使えるようにする量的発達（横への発達）の場とし，学校などの集団では使えるようになった課題を利用して他者との関係性を学ぶ場にする」[9]ことが大切である。

近年，各地方自治体の教育委員会や福祉部局が主導となって，支援が必要な子どもや家族が，乳幼児期から学齢期，社会参加に至るまで切れ目なく支援が受けられるようにするため，文部科学省と厚生労働省の両者による「家庭と教育と福祉の連携『トライアングル』プロジェクト」が推進されている。これを実現するためには，言語聴覚士などの専門家との連携が必要不可欠であり，より自立に向けた支援が可能になると考える。

3 インリアル・アプローチ

　実生活場面を中心に，子どもの言語行動の意味を理解し，模倣し，見本を提示していく中で言語発達を促していく方法である。インリアル・アプローチが代表的である。

（1）インリアル・アプローチとは

　INREAL（インリアル）とは，INter REActive Learninng and communicationの頭文字の略で，大人と子どもが相互 (inter) に反応 (reactive) し合うことで，子どもの学習 (learninng) とコミュニケーション (communication) を促進しようとするものである。インリアルでは，子どもの言語とコミュニケーションの問題に目を向けると同時に，聞き手である大人のコミュニケーションにも目を向け，大人が自分の関わり方やことばがけについてビデオを用いて検討し，両者のコミュニケーションの相互作用を変えていくという手法をとる。

（2）インリアル・アプローチの対象

　インリアルは，1979年に日本に導入され，当初はことばに遅れがある幼児を対象としていた。その後，さまざまな実践をとおして，現在では，コミュニケーションに課題をもつ幼児から成人まで，ことばのない子ども（知的障害を含む）から語用論的使用に課題を示す ASD の子どもまでが含まれるようになった。

（3）インリアル・アプローチの方法

1）大人の基本姿勢（SOUL：魂）

　大人の関わりの基本姿勢として SOUL がある。SOUL とは，S：Silence（子どもを静かに見守る），O：Observation（観察する），U：Understanding（理解する），L：Listening（ことばを聴く）の略であり，大人との関わりにおいて，子どもが主導権をもって遊びや会話を始めるようにするための態度を述べている。子どもとやりとりをするとき，関わる大人の姿勢が問われる。SOUL を守ることにより，よりよいやりとりにつながっていく。

2）言語心理学的技法

　子どもへのことばがけの方法としては，言語心理学的技法（表2－8）がある。一方的な命令や指示，質問は，子どもの自発性やコミュニケーション意欲をそぐことになりがちであるため，言語心理学的技法には，命令，指示，禁止，質問のことばがけが含まれていない。言語心理学的技法を使うことで，ことばのモデルを示し，話す意欲を支えていく。

表 2-8　言語心理学的技法

ミラリング	子どもの行動をそのまままねる
モニタリング	子どもの音声やことばをそのまままねる
パラレル・トーク	子どもの行動や気持ちを言語化する
セルフ・トーク	大人自身の行動や気持ちを言語化する
リフレクティング	子どもの言い誤りを正しく言い直して聞かせる
エクスパンション	子どものことばを意味的，文法的に広げて返す
モデリング	子どもに新しいことばのモデルを示す

4　発達心理学的介入（発達段階に応じた指導）

　認知機能・知的機能の困難（知的障害など）の有無にかかわらず，認知機能・知的機能がどのような段階を踏んで発達していくかという順序性は，基本的には同じである。関わっている子どもの発達段階に応じた介入とは，ある時点で到達している認知機能・知的機能の発達段階において，その発達段階で発揮する能力を強化すること（よこの発達：量的発達）と，次の発達段階への移行を促進すること（たての発達：質的発達）が考えられる。本項の筆者は言語聴覚士として，認知機能・知的機能の困難がある小児を指導している。言語聴覚療法においても，小児と関わる上で，発達心理学者ピアジェの知見を援用しつつ，それぞれの子どもの発達段階に応じた介入（指導・支援）を行っている。

　なお，認知機能・知的機能の遅れが重度である場合，介入時点での発達段階から，次の発達段階に移行するためには長い時間を要する。介入する際には，つい質的発達を求めてしまいやすいが，遅れが重度であるほど，子どもが到達している発達段階における認知機能・知的機能を強化し，量的発達を促すことが大切である。

　そのためには，認知機能・知的機能の定型的な発達過程を理解することは非常に重要である。本項では，ピアジェが提唱した発達段階を踏まえた認知機能・知的機能の発達を概観するとともに，それぞれの発達段階における指導・支援について考える。なお，長期にわたって介入する際に，支援・指導目標を立てる上で，認知機能・知的機能の困難（知的障害）の重症度に応じた到達の目安（到達水準）が参考になる。そこで表2-9には，重症度と，先行研究・事例などから推定される認知機能・知的機能の到達水準，ならびにピアジェの発達段階の関係性を示した。

表2-9　到達水準とピアジェの発達段階

重症度	到達水準	ピアジェの発達段階		
最重度	単純な指示や身ぶりの理解は可能 有意味語の発語はほとんどない	0〜2歳	感覚運動期	ことばが出現する以前の段階 対象物の不変性の獲得
重度	文字，数，時間，金銭などほとんど理解できないため，問題解決の広範囲に支援が必要	2〜6,7歳	前操作期	象徴活動の結果，心像や表象が生じる
中等度	学業は小学生レベルだが生活全般に支援が必要	6，7歳〜 11，12歳	具体的操作期	基本的概念が生じ，具体的な事物で論理的思考を行うことができる
軽度	学習技能の使用，抽象的思考，実行機能，短期記憶が障害され，同年齢に比し問題解決が難しい	11，12歳〜	形式的操作期	言語や記号の上だけで正しい推理ができる 仮説的演思考ができる
境界知能				

（1）感覚運動期（0〜2歳ころ）

　感覚と運動が直結している段階であり，興味を示す遊びは音，触覚などの感覚や動きに訴えるものが主である。1，2か月ころは反射的な活動が中心だが，徐々に「循環反応」がみられるようになり，3か月ころには手足を動かす，手を開閉するなどの動きを繰り返し，6か月ころには物をつかむ・離す，引っぱるなどの動作を繰り返す。さらに，持っている物を床に落とすと音がすることをおもしろがって繰り返すことなどが観察される。

　やがて自分でガラガラを振って音を鳴らすなど意図的な遊びをくり返し行う中で，9か月ころになると「こうすればこうなる」という「因果関係」を徐々に習得する。この段階では，① さまざまな形をしたおもちゃを同じ形の穴に入れる，② 子どもと大人の間でボールを転がし合う，③ ボールやおもちゃが回転しながら落ちていくおもちゃ（クーゲルバーン（図2-6）や類似の知育玩具など）で繰り返し遊ぶなど，子どもが楽しみながら自分の行動とその結果（事物の変化）のつながりを確認し，「因果関係」の理解につながる課題を設定するとよい。

　なお，運動機能の困難（特に，上肢の肢体不自由）がある子どもの場合，自ら主体的・能動的におもちゃなどの事物を操作することができない（できにくい）。それゆえ，子どもの主体的な操作を補助（拡大）したり代替したりする方法が必要である。この段階では，わずかな動きを感知してスイッチのオンオフを切り替える障害支援スイッチを電動式玩具などに接続し，スイッチの操作を介しておもちゃなどを動かす遊び（スイッチ遊び）を取り入れる。この方法は，広義には拡大・代替コミュニケーション（augmentative and alter-

循環反応
特定の行動を繰り返す反応であり，第1次から第3次まで分類・位置づけられている。

因果関係の理解
行動主義心理学と応用行動分析においては，行動随伴性（behavior contingency）という。行動随伴性とは，特定の条件において特定の行動をすると特定の環境の変化が起こる，という行動と環境との関係を指す。

図2-6　クーゲルバーン

native communication：AAC）であり，特に AAC の導入において用いられる。

拡大・代替コミュニ
ケーション
本節 7 －（1）参照。

　次に，10か月ころになると，おもちゃが布で隠されて見えなくなっても，お
もちゃはそこにあり続けるという「物の永続性」についての理解できるように
なる。「物の永続性」の理解が獲得される前後には，おもちゃに覆いかぶさっ
ているタオルをめくって中のものを取る，知育玩具についている扉や蓋を開け
て中にあるキャラクターをみつけるといった行動が観察されるが，これらの遊
びや，「いないいないばあ」「かくれんぼ」などの遊びをとおして，「物の永続
性」が獲得されるようになる。

　なお，感覚運動期後半においては，「いないいないばあ」など，ルールやパ
ターンが決まった遊びをとおして，役割交代（ターンテイキング）を理解した
り，役割に付随することば（隠れる役が発する「いないいない」，現れる役が発す
る「ばあ」）を獲得したりする。したがって，大人から一方的に働きかけられ
る遊びから，子ども自身が主体的に働きかける遊びへと変化していくことが重
要である。この変化には，模倣が重要な役割を果たすと考えられる。しかし，
ごく初期の発達段階においては，**共鳴動作**のように生理的な模倣は確認される
が，子ども自身が意識的に大人の模倣をすることは少ない。大人が子どもの表
情やからだの動きをまねる逆模倣から開始することが一般的だろう。逆模倣を
含めて，大人や周囲のでき事を子どもが観察する経験を重ねることで，子ども
は自ら観察・経験したことを頭の中で整理し，あるとき思い出して再現するよ
うになる（遅延模倣）。遅延模倣が認められるようになると，前述した役割交
代を伴う遊びの経験を蓄積することで，大人との交流の中で文脈に即した模倣
がみられるようになる。こうした過程を経た上で，大人の行動を意識して即時
に模倣すること（即時模倣）ができるようになる。ただし，知的障害，ASD な
ど，知的・認知機能に困難がある子どもは模倣行動が誘発されないことも少な
くない。その場合，大人が，子どもの頭，口，手，足など身体部位を触りなが
ら，子どもの行動を補助的に動かすとよい。具体的な指導の項目とその指導は
『言語聴覚療法シリーズ10　言語発達障害Ⅰ』を参照されたい（p. 104，参考文
献）。

共鳴動作
乳児が大人の動作に合
わせて同調的・共鳴的
にそれを反復するこ
と，意識し意図するこ
となく模倣することを
指す。

（2）前操作期（2～7，8歳ころ）

　ある事物を別の事物で置き換えて表す「象徴機能」が獲得されていく段階で
あり，事物をことばという記号で表す力である言語機能も著しく伸びる時期で
ある。ままごとやごっこ遊びはその代表例である。この時期の意味理解は実体
験を前提としており，次の段階で可能になる論理的操作の前段階であるため前
概念・前操作とされる。イメージや前概念的なことばによる思考が中心の段階
であるため「自己中心性」などの特徴もみられる。また4歳ころから発達的な
変化があり，2個の同じ重さの粘土を「同じ」とわかるが一方の形を変化させ

自己中心性
相手の立場や相手の視
点を考慮することが難
しいことを意味する。

直感的思考
目の前に存在しないものを表すことや同じなどの概念を用いて表現できるが，見かけが変わると同様のものと理解できないことを意味する。

ると「同じ」と理解できない**直感的思考**の段階となる。

　前操作期前半（2〜4歳前後）は概念が未発達でイメージによる思考が主である。自分の家の犬と隣の家の犬は別々のものであり，同じ「犬」というカテゴリーでは考えていない場合がある（過小外延）。反対に，女性全体を「ママ」という概念でカテゴリー化する場合（過大外延）や，物をなかま分けする際に「色」と「形」など複数のカテゴリーを混在させてしまい，一定の概念で分けられない場合もある。この段階では，ごっこ遊び（表象遊び）が，認知発達や言語発達に大きな影響を及ぼす。ごく初期のごっこ遊びにおいて，子どもは，日常生活の文脈に即して事物を区別して扱い始める（例：スプーンやコップは口に持っていく，車のおもちゃは押して遊ぶなど）。このような区別は，カテゴリー化する能力が発達しつつあることを表している。また，同時に，こうした子どもの主体的なカテゴリー化に合わせて，大人が事物・カテゴリーの名称をいう（ラベリング）ことで，子どもは語い（言語）を学習していく。同時に，目の前にある事物を別の事物に見立てて遊ぶ（例：長方形の積み木を電車に見立てて，「ガタンゴトン」といいながら押して遊ぶ）様子も観察されるようになる。見立てるという行動は，何かを別のもので表すというシンボル（記号・象徴）の理解につながる。シンボルには，音声言語（聴覚的記号）や文字（視覚的記号）も含まれており，より高次な言語活動に発展していくこととなる。

　なお，前操作期前半では，大人からの具体的な質問や課題には応じることができるが，なかま分けや並べ替え課題など，大人が設定したルールに従う課題に対応することは難しい。そこで，子どもの主体的なカテゴリー化を補助する課題として，「柴犬」「チワワ」などさまざまな種類の「犬」を集める，「動物」や「形」「色」などの決められたカテゴリーになかま分けをする，数を色や形にとらわれず抽象・弁別・分類する（数の抽象，弁別学習）などの課題を設定して，大人と一緒に行う。そのほか，この段階の指導としては，①形や大きさ，長さなどが異なる物品を袋の中に入れておき，大人が指示したもの（例：「『○』『ふわふわした△』を取ってください」）を触っただけで取り出す触覚性探索課題，②位置・方向・形の異なる複数の図形から同じ図形をマッチングする弁別学習（例：○△□◇などの幾何学図形がばらまかれている中から○だけを取り出す，「みかん」「すいか」「アイスクリーム」の中から丸い「みかん」と「すいか」をなかまとして集める），③図形やイラストを模写する学習などを行う。これは，空間概念の学習や，遊びをとおした自生的な読み書きにつながる。

　一方，前操作期後半になると概念や簡単なルールを元にした思考ができるようになるため，しりとりのような簡単なルールに従い，相手と交互に行うゲームに取り組むことができる。しりとりは，音韻認識を促進する遊びのひとつとしてあげられる。この段階においては，「自己中心性」により他者の視点からの見えを理解することが難しい場合があり，事物を見る方向によって見え方が

変わる際，自分の視点からの見えを答えてしまうことも多い（例：ピアジェの**三つ山課題**において，前操作期の子どもは，自分とは異なる位置に置かれた人形から見た映像を推測することが難しく，自分の視点からの映像と混同してしまう）。図2－7に示すような，他者と同じ位置に対象物を配置するなどの視点移動の学習も効果的だろう。視点移動は，授受動詞（あげる，くれる，いただく，くださるなど）を含む文の理解にも関与しており，言語発達を促進する上で有用だろう。

三つ山課題
ピアジェが考案した，他者の視点を理解する能力の発達を調べるための実験課題。三つの山の模型を置き，自分とは異なる位置ではどのように見えるかを回答させる。

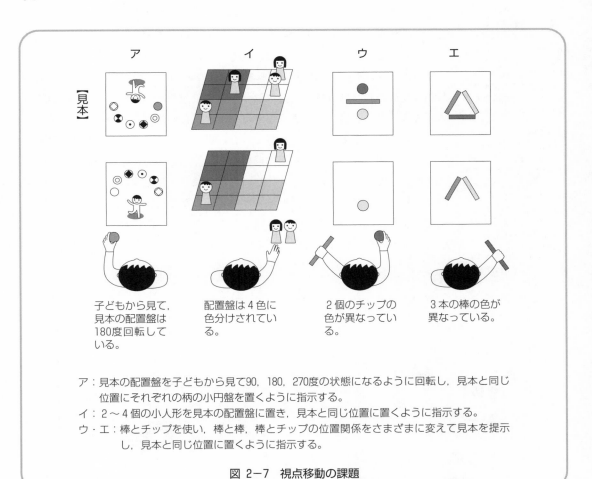

ア：見本の配置盤を子どもから見て90，180，270度の状態になるように回転し，見本と同じ位置にそれぞれの柄の小円盤を置くように指示する。
イ：2〜4個の小人形を見本の配置盤に置き，見本と同じ位置に置くように指示する。
ウ・エ：棒とチップを使い，棒と棒，棒とチップの位置関係をさまざまに変えて見本を提示し，見本と同じ位置に置くように指示する。

図2－7　視点移動の課題

（3）具体的操作期（7，8〜11，12歳ころ）

　具体的操作期は，物事を論理的に思考する力を獲得していく時期である。この発達段階に入ると，過去に得られた知識を組み合わせて，自分と他者など複数の視点で考えらえることもでき始めるため，三つ山課題においても，自分とは異なる位置に置かれた人形からの視点で考えられるようになる（脱中心化）。

また対戦型のゲームなどでは，相手と自分の状態を比較し，どう振る舞えばよいのか戦略を立てられるようになる。これらの例にみるように，具体的操作期に入ると，友だちとのトラブルの際に相手の立場に立って考えることもできるようになる。前操作期から具体的操作期に移行する発達段階の子どもには，自分自身だけでなく，他者からみた視点や気持ちなど立場を変える課題（図2-8）を行うとよいだろう。なお，認知機能・知的機能に困難がある子どもは，ことばによる説明だけではわかりにくい場合が多いため，机上課題としてではなく，実際の生活文脈に即した状況において体験することも重要である。このような実体験は，**キャリア教育やライフスキル教育**など，子どもが成長して社会に参画する際に必要となる知識・技能の修得にもつながる。

また，「**保存課題**」の理解ができるようになるのもこの時期である。前操作期では物事の判断は直感に頼っており，同じ量のジュースでもコップの高さが高いほうが多いと感じてしまうなど見かけにとらわれてしまいやすい。そのため，理屈で物事を説明しても理解できない場合が多く，いかに直感的に理解させるかが大切となる。具体的操作期になると，**思考の可逆性**が備わることにより，物質が変形して見た目が変化しても数・長さ・分量・重さなど本質的な特徴は変わらないことが徐々に理解できるようになる（保存概念の理解）。ただし，論理的な思考は目の前のことや経験したことなど具体的に理解できる範囲に限られる。そのため保存概念の課題では，実際に体験しながら数・長さ・分量・

キャリア教育
　一人ひとりの社会的・職業的自立に向け，必要な基盤となる能力や態度を育てることをとおして，社会の中で役割を果たしながら自分らしい生き方の実現を促す教育。

ライフスキル教育
望ましい行動変容に結びつけるための教育方法のひとつで，ロールプレイなどの方法を活用した体験や観察をとおして進める参加型学習によって学習意欲を育むことを意味する。

保存課題
「元に戻せば，量や数に変化がない」ことを認識できることを表す。広義には，物事をひとつの観点から考えながらも，その正反対の視点から考えることができることを意味する。

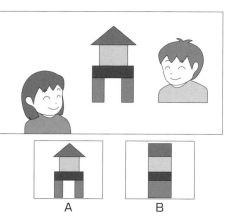

① 女の子から見て積み木はどのように見えますか？
　AとBのどちらかを選んでください。
② 男の子から見て積み木はどのように見えますか？
　AとBのどちらかを選んでください。
※ 難しい場合，実際に体験させる。

① Aの男の子はどんな気持ちかな？
② Bの男の子はどんな気持ちかな？
※ 難しい場合，ロールプレイを行う。

図 2-8　自己中心性と脱中心化の課題

重さなどを学習することが望ましい（図2−9）。

　具体的操作期は，数の保存や**系列化**，**クラス化**などができるようになる第1段階（7〜8歳）と，さらに高次な具体的操作が可能になる第2段階（9〜10歳）に分けられる。第1段階では，例えば6個の青いおはじきを一列に等間隔に並べ，6個の赤い同じおはじきをそれと平行に両端をそろえて等間隔に置いて「同じ」であることを確認した後，青いおはじきの間隔を広げて列を長くし，「同じ」かどうか尋ねるなどの数の保存課題などが実施される。知的障害がある場合，集合を数詞でいい表せても数の判断に使用しない（例：「全部でいくつ？」と尋ねられたときに，正しく数えて答えることができるが，実際の生活場面において数の大小を判断するときに数詞を使わない），言語で事態を理解することが難しく見えに頼って数を判断する（例：ことばだけで指示されても多面的に理解することが難しく，自分の視点から見える／理解できる範囲で考えて対応するため，文脈によって判断がぶれることが多い）などの反応がみられる。そのため，数の保存課題を実施するなど，抽象的な概念を含めてやりとりをする際には，具体物を使用した上で，言語による説明を促しながら，段階的に指導することが有効と考える（図2−10）。第2段階では，二つの次元（色と形）を自発的に見いだしてその共通項（同じ色だが物が違う次元と，異なる色だが同じ物の次元が重なった部分）を推理すること（交差の理解）や，いくつかの山や建物からなる模型を別の角度から見たときの見え方を推理すること（対象全体に対する観点の共応）が可能になるため，二つの次元の交差の理解をみる課題（図2−11）などを段階的に取り入れる。これらの課題は，系列化やクラス化に関連しており，就労をはじめ，地域・社会生活を送る上で重要な役割を果たす。特に，就労においては，多かれ少なかれ，定められた一定のルールに基づいた判断・行

思考の可逆性
保存課題においては「元に戻せば，量や数に変化がない」ことを認識できることを表す。広義には，物事をひとつの観点から考えながらも，その正反対の視点から考えることができることを意味する。

系列化
長さや大きさなどによる順序づけ。

クラス化
一定の基準に基づいた分類・類型化。

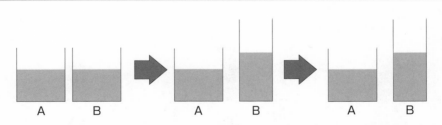

① 同じ二つのA，Bのコップそれぞれに同量の水を入れ「どちらが多い？それとも同じ？」と問いかける。

② 目の前でBのみ異なる形のコップに水を移し「どちらが多い？それとも同じ？」と問いかける。

③ 目の前で提示していない②と同様のA，Bを提示し「どちらが多い？それとも同じ？」と問いかける。

図2−9　保存概念の課題

注）コップの形なども変化させて同様の課題を実施する。
　　数，長さ，質量なども同様の方法で実施する。

動が必要になってくる。指導する人が，どの程度（どのくらい具体的に）ことばによる説明・指示を行うかということも重要になってくるが，併せて本人自身が認知機能・知的機能を働かせることができることを目標として指導・介入しておくことも重要である。

① 多少等判断１：８個と６個のおはじきの２集合の多少等を問う。(MA３：６)

② 多少等判断２：８個ずつのおはじきの２集合の多少等を問う。(MA５：６)

③ 多少等判断３：上記①における２集合のうち８個の集合間隔を狭めておき，２集合の多少等を問う。(MA８：６)

④ 多少等判断４：上記②における２集合の一方の集合の配置間隔を狭めて置き，２集合の多少等を問う。(MA８：６)

⑤ 多少等判断５：ビーズ８個の集合，ビーズとおはじきとを混ぜた集合をそろえ，各要素を等間隔に並べて多少等を問う（ア）。続いて混合要素のみ一方へまとめてみせて多少等を問い（イ），その理由を答えさせる。(MA10：０)

(ア)

(イ)

図 2-10　数の保存の課題

注）カッコ内の数字は課題が達成されるおおよその精神年齢。
　　MA：mental age（精神年齢）　左の数値：年齢　右の数値：月齢。
　　例：（MA３：６）は，精神年齢３歳６か月を意味する。

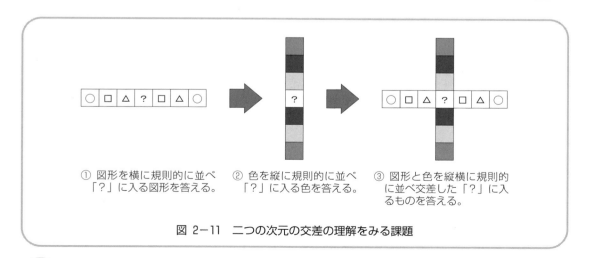

① 図形を横に規則的に並べ「？」に入る図形を答える。

② 色を縦に規則的に並べ「？」に入る色を答える。

③ 図形と色を縦横に規則的に並べ交差した「？」に入るものを答える。

図 2-11　二つの次元の交差の理解をみる課題

（4）形式的操作期（11，12歳ころ以降）

　形式的に仮定された物事を言語で考えることができるようになり，具体的な経験を超えた仮説による論理的な思考，より抽象的な思考・推理が可能になる段階である。具体的操作期では未知の物事を論理的に思考することはまだ難しいため未経験な事象に対しての仮定は理解しにくい。一方，形式的操作期になると言語で形式的に仮定された物事を考えることができるようになるため，未経験の物事や「もし人がゾウより大きいならば」のような実体験に反する仮定，エネルギーなど不可視な概念についても考えることができるようになる。「もし○○されたらどう思うか」について，具体的操作期では経験したことでなければ考えられないが，形式的操作期では未経験でも予想することができるようになる。

　形式的操作段階の完成時期は14～15歳などと諸説あるが，成人しても変化し続けるとする意見も多い。また，到達時期も大きな個人差がある上，数量概念と対人関係など領域間での個人内差も大きい。

　一般的な傾向として，軽度知的障害～境界知能ではこの段階に達することも少なくない。ただ，その場合にも抽象概念がすべて理解できると想定すべきではない。例えば，行政・企業などが配布するリーフレットなどには，漢字にルビが振られているが，ルビを振ることで，認知機能・知的機能の困難がある人が，書かれている内容を理解できるようになるわけではない。反対に，たどたどしいながらも読むことができることで，責任能力があると判断され，本人にとって不利な条件で契約させられる事態も想定される。こうした事態を想定して，成年後見人制度が整備されていることを理解すべきである。

　形式的操作期に達したと判断されると，多くはリハビリテーションの対象から外れ，学校教育や現任訓練・研修などに委ねられる。社会資源の有効活用の観点からも，機能・役割の分担は重要であるが，社会の中で多様な人と関わりあい，意思疎通を図りながら実り多い人生を送るという意味では，言語聴覚士が継続的に指導する意義も大きい。

5　応用行動分析，行動療法

（1）応用行動分析とは

　応用行動分析（applied behavior analysis：ABA）は，人間を含む動物一般に当てはまる行動の基本原理を，社会的に望ましい行動を増やし，望ましくない行動を減らすために応用するアプローチである。さまざまな分野に応用されているが，特に発達障害がある子どもや成人の支援法として，大きな成果をあげている。

　応用行動分析の基礎を築いたのは，スキナー（Skinner, B. F.）である。スキ

ナーは1930年代にネズミやハトを使って数多くの実験を行い，そこから動物一般に共通する行動の基本原理を抽出した。その後，この基本原理は人間にも当てはまることが確かめられ，1960年代から障害児療育などへの応用研究が本格的に始まった。

（2）行動の基本原理

人のすべての行動は次のような原理（強化，消去，罰（弱化））に従って増減する。ただし，原始的な反射的反応（発汗，動悸など）は除く。

1）強　　化

人の何らかの行動の直後に，本人にとって好ましい刺激があると，以後その行動は増加する。これを強化（正の強化）と呼び，好ましい刺激のことを「強化子」または「好子」と呼ぶ。

強化（正の強化）
行動の直後に好ましい刺激が与えられることで行動が増加すること。

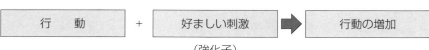

例えば，子どもがお手伝いをしてほめられると，もっとお手伝いをするようになったとする。このとき，お手伝いが行動であり，それが「ほめられる」という好ましい刺激が強化子となって，その行動が増えたわけである。正の強化の「正」とは，「プラス」つまり好ましい刺激を加える「足し算」による強化，という意味である。

2）負の強化

行動が増加するもうひとつの現象として，負の強化がある。人の何かの行動の直後に，それまであった不快な刺激が除去されると，以後，その行動は増加する。これを**負の強化**と呼ぶ。

負の強化
行動の直後に不快刺激が取り去られることで行動が増加すること。

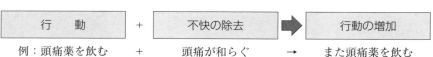

例えば，頭が痛いとき，新発売の頭痛薬を飲むとてきめんに頭痛が和らいだとする。すると，その人はそれから頭痛のたびにその薬を飲むようになるだろう。負の強化の「負」とは，「マイナス」つまり不快刺激を除去する「引き算」による強化という意味である。

3）消　　去

人の何らかの行動の直後にほうびとなる刺激がないと，その行動は減少する。これを消去と呼ぶ。

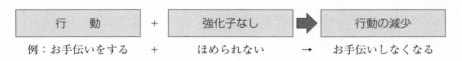

例：お手伝いをする　＋　ほめられない　→　お手伝いしなくなる

消　去
行動の後に強化子を与えないことで行動が減ること。

例えば，子どもがお手伝いをしても，お母さんが「当たり前」と思ってほめなくなったとしよう。すると，子どもはだんだんお手伝いをしなくなるだろう。これが消去である。

4）罰（正の罰）

人の何らかの行動の直後に不快な刺激が与えられると，その行動は減少する。これを罰（正の罰）と呼ぶ。罰のことを「弱化」と呼ぶこともある。

例：お手伝い　＋　叱られる　→　お手伝いをしなくなる

罰（正の罰）
行動の直後に不快な刺激を加えることで行動が減少すること。

例えば，子どもが皿洗いのお手伝いをしていて，うっかりお皿を割ってしまい，お母さんに叱られた。「お手伝いをして叱られたんじゃ割に合わない」とその子はその後お手伝いをしなくなった。これが罰（正の罰）である。正の罰の「正」とは不快刺激を加える「足し算」の罰という意味である。

5）負　の　罰

人の何らかの行動の直後に好ましい刺激が取り除かれると，以後その行動は減少する。これを負の罰（負の弱化）と呼ぶ。

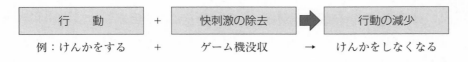

例：けんかをする　＋　ゲーム機没収　→　けんかをしなくなる

負の罰（負の弱化）
行動の直後に好ましい刺激が取り除かれることにより，行動が減少すること。

例えば，ゲーム機を巡ってきょうだいげんかをして，親にゲーム機を没収されたとする。このきょうだいにとってゲーム機は三度の飯より好きなものだったので，以後，けんかを自重するようになった。これが負の罰である。負の罰の「負」とは快刺激を取り除く「引き算」の罰という意味である。

（3）行動の前のでき事

（2）でみたように，人の行動はその後に何が起こるか，つまり行動の結果によって，その後の行動の増減が決定的に左右される。

では，行動の前のでき事は，行動にどのような影響をもたらすだろうか。

1）弁別刺激

　行動の直前に起こって，強化による学習の結果，行動を引き起こす力をもつようになり，行動の直接の引き金になる刺激を弁別刺激という。例えば，お母さんが「おいで」というと子どもはお母さんのところに行く。このとき，お母さんの「おいで」ということばが，子どもの「お母さんのところに行く」という行動にとっての弁別刺激である。

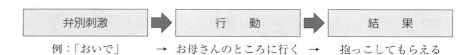

　　例：「おいで」　　→　お母さんのところに行く　→　　抱っこしてもらえる

　弁別刺激が行動を引き起こす力をもつのは，強化の働きによる。子どもがお母さんの「おいで」に応えてお母さんのところに行くようになるのは，「おいで」と呼ばれたときに行くと抱っこされたり，おやつをもらえたり，そのほかいいことが起こることが多いからだろう（行かないと叱られる，ということもある）。

　ほかにも横断歩道における青信号や，徒競走におけるピストル音など，世の中には行動の引き金になる弁別刺激があふれている。私たちの行動の多くはこの弁別刺激→行動→結果の三項関係の基本的な枠組みの中で起こっており，これを三項随伴性と呼ぶ。

2）動機づけ操作

　もうひとつ，人の心身の状態に事前に働きかけ，強化子の価値や行動の起こりやすさを左右する事前の働きかけに動機づけ操作がある。

　例えば，子どもに余計な間食を食べさせないようにすると，「ごはんですよ」の呼びかけに応えて夕食の食卓に着く行動が増えるだろう。このとき「ごはんですよ」が弁別刺激で，「間食を食べさせない」というのが動機づけ操作である。動機づけ操作は空腹や満腹など，強化子の価値に影響を与える心身の状態を事前につくり出し（おなかがすくと夕食の価値が上がる），それによって行動を起こりやすく，あるいは起こりにくくする。

　動機づけ操作のうち，強化子を一定期間与えないことなどにより強化子の価値を高め，行動を起こりやすくする操作を確立操作という。逆に強化子をふんだんに与えるなどして強化子の価値を低め，それを求める行動を起こりにくくする操作を無効操作という。

（4）問題行動への対処

1）問題行動の機能

　他害や自傷，パニックなど，本人や周囲に不利益となり，できれば減らしたい行動を問題行動という。問題行動に対処するにあたって，まず行うべきこと

は，その問題行動が何によって強化されているか，を探ることである。この作業を機能アセスメントと呼ぶ。

　問題行動の強化子を明らかにするには，問題行動自体よりもむしろその前後のでき事や状態に着目したほうがよい。機能アセスメントの方法として，問題行動を巡るでき事を（A）事前のでき事（antecedent），（B）行動（behavior），（C）結果（consequence）の三つに分けて観察し，そこから問題行動の強化原因を明らかにする作業を ABC 分析と呼んでいる。

　例えば，支援学級の教室で，生徒が机に頭をガンガンぶつけている。特にきっかけになるでき事はなく，誰もこの生徒に関わっていなかった。しかし，生徒が自傷を始めた途端，教師がそばに寄ってきて「どうしたの？」と声をかけた。これを（A）事前のでき事，（B）行動，（C）結果に分けて考えると以下のようになる。

（A）事前のでき事　　　　　（B）行動　　　　　　　（C）結果

誰も関わっていない	⇒	頭ガンガン	⇒	先生がことばをかける

　ここから推測されるのは，先生のことばがけが注目という強化子になっているのではないか，ということである。

2）四大強化原因

　これまでの研究で，問題行動の強化原因はだいたい次の四つに大別されることがわかっている。

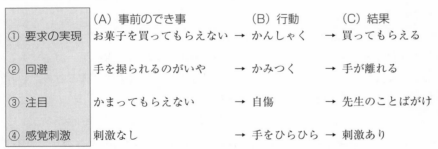

	（A）事前のでき事	（B）行動	（C）結果
① 要求の実現	お菓子を買ってもらえない	→ かんしゃく	→ 買ってもらえる
② 回避	手を握られるのがいや	→ かみつく	→ 手が離れる
③ 注目	かまってもらえない	→ 自傷	→ 先生のことばがけ
④ 感覚刺激	刺激なし	→ 手をひらひら	→ 刺激あり

3）消去と DRO

① 消　去：問題行動の強化子にあたりをつけたら，いよいよ問題行動への対応法を考え，実行する。その際，基本になるのは消去である。問題行動を叱ってやめさせなくても，強化子を見つけ出し，それを与えないようにすれば自然に減少する。それが消去である。例えば，自傷が先生のことばがけによって強化されているようなら，ことばをかけないようにする。お菓子を買ってほしくてかんしゃくを起こした場合は，どんなに泣いても買わないようにする。

② DROとDRA：問題行動は消去する一方で，問題行動以外の適切な行動を強化すれば，より改善効果が上がる。

・他行動分化強化（differencial reinforcement of other behavior：DRO）とは，問題行動以外のすべての行動を強化することで，間接的に問題行動を減らすことである。例えば，自傷が注目によって強化されるとき，自傷が起こっていないときに頻繁にことばをかけ，注目を与える。自傷中はことばをかけない。

・代替行動分化強化（differencial reinforcement of alternative behavior：DRA）とは，問題行動に代わる特定の適切な行動を強化することである。例えば，手を握られるのがいやで手をかむ子どもに，「やめて」という意思表示を，ことばやサインで教える。

4）先行条件操作

先行条件操作とは，事前の工夫によって問題行動を起こりにくくすることである。例えば，以下のようなものである。

① 問題行動を物理的に困難にする，あるいは労力を要する状況をつくる。

　例：教室からの脱走を困難にするため，子どもの席を入口から遠ざける。

② 問題行動の弁別刺激を取り除く。

　例：反応がおもしろいために標的にされている子どもを別のクラスにする。

③ 動機づけ操作を行う。

　例：問題行動の強化子が注目である場合，あらかじめ注目をたくさん与えておけば，注目の強化子としての価値が下がり，問題行動が減る。

5）負　の　罰

消去，DRO，先行条件操作を尽くしても十分な結果が得られないときのみ，罰の使用を検討する。ただし，不快を与える正の罰は極力用いず，用いてもことばで注意する程度にとどめ，原則として好ましい刺激を取り去る負の罰のみを用いる。負の罰には以下のものがある。

① タイムアウト：問題行動に伴って，強化を得る機会を一時的に取り上げる。例えば，体育の授業中に妨害行為をした子どもを，しばらく見学させる。

② レスポンスコスト：問題行動に伴って強化子を一定量取り上げる。例えばすでに与えていたシールを没収したり，自由遊びの時間を半分にする。

（5）適切な行動の教え方

ABAは問題行動への対処だけなく，発達障害がある子どもの将来の自立のために必要なさまざまなスキルを教えるために役立てることができる。

1）教え方の基本

① スモール・ステップ：教えたいことを細かなステップに分けて，一番簡単なところから**エラーレスラーニング**で少しずつ教えていく。

エラーレスラーニング
無誤学習。失敗を0ないし最小限にして学習させること。成功と失敗を繰り返しながら習得に至る試行錯誤（トライアル＆エラー）学習と対比される。

② プロンプト：手助け，ヒントのことである。難しいことは手を添える，
正解を指さす，やって見せるなどの方法でプロンプトし，確実に正解に導
き，強化する。そのあと徐々にプロンプトを減らしていき（プロンプトフェー
ディング），最後にゼロにする。

③ 強　化：「強化なくして学習なし」がABAの基本である。教えたい行動
をプロンプトして引き出せたら，すぐにほめたり，好きなものを与えたり
して強化する。達成した課題は，強化を少しずつ間引く。

コラム　スーパー教師の秘密？

　あなたの周りにも存在している優れた先生は，どうして優れているのだろうか。よい先生は「子どもたちをよく見ている」という。さりとて，あなたが目を見開いて教育現場を漠然と見学しても，同じような先生になれるわけではない。その秘密を解くためには，行動分析を使うと，大きな手がかりが得られるだろう。

　ある先生は，「わざと汚い雑巾を床に置いておいて」子どもたちを見ている。

	（A）事前	（B）行動	（C）結果
（子ども）	汚い雑巾	→ 子どもが拾う	→ ほめられる
			（汚い雑巾でも拾うようになる）↑
（先生）	拾った子ども	→ ほめる	→ ほかの子どもも拾う
			（子どものよい行動をまたほめる）↑

　また，ある先生は，わざと板書を間違えて，子どもの反応を待つ。

（子ども）	間違いがある	→ 見て「違うよ」	→ ほめられる
			（黒板の細部にまた注目）↑
（先生）	間違いを指摘される	→「すごいな」	→注目する子どもが増える
			（きっかけをつくりほめる）↑

（↑は行動が強化されて増加することを意味する）

　よい教師は，このように子どもたちが自然に行動に起こしたくなる仕掛けを意図的か無意図かを問わず，つくることができ，子どもたちを観察している。子どもたちが反応したらすかさずその先生なりの笑顔や，ことばがけや，何らかの形で強化することができる。

　子どもたち側も，先生にほめられ注目されたり，授業に引きつけられ課題をクリアしたりと，快刺激を得れば強化を受け，さらなる理想の行動をするようにシェイピングされる。このような教育空間では，子どもたちも（先生も）問題行動を起こしにくい状況があり，結果的にだが，先行条件操作ともなっている。

2）主な教育技法

① ディスクリートトライアル（不連続試行）：指示→プロンプト→正反応→強化，を1試行（トライアル）として，試行と試行の間に短い間隔を空けながら断続的に試行を繰り返していく。ABAで何かを教える際の基本的なスタイルである。

② ランダムローテーション（刺激弁別手続）：二つ以上の指示や名前などを区別させるために，わざと複数の指示をランダム（不規則）な順番で提示する。間違えたとき次の試行はプロンプトして正解させ，徐々にプロンプトをフェーディングする。プロンプトなしで10試行中8試行以上正解したら習得とみなす。

③ シェイピング：プロンプトが難しい行動について，目標に少しでも近い行動を強化しながら，徐々に目標に接近していく。例えば，ことばを引き出すとき，最初は自発的発声をすべて強化し，徐々に引き出したい単語に近い発声だけを強化していく。

④ チェイニング（行動連鎖化）：長い工程からなる行動（例：手を洗う，ズボンを履く）を細かなステップに分解し，それを1ステップずつ教えて，ステップとステップをつなげていく。最初のステップから教えていくフォワードチェイニング（順行連鎖化）と，最後のステップから教えて前にさかのぼっていくバックワードチェイニング（逆行連鎖化）がある。

6　TEACCH

（1）TEACCHの概要

TEACCHとは，treatment and education of autistic and related communication handicapped children の**アクロニウム**で，日本では「自閉症および関連するコミュニケーション障害がある子どもたちの治療と教育」と訳されている。日本でも知的障害を伴うASDの子どもの教育については特別支援学校および特別支援学級に導入されつつある。

1966年にショプラー（Schopler, E.）らがASDの子どもを中心とする発達障害児のための「子どもの研究プロジェクト」を立ち上げ，その成果が認められ，1972年ノースカロライナ州のASD児者支援のひとつとしてノースカロライナ大学医学部精神科に設立されたプログラムである。現在はTEACCH Autism Program という名称になっている。

当時，数多くのASDの臨床に関わっていたショプラーは，多くのASDの子どもがことばの理解が弱く，異なった状況からの情報を統合することができない。また，定型発達の子どもと比べ感覚が異なっていると考えた。しかしながら，一方では視覚的な刺激に強いこともわかっていたので，ASDの子ども

アクロニウム
頭字語。アルファベットにおける略語の一種で，複数の単語による合成語の頭文字をつなげてつくられた語のこと。

の学習スタイルをオーガナイズする方法として，視覚的な強さを利用するべきではないかと考えるようになった。

　よって，ショプラーはASDの子どもを治すという発想ではなく，ASDの子どものスキルを向上させることへと方法を転換し，それらを補うためには，ASDの子どもに活動しやすいような環境を設定する，いわゆる「構造化」による支援を考えるに至った。

　TEACCHプログラムには，① ASDの子どもや人の適応力を向上させる，② 親を協働治療者とする，③ 診断と評価に基づいて個別的指導を行う，④ 構造化された指導・教育を行う，⑤ ASDの子どもや人の障害をそのまま受け入れる，⑥ 認知理論と行動理論を組み合わせて使う，⑦ 専門家はジェネラリスト（generalist）でなければならないという七つの原則がある。

　2020年の段階で，ノースカロライナ州に7か所の地域TEACCHセンターが設置されており，これらのほかに居住と就労を併せもつカロライナ・リビング・ラーニング・センター（The Carolina Living and Leaning Center：CLLC）が存在する。

（2）TEACCHにおける支援内容

　具体的な支援内容は，ASDであるかどうかの診断，療育や教育のためのアセスメント，家庭・学校におけるコンサルテーション，援助つき就労における就労支援，余暇支援，居住支援，トレーニングセミナーやワークショップなどの研修会，そのほかASDの人およびその家族が望むニーズに合わせた支援が実施されている。

1）診断とアセスメント

　TEACCH Autism Programでは，まずASDであるかどうかの診断から始まる。TEACCHはASDに特化したプログラムであるため，ASDと診断されなければTEACCHでは対応しない。ただ，日本ではASDの診断は医療機関で行われるが，ノースカロライナ州では地域のTEACCHセンターでも実施される。

　ASDと診断された後には，療育や学校教育において実施される個別教育計画（individualized education program：IEP）のための検査として心理教育プロフィール（psycho-educational profile：PEP）があり，知的障害を伴うASDの子どもの学校から成人生活への移行のためのアセスメントとしてTEACCH Transition Assessment Profile（**TTAP**）が開発されている。

TTAP
第4章第2節3参照。

　PEPは現在日本では第3版のPEP-3が発売されており，生後6か月から7歳まで（日本では2歳から12歳）の幼児期が対象となっている。下位検査項目としては，① 認知言語，前言語，② 表出言語，③ 受容言語，④ 微細運動，⑤ 粗大運動，⑥ 視覚運動模倣，⑦ 愛情表現，⑧ 人との関わり，⑨ 運動行動の特

徴，⑩言語行動の特徴の10項目が設定されている。このほかにPEP-3には，保護者の視点からの情報としてケアギバーレポートに，①問題行動，②自立機能，③適応行動の3項目が含まれている。これは，ASDの子どもをもっとも知っているのは保護者であるため，親を協働治療者（co-therapist）あるいは専門家の仲間として関わることが有効であると考えているからであり，そのため，ASDの子どもだけではなく，保護者のスキルの向上にも焦点を置かれるようになっている（ペアレントトレーニング）。

TTAPは学校卒業後のことを考えた教育計画である個別移行計画（individualized transition plan：ITP）を立てるためのものであり，フォーマルアセスメントとインフォーマルアセスメントで実施される。フォーマルアセスメントでは，検査道具を使った直接観察尺度，家庭での情報の聞きとりを行う家庭尺度，学校あるいは事業所での情報を収集する学校/事業所尺度の3尺度で評価され，検査領域も作業的な項目である職業スキルだけではなく，職業行動や自立機能，余暇活動，機能的コミュニケーション，対人行動の6領域においてASDの人の就労で必要なソフトスキルの領域を含むアセスメントが行われる。

インフォーマルアセスメントでは，企業実習に行く前の準備性を整理するための今まで獲得してきたスキルの累積記録（cumulative record of skills：CRS）においてハードスキルのチェックリスト（community skill checklist：CSC）とソフトスキルのチェックリスト（community behavior checklist：CBC）の両側面でまとめる。そして，現場実習において実習現場でのハードスキルとソフトスキルの達成レベル（community site assessment worksheet：CSAW）を事前（初日）と事後（最終日）に実施するが，CSAWをまとめるために日々のスキルの達成度合い（daily accomplishment chart：DAC）を毎日記録する。

インフォーマルアセスメントでは，フォーマルアセスメントでは把握できない「移動能力」と「環境要因」が追加されている。

2）援助つき就労

援助つき就労では，ある程度の期間の支援を行えば，その後一人で就労できるようになるモデルに個別就労支援モデル（individual placement）があるが，ASDの場合は他者と関わるのが不安な人も多いため，グループモデルという支援モデルが実施されている。一人のジョブコーチと複数のASDの人が，ある企業の特定の場所において共に働くモデルにエンクレイブ（enclave）モデルがあり，車で移動しながら個人の家や公の機関の清掃を行うモービル・クルー（mobile crew）モデルがある。

さらに，強度行動障害があり，他者との接触には危険性があるASDの場合は，ジョブコーチと二人ペアを組んで働く一対一モデルがある。

3）居住支援

居住支援ではグループホームのほかに一人暮らしがしたいASDの人のため

に援助つきアパートが存在する。援助つきアパートは基本的に，アパートの自室で生活できるレベルであるが，宗教の勧誘や訪問販売などの対応ができない場合もあるため，そのアパートに援助者も存在するモデルである。

4）トレーニング，ワークショップ

地域センターごとに短時間のワークショップが教師や施設職員，保護者のために常時開催されており，また夏休みをとおして TEACCH 5 デイズトレーニングセミナーが開催され，受講生は実際に ASD の子どもや人と関わりながら構造化による支援等を学習する。このトレーニングセミナーはアメリカだけではなく，世界各国から参加しており，TEACCH のセラピストは海外に遠征し，セミナーを実施している。

（3）TEACCH の中核的価値観

最新の TEACCH のサービスでは，次のような中核的価値観をもって支援を推進していくようになっており，TEACCH のアクロニウム（頭文字の意味）も「teaching—ASD の人に対して教育を行うこと」「expanding—ASD の人の支援を拡大していくこと」「appreciating—ASD の人を正しく認識していくこと」「collaborating—ASD の人たちの支援を共同で行うこと」「cooperating—ASD の人の支援を協力し合うこと」「holistic—ASD の人に対して包括的サポートを行うこと」といった考え方で推進されている。

最後の包括的サポートに関しては，早期の診断から老人期の居住や生活支援まで，重度の知的障害や強度行動障害を伴う ASD から，知的に高いアスペルガー症候群までという意味である。

7　拡大・代替コミュニケーション(AAC), PECS™, ピクトグラムによる情報保障

（1）拡大・代替コミュニケーション
　　　（Augmentative Alternative Communication：AAC）

1）AAC とは

人体を情報システムとしてとらえると，その中心を担っているのは体をくまなく走る神経である。これは解剖で見ることができる。一方で，目にできない心は，音や光などの感覚器への刺激の入力に始まり，感覚→知覚→認知という過程から生まれる認識と，それと並行して働く**情動**や情緒・気分に大きく分けることができる。そして出力として目に見える部分が動き（運動）である。これらの過程を脳の働きと対応させると，人の**コミュニケーション活動**が理解しやすい（図2−12）。この図は最外層が外界とのインターフェースの役割をもつ感覚器と運動器，内側の3層（環）が脳（図2−13）を表す。感覚入力があると運動出力に向かうのが動物であり，ヒトも基本的に同じである。この流れ

情　動
快・不快から生まれる興奮。心拍数や筋緊張の急激な生理的変化を伴う。恐怖，怒り，喜び，悲しみなどと意識化ができる。

コミュニケーション活動
情報の発信と応答。受け手の応答としては明らかな反応がなくとも感覚受容があればコミュニケーションといえる。

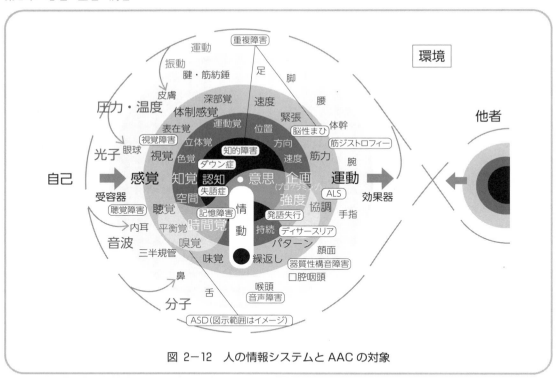

図 2−12　人の情報システムと AAC の対象

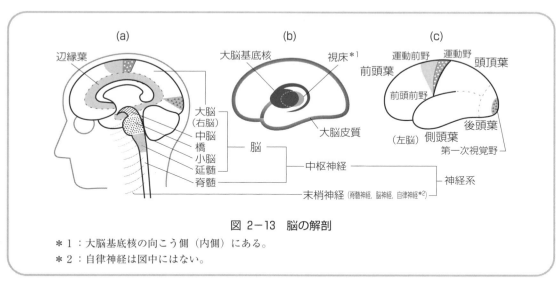

図 2−13　脳の解剖

＊１：大脳基底核の向こう側（内側）にある。

＊２：自律神経は図中にはない。

のどこかで不都合が生じると，コミュニケーション活動が阻害される。

　AAC とは，そのような不都合を補ったり代替するための機器や方法，手段およびそれらの統合といえる。したがって，視力低下でコミュニケーション相手の表情が見えないときに補助してくれる眼鏡という道具も AAC である。専門的な支援者は，それを必要とする人を深く知り，できる限り自在な支援に結

びつくようにしたいものである。そのために，本項では人の心の働きや運動に関わる過程を脳の部位に対応させて各層（環）とし説明をした。次に，AACが必要となる代表的な疾患と障害を例に対処の方法などを簡単に紹介する。

2）感覚器と運動器のAAC

図2-12の最も外側の環には眼球や皮膚といった感覚（受容）器と骨や随意筋からなる体幹と四肢，顔面筋のような運動（効果）器がある。これらは入力と出力であるが，神経は1本でつながっているわけではない。膝蓋腱反射のような反射を除くと，二つ以上の介在する細胞がある。進化的にいえば，200億ともいわれる介在細胞が脳である。

このレベルのコミュニケーション障害は代替手段が確立しているものが多い。入力側の聴覚器の障害では，補聴器，人工内耳，指文字，筆談など，視覚障害では，点字や読み上げソフトなどがある。運動側では，癌による喉頭摘出で声帯振動をつくれないとき（音声障害のひとつ）の食道発声や喉にあててこの振動を代替する機器（電気式人工喉頭）がある。唇裂・口蓋裂のような器質性構音障害の第一選択肢は手術であるが，発音を補助する補装具（パラタルリフトなど）もある。

3）感覚と運動レベルのAAC

次に，二つ目の環である脳の最初の層である。感覚野と運動野（図2-13-(c)）およびそれらに密接に関連する部位である。例えば，ボールが机にあり眼を開けば光の反射により眼球に光子が飛び込む。光の量で明暗が変化し，ボールの色によって波長が変わる。光子は網膜上の細胞を興奮させて電気信号に変換された情報は視床を経由して大脳皮質（図2-13-(b)）の後頭葉の一次感覚野（第一次視覚野）（図2-13-(c)）という部位に到達し，網膜上の細胞に対応した細胞が興奮する。視野の右側は左脳に，左側は右脳に伝達され，上下も逆さまになる。ここまでが受容器を含めた感覚（視覚）の働きである。この時点で，それが球体であるとか，これまでに見たことがあるものだとかという認識はない。次に，出力側に目を転じよう。運動の指令は，前頭葉の運動野から発せられ効果器である筋に収縮と弛緩の情報が届くことで動きとなる。生まれてすぐは反射による動きが主だったものも，やがて目的をもって随意的に動かすことができるようになる。ここでの運動障害における脳の対応部位は，前頭葉の運動野とそこからの神経の線維および小脳（図2-13-(a)）や大脳基底核（図2-13-(b)）である。しかし，例えば脳性まひではこのレベルに障害があるために随意運動の獲得が困難となる。また筋萎縮性側索硬化症（ALS）は進行性の疾患で徐々に全身の筋が働かなくなるが，これは運動野の指令を出す細胞とそれを中継して筋に指令を出す脊髄の細胞の障害である。共に感覚の障害はないが，ALSが後天的であるのに対し脳性まひは生後4か月までの発症とされる。したがって，脳性まひ児は発達支援が大きな課題となる。

膝蓋腱反射
膝蓋骨の下を叩くと感覚（受容）器の筋紡錘が刺激を運動器の筋に伝え収縮することで下肢が上がる反射。ひとつの細胞を介する単シナプス反射。

人工内耳
内耳の蝸牛に電極を埋め込んで聴覚を補助する人工臓器。補聴器での聴取が難しい高度難聴もしくはろうに適用される。

声帯振動
呼気の流れによって生じる声帯の持続的な開閉運動。成人男性は120回／秒，女性は240回／秒ほどである。

音声障害
声帯につながる神経のまひ，またポリープや溝が声帯に発生することで起こるかすれなどの声の異常。

唇裂・口蓋裂
妊娠初期に発生する先天性の異常で唇・歯茎と口の中の天井（口蓋）に割れ目（裂）が残る疾患。

大脳皮質
特に，ほ乳類の大脳における外側部分。肉眼で灰色に見える神経細胞の層で，厚さ数ミリのため皮質と呼ばれる。

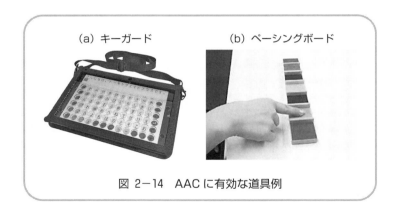

（a）キーガード　　　（b）ペーシングボード

図 2-14　AAC に有効な道具例

VOCA（ヴォカ）
voice output commu-
nication aids
ボタンを押すことであ
らかじめ録音された音
声を出力する携帯用の
コミュニケーション機
器。絵カードやシンボ
ルを使用したり，50音
表のキーボードの文字
を選択するタイプもあ
る。ビックマック，スー
パートーカー，トーキ
ングエイドなどの商品
などがある。

ディサースリア
運動障害性構音障害。
発声に関する筋活動や
それを担う神経系の病
変などの異常による発
話の障害。

このレベルの AAC には，VOCA や文字盤，キーボードが使えればキーガード（図 2-14-(a)）などが有効である。また，Drop talk やトーキングエイド for iPad など，知覚→認知レベルの能力に応じたアプリケーションソフトも有効である。ディサースリアにはペーシングボード（図 2-14-(b)）のように発話の速度を指でタップして調整する道具の効果が報告されている。近年は鼻咽腔閉鎖機能不全に対して鼻孔に装着するだけで発音が改善される nasal speaking valve（NSV）という新しい装置も開発されている。

4）知覚と企画（運動プログラム）レベルの AAC

三つ目の環をみてみよう。各受容器からの信号は大脳に入った後にそれぞれの感覚野を経て主に頭頂葉で統合される。この統合が知覚の段階である。例えば，ボールが眼の前にあると左右の眼からの情報を統合して立体覚が得られる。手にすると表面の感触と重さの情報が加わり，よりクリアな知覚像が生まれる。動作という視点からみると，手にしようとするときは既に空間におけるボールの位置を知っており，時間的にも即座につかめると知っている。さらに腕が動き出したときには手指はボールの大きさに合うように形づくられてさえいる。これが知覚と企画（運動のプログラミング）のレベルである。この随意的な動きは，何らかの欲求が働いたということでもあるのだが，もしそれが逃げる万引き犯に当てようとした行動であればおそらく大きな情動が働きより力強いものになるだろう。当たるか当たらないかは遺伝による知覚と運動の能力次第か，もしくは前述の3）の運動の正確性の問題でありボールでの投てき経験値による。このレベルの行動を大脳で神経の働きとして担っているのが，主として前頭葉の運動前野と頭頂葉および大脳基底核である。

発語失行
脳損傷の結果，発語筋
群のまひなどはないに
もかかわらず構音がで
きない状態。発語運動
（構音）のプログラミ
ングの障害によって起
こる。

この層での AAC の対象としては，発音の実現が難しくなる発語失行と呼ばれる障害がある。運動の障害ではないので3）のディサースリアへのペーシングボードは有効ではなく，3）と5）のレベルが保たれているため文字盤や筆談が適している。ASD で模倣やマッチングという発達初期の能力が十分に獲得できない例はこのレベルの障害が大きい。そこで，より目的的な行動を引き

出しやすい情動（欲求）を利用してペクス（Picture Exchange Communication System：PECS）という AAC を導入する。

5）認知・意思レベルと AAC

平面図である図2−12は円錐体をイメージしており，感覚・運動のブロックの上に知覚・企画がありその上にこのレベルの円錐が乗っている。この順序性は進化と発達に基づいている。どのレベルにも影響を与えるのが恐れや喜びなどの情動であるが，辺縁葉（図2−13−(a)）を含む辺縁系（図2−13中にはない）が大きな役割を果たす。図2−12の「情動」の黒い丸はいわば生命である。認知とは「ボール」と聞いて過去の体験から実物をイメージする能力であり，投げたりするものという働きを理解でき，「ボールはどこ？」という文を解釈し，隠された場所を推測するなどの能力である。発達という視点からは，感覚と運動，知覚と企画（運動プログラム）の能力が十分に育つことなく認知能力が育つことはない。このレベルは，頭頂葉と側頭葉が前頭前野と連絡して働き，辺縁系は特に前頭葉と相互的な情報交換をしつつ意志決定という役割を担う。結果としてより高次な行動行為に結びつく。

ここでの AAC の対象は，先天性ではダウン症を代表にした知的障害がある。後天性では失語症があり，これは言語記号の操作の障害であって，大脳の言語野の損傷で起こる。運動の企画や調整能力もあり，ジェスチャーや指差しによる代替コミュニケーションも可能である。また，JIS 絵記号（コラム参照）を

円錐体

認知　　意思
知覚　　企画
感覚　情動　運動
感覚器　　　運動器
（受容器）　　（効果器）

辺縁系
進化的に最も古い脳の部位のひとつ。古皮質と呼ばれる辺縁葉のほか，情動の部位である扁桃体や記憶をつかさどる海馬などで構成される。

JIS 絵記号
日本産業規格（JIS）「コミュニケーション支援用絵記号デザイン原則（JIS T 0103：2005）」のデザイン原則で制作されるシンボル。

コラム　JIS 絵記号が国際標準に

2005年に経済産業省より AAC シンボルとして公表された「コミュニケーション支援用絵記号デザイン原則 JIS T 0103」が2016年に国際標準化機構（ISO）に採用された。

JIS 絵記号は，言語障害や知的障害がある人に加えて，外国人や高齢者もその利用・支援の対象としたシンボルである。世界で広く使用されてきたピクトグラムデザインをベースにしており，それをコミュニケーション用シンボルに発展させることができたために世界遺産になったといえる。

出典）産経新聞，2016年2月25日

含め絵やイラスト，写真から実物をイメージするという実用的な知覚能力が保たれており，それらを貼り並べたコミュニケーションノートが有効となる。ちなみに，そのような絵の理解も侵されるのが認知症であり，包括的にはAACの対象とならない。

6）合併症をもつ子どもとASDの子どもへのAAC

図2－12の各層に一対一で対応しない障害もある。ある障害にほかの障害が合併する重複障害や各層に拡がり凸凹な様相を呈する発達障害であるASDがある。しかし，共にAACが有効な例は多く報告されている。重度の運動障害と重度の知的障害がある重症心身障害児は，行政上では肢体不自由とされ専門の支援学校へ通う。このような子どもたちは，わずかであっても随意的な動きを利用してスイッチ（SW）によるYES/NOの意志表示や視線を利用した**ハイテク機器**が有効である。知的障害を伴うASDの子どもは発達の初期の段階に留まったままで知覚・企画レベルの指差しや音声模倣も獲得できない例がある。そのような場合は絵カードを使って意思伝達を行うPECSを導入するが，これは次項で取り上げる。

（2）絵カード交換式コミュニケーションシステム
（Picture Exchange Communication System：PECS™）

1）PECS™とは

PECS™は，**拡大・代替コミュニケーションシステム**で，ボンディ（Bondy, A.）らによってアメリカで考案され，ASDの未就学の子どもに実践されたことから始まった。それ以降PECS™は世界中，年齢や障害の種別に関係なく数多く実践されてきた。

PECS™は，広く**応用行動分析**に基づいており，コミュニケーションが困難だとされる子どもたちはこのコミュニケーションスキルを意欲的で自発的に身につけやすいといわれている。従来のコミュニケーション指導では，大人の問いかけに対する「応答」ができるスキルを重視していたが，PECS™は，子どもの要求（例：「ブランコを押してほしい」）を第一として，「応答」よりは「自分からの発信」を特に重視している。このコミュニケーションスキルを確実に定着させるために，特定の教え方がPECS™の指導の中で使われている。また，ことばによる指示や説明はほぼ使わないので，すぐに自発的なコミュニケーションを教えることができ，指示待ちを予防することもできる。

PECS™は6段階の指導プログラムから構成されている（表2－10）。

子どもが1枚の絵カードを教師などの指導者（以下，教師）に渡すところから始まる。絵カードを渡された教師はすぐに，絵カードとその絵カードに示されているもの（本人がとても好んでいるもの）と交換して本人に渡す。

ハイテク機器
miyasukuEyeConSW（重度障害者用意思伝達装置）(http://miyasuku.com/software/18)やTobii Eye Tracker 4C（https://gaming.tobii.com/tobii-eye-tracker-4c/），また，ALS患者として有名であったホーキング博士が利用した支援用状況認識ツールキット（https://01.org/acat/）など。

拡大・代替コミュニケーションシステム
話す，聞く，読む，書くなどに対して，障害の影響を受けない方法で，自分の意思を相手に伝える技法。

応用行動分析
行動の背後にある原因を分析することで社会生活上の問題を解決していこうという学問。

表 2-10　6段階の指導プログラムの到達目標

フェイズ I	視界にあるほしいものをカードで要求し交換する。
フェイズ II	視界にはあるが，離れたところにあるカードでほしいものを要求し交換する。
フェイズ III	カードの弁別をして，よりほしいものをカードで要求する。
フェイズ IV	2語文以上の文をつくって，ほしいものを要求する。
フェイズ V	ほしいものが視界になくても「何がほしいの？」との問いかけに対して，カードでほしいものを要求する。
フェイズ VI	要求だけではなく，自分の考えや気持ちなどを，カードを使って他者に伝える。

　次に，絵カードの弁別（認識）を教え，そして文章の構成（例：「ブランコ／を／押して／ください」というように四語文から構成されているということ）を教える。さらに指導プログラムの最終段階では，子どもたちは修飾語を使ったり，質問に答えたり，コメントしたりすることを理解できるようになる。

　PECS™ で特に重視されることは，自発的なコミュニケーションであること，また，自分のほしいものやしたい遊びなどを手に入れるために直接ほかの人に働きかけるコミュニケーションスキルを確実に身につけさせることである。

　絵カードなどの視覚的な教材を使うことで，自分から話さなくなる，ことばの獲得が遅れるという懸念もあるようだが，多くの研究で，ことば（特に発語）が遅れている子どもたちが PECS™ を使っている中で発語が出るようになったという成果も数多く報告されている。

　PECS™ は，効果が実証された研究結果をベースにしており，確かなコミュニケーションスキルを確実に身につけさせる効果がある。

2）事　　例

　ASD と知的障害がある小学6年生の男子（IQ40）の事例である。自発的な発語は少なく，会話は成立しない。空間の位置関係（○の前，▲の上など）の理解が大変難しく，空間の位置関係に関する語いの習得を目標に，PECS™ による指導を進めた。

　PECS™ による指導を始める前と3か月後の語いの変容は，表2-11のとおりである。

表 2-11　指導前後の語いの変容

指導前	指導後		
上下	上下	間	斜め前
	左右	真ん中	奥
	内外		

　男児は，空間の位置関係に関する語いが，PECS™ による指導を始める前にはほとんど理解できていなかったが，指導後は，コップの上，皿の前のように

上下左右だけでなく，棚の奥であったり，袋の中であったり，位置関係の語い
が劇的に広がった。驚いたのは，見方を変えて，これまでは皿の右といってい
たものを，コップの下というように，比較対象となるものを変えて，位置を変
えて表現するようになったことであった。これは，物の大小といったような比
較概念が育ったため，どこに対象を向けるか，視点を変えて物事をみることが
できるようになった成果であったといえる。

　このように，PECS™ を使うことで，文章の構成を視覚的に認識し，表現す
るようになり，概念の広がりが着実にみられるようになった。

（3）ピクトグラムによる情報保障

1）LL ブックとピクトグラム

　子どもにとって，読書をすることで情報を得ることは非常に重要な活動であ
る。ところが，知的障害がある子どもの場合，文字が読めないことから，読書
活動から遠ざかっている。会話は普通にできるのに文字だけ読むことができな
い子どもたちのために LL ブックがある。LL ブックは，読むことが難しい人
のために，読みやすくわかりやすくつくられた本であり，写真，絵，ピクトグ
ラム，読みやすい文章が使われている。読者は，知的障害や ASD，読み書き
障害，失語症などの障害がある人，日本在住の外国人や高齢者などで，読むの
が苦手な人たちである。

　LL ブックは北欧諸国を中心に普及している。Web ページでもスウェーデン
の 8 SIDOR（https://8sidor.se）やノルウェーの NYB-Forside（http://www.ny
heteribilder.no）のように，ピクトグラムなどを使って，さまざまなジャンルの
ニュース記事を誰でもわかりやすく提示している。

　書籍だけでなく，新聞や Web ページでも情報を得る機会が少ないのが，知
的障害がある子どもたちの情報保障の大きな課題である。

　この現状に対して日本では，LL ブックはあまり普及しているとはいえない。
そこで，書籍だけでなく新聞や Web ページに対しても，文字をピクトグラム
などに翻訳し，文字を読むのが苦手な人たちでも，情報を得やすくする取り組
みが求められている。図2－15は，その一例である。

　新聞記事から，知的障害がある子どもにとって，関心のある内容，知ってい
てほしい内容を選び，その内容の見出しをピクトグラム3個程度で表現するよ
うにした。その際，「つた絵〜る」（図2－16）というアプリを使うことで，文
字を漢字変換のような感覚でピクトグラムに容易に変換することができた。

LL ブック
スウェーデン語の「や
さしくて読みやすい」
を意味する。

ピクトグラム
何らかの情報や注意を
示すために表示される
視覚記号のひとつ。

失語症
脳の言語中枢が損傷さ
れることにより「聞く」
「話す」「書く」「読む」
といったことばの機能
が障害された状態。

自転車事故で4,700万円

＝75歳女性死亡で賠償命令─東京地裁

図 2−15　ピクトグラムを使った新
聞記事　　　　（筆者作成）

図 2−16　ピクトグラ
ムを使った
アプリ

2）事　　例

　知的障害がある小学 6 年生の女子（IQ45）の事例である。この女児は，**S-M
社会生活能力検査**では 6 歳 2 か月だった。文字の認識については，すべてのひ
らがなとカタカナの読みに問題はないが，例えば，「りんご」と書いてあって
も，「り」「ん」「ご」と一文字ずつ読んでしまい，「りんご」という単語のまと
まりとして認識することは難しい。さらに**特殊音節**に至っては，読みはすべて
難しい。しかし，会話はとても弾む。会話の内容も小学校中学年程度で，大人
からは能力が高いと過大に評価されて，文字で情報を提示されることが多くな
り，本人は大変困っているということだった。

　そこで，女児の適切な実態把握を行うため，文字ではなく，約1,500あるピ
クトグラムを使って語いの評価を行った。すると，いくつかのピクトグラムは
認識できたので，それらを三語から五語組み合わせて，簡単な文章をつくり，
女児に「何て書いてある？」と尋ねた。

　文字の場合，「わたしは／ボウリングが／すきです」と表記される。女児は，
一字ずつ拾い読みはできるが，意味は全くわからなかった。ところが，図 2 −
17−（a）のように提示すると，「この絵は，『わたしはボウリング好き』だと思
う」とコメントしてくれた。

　さらに，食べ物の話がとても好きなの
で，語数を増やしてみたところ，「この
絵は，『ピザとラーメンとポップコーン
を食べるの好き』でしょ？」とすぐにわ
かってくれた（図 2 −17−（b））。

　今後はピクトグラムを使って自分の力
だけで文章を組み立ててくれたらと願
い，指導を続けている。

(a)

(b)

図 2−17　ピクトグラムを使った文章

S-M 社会生活能力検査
社会生活能力を「自立
と社会参加に必要な生
活への適応能力」と定
義し，子どもの日ごろ
の様子から社会生活能
力の発達をとらえる検
査。

特殊音節
小さい「っ」の詰まる
音（促音），「う」や「お」
で表す伸ばす音（長
音），小さい「ゃ」「ゅ」
「ょ」（拗音）を指す。

8　障害支援機器（ICT機器含む）

Society 5.0
「狩猟社会」「農耕社会」「工業社会」「情報社会」に続く，人類史上五番目の新しい社会のこと。

　近い将来，人工知能（AI）の進化による第四次産業革命によって **Society（ソサエティ）5.0** と呼ばれる新しい価値やサービスが次々と創出される超スマート社会になると予想されている。この社会の変化は，知的障害がある児童生徒にとっても例外ではなく，社会や身近な環境が変化する中で生きる力をつけていく必要がある。

（1）知的障害がある児童生徒への障害支援機器の活用

1）学習上の特性に応じた情報機器の活用

「特別支援学校学習指導要領解説各教科等編（小学部・中学部）」では，指導計画の作成と各教科全体にわたる内容の取扱いとして，「児童の知的障害の状態や学習状況，経験等に応じて，教材・教具や**補助用具**などを工夫するとともに，コンピュータや情報通信ネットワークを有効に活用し，指導の効果を高めるようにするもの」[10]とし，適切な障害支援機器の活用により学習活動への意欲が育つようにすることが重要と述べられている。

補助用具
目的を遂行するために，支えとなる用具のこと。

　また，知的障害がある児童に対する指導には，「一人一人の児童の知的障害の状態や学習状況，経験，興味や関心などを踏まえるとともに，使いやすく効果的な教材・教具，補助用具などを用意したり，実生活への活用がしやすくなるように，できるだけ実際に使用する用具などを使ったりすることが重要である。言葉や文字による理解が難しい児童や，音声によるコミュニケーションが難しく伝えたいことを円滑に伝えられない場合でも，児童の学習状況やそれまでの経験等に応じた絵カードなどの教材やコミュニケーションを支援するための補助用具などを用意することで，児童の可能性が引き出されることがある。これらのことは，児童の言語環境を充実させることにもつながり計画的に取り組むことが重要である。」[10]と記されている。

　これらの教材・教具や補助用具などの活用にあたっては，活動を効果的に補助したり，児童生徒のもっている力を十分に発揮したりできるようにするために，常に児童生徒の実態に即して見直し，工夫することが必要である。さらに，コンピュータや情報通信ネットワークの活用にあたっては，「児童の意思表示をより明確にしたり，数や文字を効果的に指導したりすることができることから，児童の知的障害の状態や経験等を考慮しつつ，適切な機器を選択して，各教科等の内容の指導において，効果的な活用が図られるようにすることが大切である。」[10]と述べられている。

　各教科等の指導にあたっては，「知的障害のある児童生徒の実態が多様であることから，知的障害のある児童生徒の学びの連続性を確保するため，小学校等の各教科等との内容構成を概ね同じにしたり，各段階の目標の系統性や内容

について小学校等の内容を参考に充実したり，関連を分かりやすくし
　　内容の系統性を整理した。
　　　して取り扱う範囲は，従前の特別支援学校小・中学部学習指導要領及
　　　　で示されている内容に概ね基づくものとしている。
　　　　上で，コンピュータや情報通信ネットワーク等の児童生徒を取り巻く生
活環境の変化や主権者として求められる資質・能力など社会の変化に対応して
充実が必要な内容及び小学校等の各教科の内容との連続性の観点から特に必要
な内容については，新たに取り入れて内容の充実を図っている。」[10]と記されて
いる。

　2017年4月告示の「特別支援学校小学部・中学部学習指導要領」では，知的
障害の状態が同一学年でも個人差が大きく，学力や学習状況が異なることから，
小学部は三つの段階，中学部は二つの段階で目標が示されている。中学部の「**職
業・家庭**」の内容として，各段階とも職業分野B情報機器の活用の目標が示
され，第一段階の目標は，

　「ア　コンピュータ等の情報機器の初歩的な操作の仕方を知ること。
　　イ　コンピュータ等の情報機器に触れ，体験したことなどを他者に伝える
　　　　こと」[11]
と示されている。

　「特別支援学校小学部・中学部学習指導要領解説　各教科等編」では，「タブ
レット（携帯用端末）を含んだコンピュータ等の情報機器，固定電話やスマー
トフォンを含んだ携帯電話，ファクシミリ等の通信機器，複写機（コピー機）
等の事務機器など，職場や学校，家庭において様々な情報機器が使われている
ことに関心をもち，教師の指示を聞きながら実際に使い，初歩的な操作の仕方
について知ることである。指導に当たっては，情報機器を使用する際のルール
やマナー，インターネット利用上のトラブルなどの危険性を回避する具体的な
方法について理解を図るようにすることが重要である。なお，音楽プレーヤー，
ゲーム機，腕時計等にも情報通信機能が付加されているものがあることを踏ま
えて，その取扱いについても生徒指導と関連付けるなどして指導することも考
えられる。」[10]と記されている。

　第二段階の目標は，

　「ア　コンピュータ等の情報機器の基礎的な操作の仕方を知り，扱いに慣れ
　　　　ること。
　　イ　コンピュータ等の情報機器を扱い，体験したことや自分の考えを表現
　　　　すること。」[11]
と示されている。第一段階での学習内容を踏まえ，操作を意識しなくても円滑
に扱うことができるようになることや，情報機器を実際に使用して情報通信
ネットワークを使った情報収集やコンピュータやタブレットを使った画像や映

職業・家庭
特別支援学校（知的障
害）に設置された，生
活の営みに係る見方・
考え方や職業の見方・
考え方を働かせ，生活
や職業に関する実践
的・体験的な学習活動
をとおして，よりよい
生活の実現に向けて工
夫する資質・能力を三
つの柱から育成するこ
とを目ざす教科。

像などによる体験や自分の考えを表現するといった内容が求められている。
導に当たっては，情報通信ネットワークを活用する際に，SNS（ソーシャル・
ネットワーク・システム）や通信用アプリケーション・ソフトの適切な使い方
等についても触れ，インターネット上の情報収集や情報発信が自分の生活に及
ぼす影響が分かり，情報機器を使用する際のルールやマナー，人権侵害の防止，
危険を回避する具体的な方法などを身に付け，適切な使用ができるよう，個々
の生徒の実態に応じて指導することが重要である。」[10]と具体的な活動をとおし
て，情報社会に参画する態度を含めた情報活用能力を実際的に学ぶことと述べ
られている。

　そのほか，小学部の各教科では，生活科，国語科，音楽科，図画工作科にお
いて，中学部の各教科では，社会科，理科，音楽科，美術科，外国語科におい
て，コンピュータや情報通信ネットワーク等の活用が具体的に示されている。
高等部については，「情報」「職業」「家政」「農業」「工業」「流通・サービス」
「福祉」の各教科にて，情報化に対応した教育の必要性を述べていることから，
これらをさらに発展させた内容となると考えられる。

　このように，小学部段階では「慣れ親しむ」から始まり，高等部卒業段階で
は生活場面での情報機器の活用を習得し，また情報機器を活用した就労場面を
想定した教育が行われることが必要と述べられている。

２）適応行動の困難性を補障するアシスティブ・テクノロジー

　知的障害とは，「知的機能の発達に明らかな遅れと，適応行動の困難性を伴
う状態が，発達期に起こるもの」[12]とされており，知的障害がある児童生徒の
教育的支援を考える際に，**適応行動**の困難性への支援は必須である。文部科学
省では適応行動について，「適応能力が十分に育っていないということであり，
他人との意思の交換，日常生活や社会生活，安全，仕事，余暇利用などについ
て，その年齢段階に標準的に要求されるまでには至っていないことである。」[12]
としており，一人ひとりの「適応行動の困難性を伴う状態」を補う手段のひと
つとして**アシスティブ・テクノロジー**の活用が考えられる。文部科学省はアシ
スティブ・テクノロジーについては，「障害による物理的な困難や障壁（バリ
ア）を，機器を工夫することによって支援しようという考え方が，アクセシビ
リティあるいはアシスティブ・テクノロジーである」[13]と記しており，デバイ
ス（機器）とサービス（利用）によって構成される。

　「特別支援学校小学部・中学部学習指導要領解説　自立活動編」の「第6章
自立活動の内容　2　心理的な安定　(3)障害による学習上又は生活上の困難を
改善・克服する意欲に関すること　③他の項目との関連例」において，「知的
障害のある幼児児童生徒の場合，コミュニケーションが苦手で，人と関わるこ
とに消極的になったり，受け身的な態度になったりすることがある。このよう
な要因としては，音声言語が不明瞭だったり，相手の言葉が理解できなかった

適応行動
日常生活において機能
するために人びとが学
習した，概念的，社会
的および実用的なスキ
ルの集合。

**アシスティブ・テクノ
ロジー**
障害のために実現でき
なかったこと（disabil-
ity）をできるように
支援する（assist）と
いうことであり，その
ための技術（technol-
ogy）。

りすることに加えて，失敗経験から人と関わることに自信がもてなかったり，周囲の人への依存心が強かったりすることなどが考えられる。こうした場合には，まずは，自分の考えや要求が伝わったり，相手の意図を受け止めたりする双方向のコミュニケーションが成立する成功体験を積み重ね，自ら積極的に人と関わろうとする意欲を育てることが大切である。その上で，言語の表出に関することやコミュニケーション手段の選択と活用に関することなどの指導をすることが大切である。」[14]と示されている。

　また，同じく「第6章　自立活動の内容　6　コミュニケーション　(4)コミュニケーション手段の選択と活用に関すること　②具体的指導内容例と留意点」において，「知的障害のある幼児児童生徒の場合，対人関係における緊張や記憶の保持などの困難さを有し，適切に意思を伝えることが難しいことが見られるため，タブレット型端末に入れた写真や手順表などの情報を手掛かりとすることや，音声出力や文字・写真など，**代替手段**を選択し活用したコミュニケーションができるようにしていくことが大切である。」[14]と示されている。

　さらに特別支援学校（知的障害）に多く在籍するASDの児童生徒に対しても，「自閉症のある幼児児童生徒の中には，他者の意図を理解したり，自分の考えを相手に正しく伝えたりすることが難しい者がいることから，話す人の方向を見たり，話を聞く態度を形成したりするなど，他の人との関わりやコミュニケーションの基礎に関する指導を行うことが大切である。その上で，正確に他者とやりとりするために，絵や写真などの視覚的な手掛かりを活用しながら相手の話を聞くことや，メモ帳やタブレット型端末等を活用して自分の話したいことを相手に伝えることなど，本人の障害の状態等に合わせて様々なコミュニケーション手段を用いることが有効である。また，相手の言葉や表情などから，相手の意図を推測するような学習を通して，周囲の状況や他者の感情に配慮した伝え方ができるようにすることも大切である。」[14]と示されている。

代替手段
目的の達成に向けて，ある手段をとるにあたって不都合が生じたときに，その代わりになるほかの手段。

コラム　知的障害教育には，インターネット・ICT（情報通信技術）は不要？

　1998～1999年の「学習指導要領」改訂のころ，知的障害教育への情報機器やネットワークの導入・活用については，賛否を含むさまざまな意見があった。「平成23年版情報通信白書」によると，インターネットの人口普及率は，1997年9.2％から2010年78.2％と増加し，「平成29年版情報通信白書」では2016年83.5％となっている。「令和2年版情報通信白書」では，通信サービス加入契約数が人口普及率で142.3％と示されている。新型コロナウイルスによる休業期間中は特別支援学校でもさまざまな活用例がみられた。

（2）障害支援機器の活用の実際

　知的障害がある児童生徒は，その障害の種類や程度，生活経験などによって，実態や教育的ニーズが大きく異なるため，そのニーズに応じて適切な指導を行う必要がある。情報機器などの障害支援機器を活用することで，児童生徒の実態や興味・関心，教育的ニーズに合わせた指導が可能となる。

1）個別の教育的ニーズに応じた活用

　個々のニーズに対応した個別や集団での学習において，タブレット型端末やコンピュータなどの情報機器が活用されている。前述したように，知的障害のさまざまな教育的ニーズに対応した教材・教具などが少ないため，国立特別支援教育総合研究所では特別支援教育教材ポータルサイト（以下，支援教材ポータル）を開設し，同研究所で収集された教材・支援機器や実践事例に関する情報を整理し公開している（図2−18）。支援教材ポータルでは，知的障害だけでなく特別支援教育の対象となるすべての障害を対象に，その特性・ニーズ，主な対象年代，教科名など，支援機器分類，動作環境（OS）などで検索が可能である。もちろん全文検索も可能で，知的障害を対象としている教材・支援機器は287件登録されている（2021年3月現在）。支援教材ポータルでは，それぞれの教材・支援機器のページで，教材・支援機器を活用した実践事例を紹介しているため，実際の授業準備などで参考とすることができる。「教育の情報化に関する手引き」の知的障害の事例として，中学部国語の**イントラネット**を活用した学校間交流の実践が紹介されている。活動のねらいとして「1．イントラネット上の掲示板を利用したクイズ大会を行う。2．仲間と協力してクイ

OS
operating system
コンピュータの操作・運用などをつかさどる基本ソフトウェア。WindowsやMac OS，iOS，Androidなどがある。

イントラネット
学校内や関係機関間など，限定された範囲でのコンピュータネットワークのこと。

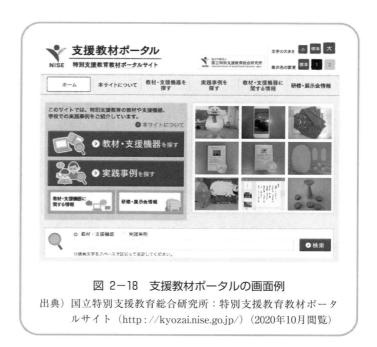

図 2−18　支援教材ポータルの画面例
出典）国立特別支援教育総合研究所：特別支援教育教材ポータルサイト（http://kyozai.nise.go.jp/）（2020年10月閲覧）

ズを作ったり，他校の友達に発信する文章を作ったりする。3．イントラネット上でのやり取りを楽しみ，交流の輪を広げる。」[13]と示され，日ごろ教室内で行っている取り組みをイントラネットで行うことで，国語の学習をより効果的に進めている例であり，情報モラルや相手への思いやりなども育成されたとのことである。

　中学部の「職業・家庭」第二段階に示された目標において，情報通信ネットワーク活用の際のSNSの適切な活用の指導が示されているところであるが，情報通信ネットワークを使い，遠隔地の特別支援学校2校間で，作業学習製品の販売学習を行った事例がある。本事例は，先の事例同様に一般に公開されたSNSではなく，特別支援学校の教師と児童生徒の登録者のみが参加・閲覧可能なイントラネットである「ネットワークを利用して交流しながら，宅配便を使って愛媛から山形に『いよかん』を送り，山形の学校バザーで販売するという取り組みを行った。これらの学習活動を通してネットワークでのメールのやり取りが，宅配便や銀行などの社会資源を利用することにつながり，生活力を高める学習へと発展させることができた。」[15]と報告されている。

　これら二つの事例は，いずれも支援教材ポータルに紹介された「遠隔協働学習システムとして活用しやすいグループウェアサーバー」[16]を利用し，学校間交流の一環として，“インターネット上の教室”を活用した交流および共同学習の取り組みである（これらの取り組みの例として，発達 23（91），ミネルヴァ書房，pp. 2-9，2002　があげられる）。特別支援学校在学中からSNSを適切に使い，必要なコミュニケーションが行えることは，卒業後の自立と社会参加にとって重要であるが，いきなり不特定多数が参加するSNSを学習の場として活動することは難しく，慎重に準備を進める必要がある。

2）表現やコミュニケーションの道具としての活用

　知的障害がある児童生徒を対象に，他者との意思の交換や日常生活，社会生活，安全，仕事，余暇利用などの場面を想定し，さまざまな教科などで指導・支援が行われている。ここでは，支援教材ポータルに紹介された事例の一部を紹介する。

　まず，知的障害，ASDの児童生徒を対象とした自立活動などの事例である。対象は多動傾向があり興味のある場所へ飛び出すことが多く，禁止されると自傷行為につながることがあることから，4個のメッセージが録音できるVOCAを使い，好ましい要求行動の獲得に向けた指導を行った。「行き先を正しく選択でき，自発的にVOCAを押して伝えることが多くなった。VOCAを押すことで要求がかなうことが分かってくると要求回数も多くなり，要求に応えられない場面も出てきた。」[17]と述べている。

　次に，知的障害，ASDの児童を対象とした教科の個別学習の事例である。50音キーボード型のVOCAを使い，単語や動詞の単語カードと絵カードを見

VOCA
本節7-（1），p. 90参照。

て，キーボードに入力してやりとりをする。「単語カードと絵カードをマッチングさせ，文字盤を押して，音声化し，自分から発信することが楽しそうである。」[18] と述べている。

支援教材ポータルには，知的障害を対象とした実践事例が91件（2021年3月現在）登録されている。保健室での児童生徒の要求を養護教諭に伝えるやりとりでのVOCAの活用など，生活や学習の中で児童生徒が活用する必然性が高い取り組みが多く紹介されている。

3）自立や社会参加を支援するための活用

自立や社会参加を支援する取り組みは，「障害のある幼児児童生徒の自立や社会参加に向けた主体的な取組を支援する」[19] との特別支援教育の理念から，従前より多くの特別支援学校で行われてきた。2017年の学習指導要領で示された「社会に開かれた教育課程」[11] の視点から，多くの都道府県において作業学習や教科などを特別支援学校の中だけで完結するのではなく，地域（業界団体などの職業人）の知見を取り入れた作業技能検定を実施している。生徒は作業技能検定を受験し，学校外の職業人による評価などを受け止め，校内の作業学習や教科などについて，生徒が自身の学びを振り返り，見直し，主体的に学んでいる例がみられる。都道府県教育委員会による作業技能検定実施がWebで情報公開されている25県中10県で，コンピュータによる事務補助（ワープロ検定など）が実施されている。事務補助だけに限らず作業技能検定実施について「在学中から将来就きたい業種のプロから評価され，次はどうすればよいのかを考えて学習に向かうなどのキャリア発達を促進するために必要な取り組みであろう。」[20] とのことから，小学部の各教科などや中学部の「職業・家庭」やほかの教科などとの系統性を踏まえた教育活動全体の中で，今日的な課題に対応するための単なる知識や技能の習得ではなく，**コンピテンシー**として学び，変化に主体的に対応するための教育として組織的に取り組む必要がある。

4）教材作成や提示の道具としての活用

特別支援学校（知的障害）の現場では，コンピュータなどを利用して，児童生徒の実態や課題に応じた学級通信やしおり，学習のためのプリント教材，コミュニケーションカード，名札や日課表などの掲示物などが数多く作成されている。また，デジタルカメラやカラープリンタは，**絵記号**（コミュニケーション・シンボル）や写真のカードを作成するために活用されている。

コンピュータと液晶プロジェクタを活用することで大画面での教材提示が可能となり，音声言語だけでは理解が難しい児童生徒に対しては，文字や写真・動画を活用することによりわかりやすい提示が可能となる。特別支援学校（知的障害）の儀式的行事や集会などではこうした提示が効果を上げている。

このようにコンピュータなどの情報機器を活用することにより，児童生徒の興味や関心に応じた適切な教材を作成することができる。

コンピテンシー（能力）
単なる知識や技能だけではなく，技能や態度を含むさまざまな心理的・社会的なリソースを活用して，特定の文脈の中で複雑な要求（課題）に対応することができる力。

絵記号
文字や話しことばによるコミュニケーションの困難な人が，自分の意思や要求を相手に的確に伝え，正しく理解してもらうことを支援するための記号。使用が容易でみかける機会が多いものとして，以下があげられる。
・ドロップス（Drops）（Droplet Project）（http://droplet.ddo.jp）
・PICシンボル（日本PIC研究会）（http://j-pic.net）

演習課題

1．理学療法・作業療法・言語聴覚療法について，自分のことばで説明してみよう。
2．発達段階を考慮に入れた関わり（介入・指導）について整理しよう。
3．インリアルアプローチ，応用行動分析，TEACCH，AAC，PECSの特徴を整理しよう。
4．AACを必要とする人に出会ったときに，どのような態度や配慮をするべきか考えてみよう。
5．知的障害がある児童生徒の適応行動の困難さとアシスティブ・テクノロジーについて，ほかの障害と比較して考察してみよう。
6．知的障害がある児童生徒の学習に有効と思われる教材・支援機器について，インターネットで検索してみよう。

引用文献

1）上田　敏：リハビリテーションの理念と組織（上田　敏：目でみるリハビリテーション医学　第2版），東京大学出版，pp. 2-7，1994.
2）石川美子・浅井美千子・小林健史：知的障害児の言語指導と聴覚弁別に関する検討，聴覚言語障害，33，pp. 109-115，2004.
3）内山千鶴子：知的障害（深浦順一編集主幹：図解　言語聴覚療法技術ガイド），文光堂，pp. 209-211，2014.
4）喜舎場国夫：知的障害児の認知と言語―発達の見方と指導―（大貝茂編著：言語聴覚療法シリーズ10　改訂　言語発達障害Ⅰ），建帛社，pp. 100-174, 2008.
5）原　恵子：子どもの音韻障害と音韻意識，コミュニケーション障害学，20，pp. 98-102，2003.
6）本間慎治：訓練法（本間慎治編著：言語聴覚療法シリーズ7　機能性構音障害），建帛社，pp. 69-92，2000.
7）大伴　潔：発達レベル別（深浦順一編集主幹：図解　言語聴覚療法技術ガイド），文光堂，pp. 166-172，2014.
8）青木さつき：知的障害（石田宏代，石坂郁代編：言語聴覚士のための言語発達障害学　第2版），医歯薬出版，pp. 181-210，2016.
9）笠井新一郎：脳性麻痺児の発達を促す方法（笠井新一郎編著：言語聴覚療法シリーズ12　改訂　言語発達障害Ⅲ），建帛社，pp. 128-151，2007.
10）文部科学省：特別支援学校学習指導要領解説各教科等編（小学部・中学部），2018.
11）文部科学省：特別支援学校小学部・中学部学習指導要領，2017.
12）文部科学省：教育支援資料，2013.
13）文部科学省：教育の情報化に関する手引，2019.
14）文部科学省：特別支援学校教育要領・学習指導要領解説自立活動編（幼稚部・小学部・中学部），2018.
15）高市幸造：知的障害養護学校における「生活力」につながる情報教育～社会資源の利用を意図した遠隔協働学習への取り組み～，日本教育情報学会第21回年会論文集，pp. 124-125，2005.
16）国立特別支援教育総合研究所：FirstClassServer，特別支援教育教材ポータルサイト，http://kyozai.nise.go.jp/（最終閲覧：2020年3月1日）.
17）国立特別支援教育総合研究所：小学部1年生を対象としたVOCAの導入段階における配慮事項の検討―教室から飛び出す行動を改善するためにVOCAの導入段階における配慮事項の検討―，特別支援教育教材ポータルサイト，http:

//kyozai.nise.go.jp/（最終閲覧：2020年 3 月 1 日）.

18）国立特別支援教育総合研究所：トーキングエイドを使用して，語い学習の導入に取り組んでいる事例，特別支援教育教材ポータルサイト，http：//kyozai.nise.go.jp/（最終閲覧：2020年 3 月 1 日）.

19）文部科学省初等中等教育局長：特別支援教育の推進について（通知），19文科初第125号，平成19年 4 月 1 日.

20）太田容次：特別支援教育におけるキャリア発達を促す教育実践の動向　特別支援学校作業技能検定の取組を中心に，京都ノートルダム女子大学こども教育研究第 4 号，pp. 1-11，2018.

参考文献

・押木利英子：知的障害児の理学療法，PT ジャーナル，**37**（5），2003.
・一般社団法人日本作業療法士協会：作業療法マニュアル56　子どもに対する作業療法　乳児期から就学まで，一般社団法人日本作業療法士協会，2014.
・小寺富子：言語発達遅滞の言語治療　改訂第 2 版，診断と治療社，2009.
・安藤　忠編著：新版ダウン症児の育ち方・育て方，学習研究社，2002.
・藤田和弘・青山真二・熊谷恵子編著：長所活用型指導で子どもが変わる―認知処理様式を生かす国語・算数・作業学習の指導方略―，図書文化社，1998.
・深浦順一編：図解　言語聴覚療法技術ガイド，文光堂，2014.
・大貝　茂編著：言語聴覚療法シリーズ10　改訂　言語発達障害Ⅰ，建帛社，2008.
・石田宏代・石坂郁代編著：言語聴覚士のための言語発達障害学　第 2 版，医歯薬出版，2016.
・本郷一夫・田爪宏二編著：講座・臨床発達心理学 3　認知発達とその支援，ミネルヴァ書房，2018.
・吉田直子：はじめて学ぶ発達心理学，みらい，2016.
・子安増生編：やわらかアカデミズム・＜わかる＞シリーズ　よくわかる認知発達とその支援　第 2 版，ミネルヴァ書房，2016.
・川村秀忠編著：＜図解＞学習の基礎をつくる100の遊び―重度，中軽度障害児のために，学習研究社，1989.
・厚生労働省：「国際生活機能分類―国際障害分類改訂版―」（日本語版）の厚生労働省ホームページ掲載について，https://www.mhlw.go.jp/houdou/2002/08/h0805-1.html（最終閲覧：2018年 8 月31日）.
・文部科学省：ICF について，http://www.mext.go.jp/b_menu/shingi/chukyo/chukyo3/032/siryo/06091306/002.htm（最終閲覧：2018年 8 月31日）.
・内閣府：障害者施策，http://www8.cao.go.jp/shougai/index.html（最終閲覧：2018年 8 月31日）.
・国立特別支援教育総合研究所：インクルーシブ教育システム構築支援データベース，http://inclusive.nise.go.jp/?page_id=15（最終閲覧：2018年 8 月31日）.
・内閣府：Society 5.0，https://www8.cao.go.jp/cstp/society5_0/index.html（最終閲覧：2020年 3 月 1 日）.
・国立特別支援教育総合研究所：特別支援教育教材ポータルサイト，http://kyozai.nise.go.jp/（最終閲覧：2020年 3 月 1 日）.
・国立特別支援教育総合研究所：特別支援教育の基礎・基本　新訂版，ジアース教育新社，2015.
・総務省：情報通信白書，http://www.soumu.go.jp/johotsusintokei/whitepaper/index.html（最終閲覧：2020年 3 月 1 日）.

第3章

教育課程・指導法

① 教育課程

1 特別支援学校（知的障害）の教育課程

（1）教育課程を構成する教科・領域

　日本の特別支援学校の教育内容は，小・中学校等と同様に，「**学校教育法施行規則**」（以下，「施行規則」）や特別支援学校学習指導要領（以下，本節では特に断りのない限り，「学習指導要領」は特別支援学校の学習指導要領を指すこととする）などで規定されている。「施行規則」では，特別支援学校の教育課程を構成する各教科や自立活動などの領域が学部ごとに示されているが，知的障害以外の領域の特別支援学校と特別支援学校（知的障害）とでは，教育課程を構成する教科等に違いがある。

　知的障害以外の特別支援学校では，小・中学校等で教育される教科等と共通する部分が多い（いわゆる，「**準ずる教育課程**」）のに対し，特別支援学校（知的障害）は，「施行規則」で別の内容が示されている。本節では特別支援学校（知的障害）の教育課程について，基本的な内容を確認する。なお，ここで解説する教育課程は，特別支援学校（知的障害）で実践されるものであるが，知的障害以外の領域の特別支援学校で学ぶ重複障害児など，あるいは小・中学校の知的障害特別支援学級で学ぶ児童生徒にも実践されている場合もあることを補足しておく。

　まず小学部の教育課程から確認したい。「施行規則」では，「知的障害者である児童を教育する場合は，生活，国語，算数，音楽，図画工作及び体育の各教科，特別の教科である道徳，特別活動並びに自立活動によって教育課程を編成するものとする」[1]とされ，「必要がある場合には，外国語活動を加えて教育課程を編成することができる」[2]とも規定されている。特別支援学校での教育内容として自立活動が特設されているほか，特徴的な点としては，小学校や知的障

学校教育法施行規則
「学校教育法」で定められた内容を具体化するために，昭和22年に当時の文部省（現，文部科学省）によって制定された省令のひとつ。

準ずる教育課程
知的障害以外の領域（聴覚障害など）の特別支援学校では，各教科の目標・内容は小・中学校，高等学校に準じていることから，このように呼ばれている。

害以外の特別支援学校で教育される社会，理科，家庭，総合的な学習の時間などがない点，外国語活動が必須とはなっていない点，生活科が小学部の6年間をとおして取り扱われる点などがあげられる。

　中学部の教育課程についても，同様の規定がある。「施行規則」では以下のように定められている。「国語，社会，数学，理科，音楽，美術，保健体育及び職業・家庭の各教科，特別の教科である道徳，総合的な学習の時間，特別活動並びに自立活動によつて教育課程を編成するものとする。ただし，必要がある場合には，外国語科を加えて教育課程を編成することができる」[3]。職業・家庭という教科が設定されていること，外国語科が必須ではないことなどが特徴である。

　高等部についての「施行規則」の規定では，「国語，社会，数学，理科，音楽，美術，保健体育，職業，家庭，外国語，情報，家政，農業，工業，流通・サービス及び福祉の各教科，第129条に規定する特別支援学校高等部学習指導要領で定めるこれら以外の教科及び道徳，総合的な学習の時間，特別活動並びに自立活動によつて教育課程を編成するものとする」とされている[4]。ここでは，生徒の卒業後の社会参加を進めるための内容が設定されていることがわかる。

　特別支援学校（知的障害）では，ここにあげた教科や領域を学習することになっているが，「施行規則」では「幼稚部教育要領」「小学部・中学部学習指導要領」「高等部学習指導要領」に基づくことも示されている[5]。「施行規則」と「学習指導要領」が教育課程編成上の重要な指針となっているのである。

（2）各教科の目標・内容の特徴

　次に「学習指導要領」で示されている教科の目標や内容の特徴をみていくことで，知的障害がある児童生徒にどのような目標，内容の教科学習が指導されているのかを探りたい。

　特別支援学校（知的障害）での学習を計画・実施するにあたって，知的障害がある児童生徒の学習上の困難を理解することは重要である。『特別支援学校学習指導要領解説各教科等編』では，知的障害がある児童生徒の「学習上の特性」として以下のような内容が示されている[6]。

　まず，「学習によって得た知識や技能が断片的になりやすく，実際の生活の場面で生かすことが難しい」ため，「実際の生活場面に即しながら，繰り返して学習することにより，必要な知識や技能が身に付けられるようにする継続的，段階的な指導が重要となる」こと，また「成功体験が少ないことなどにより，主体的に活動に取り組む意欲が十分に育っていないことが多い」ため，「児童生徒が頑張っているところやできたところを細かく認めたり，称賛したりすることで，児童生徒の自信や主体的に取り組む意欲を育むことが重要となる」こ

とが示されている。抽象的・概念的な思考よりも，具体的な操作や体験的な活動によって知識や技能を高めること，また学習したことを既に知っていることと関連づけたり，学習したことを応用したりすることが難しいため，学習したことを具体的な生活場面で実際に使ってみることによって，学習内容の定着を図ること，学習内容を**スモール・ステップ**の形で整理して，ひとつずつ学習課題に取り組んでいくことなどが重要である。

　次に教科の目標，内容についてみてみよう。特別支援学校(知的障害)で設定されている教科は，(例えば小・中学校と同じ名称であっても，)独自の目標，内容によって構成されていること，その目標や内容が小学部では3段階，中学部，高等部では2段階に分かれて設定されていることが特徴である。小学部の国語科の目標を例にあげる。小学部国語科の場合，特別支援学校で育成する**資質・能力**の三つの要素に合わせて以下のような目標が示されている（表3-1）。

　このような教科の目標のほか，段階別の目標，内容が示されているが，ここで，目標や内容が学年別ではなく，段階別に設定されていることに注意してほしい。特に知的障害がある児童生徒の場合，発達期の認知機能，知的機能の障害やそれに伴う困難について，同一学年の学習集団であっても個人差が大きいことを考慮に入れ，個々の実態や学習状況，学習課題の設定の仕方に工夫が必要となるためである。それでは，段階別の内容について検討しよう。小学部国語科の知識及び技能の「ア（言葉の特徴や使い方）」の一部を整理すると，表3-2のようになる。

スモール・ステップ
一連の課題や目標を分割して，小さな課題を達成していく体験を積み重ねることによって，最終的な目標達成を目ざす方法。

資質・能力
2017年に公示された学習指導要領では，「何ができるようになるか」に焦点を当て，「育成を目指す資質・能力」を三つの要素に整理して示している（三つの要素は表3-1を参照）。

表 3-1　小学部国語科の目標

言葉による見方・考え方を働かせ，言語活動を通して，国語で理解し表現する資質・能力を次のとおり育成することを目指す	
知識及び技能	(1)日常生活に必要な国語について，その特質を理解し使うことができるようにする。
思考力，判断力，表現力等	(2)日常生活における人との関わりの中で伝え合う力を身に付け，思考力や想像力を養う。
学びに向かう力，人間性等	(3)言葉で伝え合うよさを感じるとともに，言語感覚を養い，国語を大切にしてその能力の向上を図る態度を養う。

出典）文部科学省：特別支援学校小学部・中学部学習指導要領

表 3-2　小学部国語科の内容（一部）

段　階	ア（言葉の特徴や使い方）の（ア）の内容
1段階	身近な人の話し掛けに慣れ，言葉が事物の内容を表していることを感じること。
2段階	身近な人の話し掛けや会話などの話し言葉に慣れ，言葉が，気持ちや要求を表していることを感じること。
3段階	身近な人との会話や読み聞かせを通して，言葉には物事の内容を表す働きがあることに気付くこと。

出典）文部科学省：特別支援学校小学部・中学部学習指導要領

表 3-3　小学部生活科の内容（一部）

段　階	ア　基本的生活習慣の（ア）の内容
1段階	簡単な身辺処理に気付き，教師と一緒に行おうとすること。
2段階	必要な身辺処理が分かり，身近な生活に役立てようとすること。
3段階	必要な身辺処理や集団での基本的習慣が分かり，日常生活に役立てようとすること。

出典）文部科学省：特別支援学校小学部・中学部学習指導要領, 2017

　表3－2から，身近な生活世界で用いられることばへの気づきから始まり，ことばの機能への気づき，理解へと焦点が当てられていることがわかる。このように，焦点となる学習課題は比較的絞った形で設定され，段階を経るにつれて，その活用の範囲や形態が少しずつ広げられる，あるいは多様になっていくことを想定して学習が展開されている。中学部でも，日常生活や社会生活に必要な国語についての理解が求められており，生活場面での活用を強く意識した教科学習が求められていることがわかる。

　もうひとつの例をあげる。小学部生活科は，基本的生活習慣，安全，人との関わり，金銭の扱いといった12の内容群で構成されているが，それぞれの内容について各段階で，どのような学習が求められているかをみてほしい。表3－3は，生活科の「ア　基本的生活習慣」の中の（ア）で示されている内容である。

　身近な生活場面で必要となる日常生活動作（ADL）について，気づくことから始めて，理解しそれを実践できるようにするという道筋を確認することができる。それに加えて，段階を経るにつれて，自分でできることを増やすことがねらいとされていることも確認できる。このことは，知的障害がある児童生徒が適切な援助を受けながらできることを増やしていくことが重要であるとともに，援助者（例えば教師）が援助を徐々に減らしていくことや，それぞれの場面で過不足ない援助を提供することの意義を示しているともいえる。将来的に子どもが必要なときに適切な援助を求めることができるようになることも念頭において，学習や支援の方法を検討，整理する必要がある。

　本項では小学部の例を中心に，教科学習の特徴をみてきた。ここで取り上げた以外の教科や中学部以降についてもおおむね同様の特徴があるといえる。

（3）自立活動の内容

　特別支援学校では自立活動の学習が設定され，「学習指導要領」では，「個々の児童又は生徒が自立を目指し，障害による学習上又は生活上の困難を主体的に改善・克服するために必要な知識，技能，態度及び習慣を養い，もって心身の調和的発達の基盤を培う」という目標と合わせて，学習する内容が示されている（表3－4）。

　表3－4で示されている27項目は，いずれも大綱的な内容のため，実際に教

表 3-4　特別支援学校学習指導要領で示されている自立活動の内容

区　分	内　容
1．健康の保持	（1）生活のリズムや生活習慣の形成に関すること。 （2）病気の状態の理解と生活管理に関すること。 （3）身体各部の状態の理解と養護に関すること。 （4）障害の特性の理解と生活環境の調整に関すること。 （5）健康状態の維持・改善に関すること。
2．心理的な安定	（1）情緒の安定に関すること。 （2）状況の理解と変化への対応に関すること。 （3）障害による学習上又は生活上の困難を改善・克服する意欲に関すること。
3．人間関係の形成	（1）他者とのかかわりの基礎に関すること。 （2）他者の意図や感情の理解に関すること。 （3）自己の理解と行動の調整に関すること。 （4）集団への参加の基礎に関すること。
4．環境の把握	（1）保有する感覚の活用に関すること。 （2）感覚や認知の特性についての理解と対応に関すること。 （3）感覚の補助及び代行手段の活用に関すること。 （4）感覚を総合的に活用した周囲の状況についての把握と状況に応じた行動に関すること。 （5）認知や行動の手掛かりとなる概念の形成に関すること。
5．身体の動き	（1）姿勢と運動・動作の基本的技能に関すること。 （2）姿勢保持と運動・動作の補助的手段の活用に関すること。 （3）日常生活に必要な基本動作に関すること。 （4）身体の移動能力に関すること。 （5）作業に必要な動作と円滑な遂行に関すること。
6．コミュニケーション	（1）コミュニケーションの基礎的能力に関すること。 （2）言語の受容と表出に関すること。 （3）言語の形成と活用に関すること。 （4）コミュニケーション手段の選択と活用に関すること。 （5）状況に応じたコミュニケーションに関すること。

出典）文部科学省：特別支援学校小学部・中学部学習指導要領，2017

室で実践する場合には，学習課題を具体的に設定し，計画的に指導することが重要である。知的障害の場合，認知，言語，運動の機能，情緒，行動などの特定の分野に，顕著な発達の遅れや偏りがある場合，また特に配慮が必要な状態が知的障害に随伴してみられる状態による困難を改善，克服することに焦点を当てて自立活動を実践するケースが多い。これは，特別支援学校（知的障害）の教育課程では，知的障害がある児童生徒の学習特性に合わせて，教科の目標，内容が設定され，各教科等を合わせた指導（次項参照）という学習形態が用意されていることと関係している。認知発達，知的発達の全般的な遅れに比較的重点を置くのが，各教科や各教科等を合わせた指導，個々の学習者の発達の偏りにより注目するのが自立活動と理解することができる。例えば，言語面については，発音の明瞭さ，ことば同士を組み立てて話すなどの困難，運動面であれば**協調運動**の課題（ぎこちなさなど），姿勢の維持の困難，手先を使う微細運動の課題（ボタンの着脱など）などが考えられる。

協調運動
いくつかの動作をまとめて行う運動のこと。例えば体操で左右の手足の異なる動きや両足跳びで同時に着地する動きなどがこれに含まれる。

2　特別支援学校（知的障害）における指導の形態

（1）指導の形態の基本的な考え方

　特別支援学校（知的障害）において，前項でみた教育課程の内容を指導する際，教科別・領域別の指導と，各教科等を合わせた指導という，二つの指導の形態に大別することができる。図3－1では，小学部の指導の形態を示した。

　教科別・領域別の指導は，「学習指導要領」などで示されている教科や領域について，それぞれ独立した時間を設定して指導するものである。各教科等を合わせた指導というのは，各教科，領域を合わせて指導するものである。「施行規則」では，「知的障害者である児童若しくは生徒又は複数の種類の障害を併せ有する児童若しくは生徒を教育する場合において特に必要があるときは，各教科，特別の教科である道徳（特別支援学校の高等部にあっては，前条に規定する特別支援学校高等部学習指導要領で定める道徳），外国語活動，特別活動及び自立活動の全部又は一部について，合わせて授業を行うことができる」と規定されている[7]。知的障害がある児童生徒の場合，ひとつの単元の中にさまざまな学習の内容を入れ，体験的，実践的に学習することに効果がある場合が目立つことから，各教科等を合わせた指導の時間を設定することが多い。実際，特

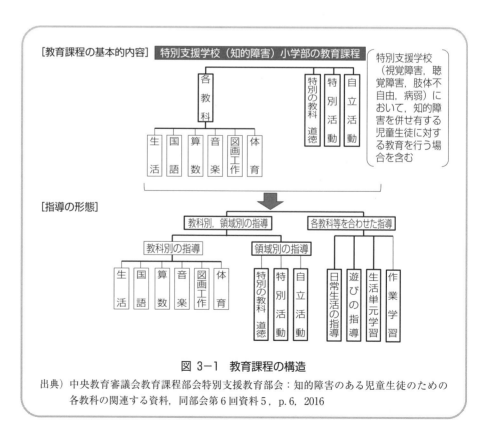

図 3-1　教育課程の構造

出典）中央教育審議会教育課程部会特別支援教育部会：知的障害のある児童生徒のための各教科の関連する資料，同部会第6回資料5，p.6，2016

別支援学校の授業時間数の中で，各教科等を合わせた指導の占める割合は高く，各教科等を合わせた指導をとおして，各教科や領域の目標を目ざすことが一般的である。

　各教科等を合わせた指導については，「児童生徒の知的障害の状態，**生活年齢**，学習状況や経験等に即し，次に示す事項を参考とすることが有効である」とされており，代表的な指導の形態として，日常生活の指導，遊びの指導，生活単元学習，作業学習の四つが示されている[8]。

（2）各教科等を合わせた指導の特徴

　指導の形態について，その特徴を確認しよう。

　日常生活の指導では，衣服の着脱や食事，排泄，手洗いや洗面などの衛生面での生活動作など，ADLを扱うことに強みを発揮する指導の形態である。特に，学校での生活の中で自然な形で学習課題を組み込むことが求められている。例えば登下校時に衣服の着脱やあいさつについて実践する，給食の前後の時間に食事の準備，手洗い，片付けなどについて具体的な活動をとおして学ぶといった具合に，毎日のくり返しの中で生活習慣の形成や生活スキルの定着を目ざすことが特徴であり，生活科や特別活動（学級活動）などの目標や内容を含んで構成されることが多い。

　遊びの指導は，おおむね小学部までの知的障害がある児童に向けて計画されることが多い。特に就学前の時期からの学習経験を小学部以降の学校生活につなげる上で，遊びを中心とした学習形態が活用されている。特に身体活動を多く取り入れた遊びや，人間関係の形成を主なねらいとした遊びの指導を計画することが求められると同時に，子どもの発達の状態や興味・関心，遊びの経験などに即して，ひとつのテーマに基づいて多様な遊びを用意することも有効である。例えば，絵の具を使った遊びの指導を計画する場合に，絵を描く活動だけでなく，スタンプを用いた遊び，手形，足形をつけるような動作を伴う遊び，色水をつくってすべり台から流す遊び，といった具合に多様に展開される。もちろん，遊びの場や関係にうまく入れない子どものためのスペースや活動内容を用意すること，子どもの安全面や衛生面に十分注意して遊びを展開する必要があることはいうまでもない。

　生活単元学習は，子どもの生活課題を解決することなどをねらいとして，その単元で扱うテーマのもとに，生活に即したさまざまな学習課題を関連づけて展開する指導の形態である。「学習指導要領解説」では，「児童生徒が生活上の目標を達成したり，課題を解決したりするために，一連の活動を組織的・体系的に経験することによって，自立や社会参加のために必要な事柄を実際的・総合的に学習するもの」と説明されている[9]。ごく身近な生活場面から，外出や外食などの**社会生活**を想定した場面まで，それぞれの生活年齢や実態に合わせ

生活年齢
chronological age：CA
生まれてからの暦の上での年齢。暦年齢とも呼ばれる。生活年齢と精神年齢の双方を意識して学習指導にあたることが重要とされる。

社会生活
この語についてはさまざまな定義がなされているが，仕事，家事，地域での活動などを含む社会の一員としての生活を指す場合が多い。

た課題の設定が可能であり，単元も，遊びを取り入れたものから，創作，飼育・栽培，調理，文化的活動，行事と組み合わせた学習など多様に設定される。例えば，「クッキー屋さん」の学習を展開する場合に，クッキーをつくるだけでなく，まず食べてみて，大きさや形に注目する，売る練習をとおしてことばの使い方を学ぶ，金銭の計算をする，クッキー屋さんのポスターやチラシをつくる，箱をつくるといったように，学習課題も児童生徒の実態に応じてバリエーションをもたせることができる（図3−2）。生活単元学習は，一学期間やその年度の大半を使って実践されるケースも少なくなく，一連の単元の中で多様な学習を用意し，学習の進展や季節の変化によって学習課題を展開することが期待される。

作業学習は，作業活動を中心として，働く意欲や対人関係の構築などをテーマとして学習を展開するものである。主には中学部以降の生徒のためのものであるが，小学部高学年の児童を対象にした実践もみられる。作業学習で扱われる内容としては，「農耕，園芸，紙工，木工，縫製，金工，窯業，セメント加工，印刷，調理，食品加工，クリーニング（中略），事務，販売，清掃，接客など」がある[10]。また，その学校で学ぶ知的障害がある児童生徒の発達の状態や学校の実態，その学校の設置されている地域の実情なども考慮に入れて作業種目が設定される。作業学習は，児童生徒の将来の就労に直結させることよりは，職業生活や社会生活へ向けた基礎的な準備としての性格が強く，指示を守って作業をする，仲間と協力しながら作業を進める，安全面に留意しながら道具を使用するといった事柄の習得に主眼が置かれる場合が多い。

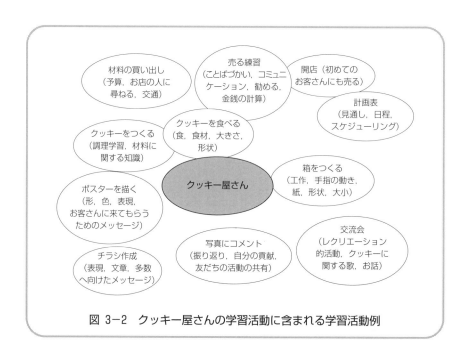

図 3−2　クッキー屋さんの学習活動に含まれる学習活動例

　各教科等を合わせた指導について，学習指導要領解説で示されている指導の形態は以上の四つになるが，個々の学校や**地方自治体**で指導の形態を創設している場合もある。後者の例として，東京都教育委員会では，特別支援学校（知的障害）で学ぶ ASD の児童生徒のための教育課程として「社会性の学習」という指導形態を用意し，各教科等を合わせた指導の一形態として位置づけている[11]。「社会性の学習」では，自立活動の内容（例えば「人間関係の形成」に関する内容）を参考にしながら，ソーシャルスキルや対人関係，国語や算数・数学の内容に含まれる認知的スキルの学習などを含んだ学習が展開されている。

　前項と本項で，知的障害がある児童生徒の学習内容や学習の形態をみてきたが，これらは子どもたちの現在，そして将来の QOL を高めることをねらいとして組織，構成されていることを改めて確認してほしい。特に知的障害がある児童生徒の場合，認知や言語などのスキルや，ADL のような生活スキルの習得に困難があるだけでなく，生活の適応行動にも課題がある。加えて，認知機能と適応行動の発達にギャップがある場合も少なくない。そのことから，学習した内容を反復，活用，応用する場面を学校生活の中でも多く取り入れることによって，子どもたちの QOL 向上を目ざすことになる。

3　特別支援学校の一日の例

　本項では，これまでにみてきた教育課程の内容がどのような配列で実践されているかをみてみよう。表3－5は，ある特別支援学校中学部の時間割表である。各教科等を合わせた指導に多くの時間をかけていることがわかる。また，日常生活の指導や生活単元学習などがどの曜日にも同じ時間帯に設定されていることも特徴的である。これは「**帯状の時間割**」と呼ばれるもので，日常生活で毎日くり返されるような課題が設定される場合に，毎日同じ時間に学習することによって児童生徒が見通しをもって学習に取り組めること，学校生活の自然な流れの中で学習が展開されることなどの点で有効であると考えられている。

　このように，特別支援学校（知的障害）の教育課程は，それぞれの学習課題や指導の形態の特徴も踏まえながら，その配列などにも留意した形で編成されている。このような枠組みを生かしながら，知的障害がある児童生徒の学習をより実効的なものとするようデザインすることが重要である。

　本節のまとめに替えて再度確認するが，「各教科等を合わせた指導」は，それ自体に固有の目標や内容が定められているわけではなく，各教科等の目標や内容がベースにあり，それらを組み合わせて構成される。「施行規則」や「学習指導要領」に示された各教科や領域を安易に組み合わせるのではなく，子どもの認知機能等の実態や困難に応じて，各教科等の目標を達成するために，い

地方自治体
自治体は都道府県，市区町村をまとめて指す語であるが，特別支援学校の多くが都道府県立であることから，都道府県で学習内容や指導形態の指針を出している場合がある。

QOL
quality of life
一人ひとりの人生や生活の質や人間らしい生活，その人らしい生活を送っているかに注目する概念。「QOL の向上」や「QOL の評価」といった使われ方をする。

帯状の時間割
時間割表でみたときに帯のように横に長い形状をしていることに由来する。「帯状の週日課」などとも呼ばれる。

表 3−5　特別支援学校の時間割表の例

	月	火	水	木	金
1	日常生活の指導 / 生活単元学習	日常生活の指導 / 生活単元学習	日常生活の指導 / 生活単元学習	日常生活の指導 / 生活単元学習	日常生活の指導 / 生活単元学習
2	作業学習（手工）	作業学習（農業）	体育	職業・家庭	音楽
3	作業学習（手工）	作業学習（農業）	体育	職業・家庭	生活単元学習
4	日常生活の指導	日常生活の指導	日常生活の指導	日常生活の指導	日常生活の指導
5	生活単元／総合	音楽	美術	生活単元学習	作業学習（木工）
6	生活単元／総合	特別活動	美術	ゆとり	作業学習（木工）
7	日常生活の指導	日常生活の指導	日常生活の指導	日常生活の指導	日常生活の指導

かなる資質や能力を伸ばしていくのか，そのために「合わせた指導」の形態をどのように生かすのかを明確にしながら，実践を進めることが求められている。

演習課題

1．教科別の指導や各教科等を合わせた指導の実践記録などを読み，学習者に合わせた内容・指導形態にどのような工夫があるかを考えてみよう。
2．個別の指導と（小）集団での指導に，それぞれどのような特徴があるか，また後者については，認知発達に差のある学習者集団に教師がどのような対応や工夫をしているか調べてみよう。

引用文献

1）学校教育法施行規則第126条第2項。ただし，道徳については，学校教育法施行規則の一部を改正する省令（2019年文部科学省令第11号）を反映して条文の文言を修正した。
2）学校教育法施行規則の一部を改正する省令（2018年文部科学省令第27号）
3）学校教育法施行規則第127条第2項。ただし，道徳についての省令による条文の修正は小学部と同様。
4）学校教育法施行規則第128条第2項。ただし，道徳についての省令による条文の修正は小学部，中学部と同様。
5）学校教育法施行規則第129条。
6）文部科学省：特別支援学校学習指導要領解説　各教科等編（小学部・中学部），p.26, 2018.
7）学校教育法施行規則第130条第2項。ただし，道徳についての省令による条文の修正は引用文献1）〜4）と同様。
8）前掲書6），p.31, 2018.
9）前掲書6），p.32, 2018.

10）前掲書6），p. 34，2018.

11）東京都教育委員会　東京都立知的障害特別支援学校小学部自閉症学級指導書
　　社会性の学習，pp. 2 - 3，2011.

参考文献
・文部科学省：特別支援学校学習指導要領解説　各教科等編（小学部・中学部），
　開隆堂出版，2018.
・文部科学省：特別支援学校教育要領・学習指導要領解説　自立活動編（幼稚部・
　小学部・中学部），開隆堂，2018.

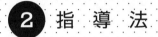

2 指　導　法

1　自立活動

（1）自立活動の指導

　特別支援学校の「学習指導要領」には，小学校・中学校・高等学校の学習指導要領にはない「自立活動」がある。「自立活動」のねらいは，「個々の児童又は生徒が自立を目指し，障害による学習上又は生活上の困難を主体的に改善・克服するために必要な知識，技能，態度及び習慣を養い，もって心身の調和的発達の基盤を培う。」[1]となっている。自立活動の内容としては，「健康の保持」「心理的な安定」「人間関係の形成」「環境の把握」「身体の動き」「コミュニケーション」の6区分に分類・整理されている。自立活動の指導においては，学校の教育活動全体を通じて行う指導と自立活動の時間における指導とがある。自立活動の時間における指導では，各教科の指導と密接な関連を保ち，各教科の学習効果を一層高めるようにすることが重要である。

　自立活動の指導にあたっては，個別の指導計画を作成することとなっている（表3 - 6）。個別の指導計画は，児童生徒の実態把握を行い，指導目標を立て，具体的な指導内容を設定し作成する。自立活動における学習の意味を将来の自立や社会参加に必要な資質・能力との関係において理解し，取り組めるような指導内容を取り上げ，さらに，自己選択・自己決定する機会を設けることによって，思考・判断・表現する力を高めることができるような指導内容を取り上げることが求められている。

　知的障害がある児童生徒は実際的，体験的な学習活動をとおして，障害による学習上または生活上の困難を主体的に改善・克服するために必要な知識，技能，態度および習慣を養っていくことが多いが，特別な時間を設けて，焦点化した学習も必要となる。知的障害がある児童生徒は，全般的な知的発達の程度

表 3-6　自立活動の個別の指導計画（例）

年度　個別の指導計画		作成日		
氏名（	）		年　　組	
年間指導目標	本人の願い		保護者の願い	
一学期	指導目標	学習内容・方法	学習の状況	備考（区分，項目）

や適応行動の状態に比較して，言語，運動，動作，情緒などの特定の分野に，顕著な発達の遅れや特に配慮を必要とするさまざまな状態が知的障害に随伴してみられるため，自立活動においては，主に「心理的な安定」「人間関係の形成」「身体の動き」や「コミュニケーション」などの区分が取り上げられている。

（2）指 導 事 例

1）心理的な安定

　知的障害があることや過去の失敗経験などが積み重なることにより，児童生徒が二次的に自信をなくし絶えず不安になったり，情緒が不安定になりやすかったりする場合には，学校生活の中で機会をみつけて自分のよさに気づくようにしたり，自信がもてるように励ましたりして，活動への意欲を促すように指導することが重要である。

　ASD の児童生徒は，日々の日課と異なる学校行事や，急な予定の変更などに対応することができず，混乱したり，不安になったりして，どのように行動したらよいかわからなくなることがある。このような場合には，予定されているスケジュールや予想される事態や状況などを事前にわかりやすく伝えたり，事前に体験できる機会を設定したりするなど，状況を理解して適切に対応したり，行動の仕方を身につけたりするための指導をすることが大切である。

2）人間関係の形成

　知的障害がある児童生徒の中には，人とのやりとりが大きな課題となるものが多い。これらの児童生徒には，小集団において SST を行う必要がある。日常的なあいさつや物の貸し借りの対応，また困ったときの助けを求める方法や自分が失敗をしてしまったときの謝罪の仕方など，児童生徒の実態に合わせた学習が重要となる。学習の取り組みでは，絵を用いてわかりやすい指導や，ロールプレイングを用いて実際的な指導も効果的である。この学習では，「コミュニケーション」の取り組みとも重なってくるので，「コミュニケーション」の項目を入れながら行う必要がある。

SST
social skills training
日常生活におけるマナーや人との対応の仕方などを学ぶ学習。

ロールプレイング
疑似体験をとおして，課題に対して実践的な対応の仕方を学ぶ学習。

3）身体の動き

知的障害がある児童生徒の場合，肢体不自由と異なり身体の動きに関する器官に病気やけがで損なわれているところはないが，立位や歩行などの姿勢にぎこちなさが感じられる者が多い。そこで，立位姿勢改善や歩行時姿勢改善に取り組む。しかし，今まで慣れていた姿勢を改善することになるので，不安が生まれる。そのため，「心理的な安定」にも取り組む必要がある。

また，知的障害がある児童生徒の場合，衣服の着脱におけるボタンの着脱や簡単な道具の操作などが難しいことがある。このような場合，スモール・ステップでの学習を進めることが大切である。まず，手指の巧緻性を高めたり，目と手の協応動作の学習を進めるため，小さいビーズをつまむ練習やビーズのひも通しなどの取り組みを行う。その後，ボタンの着脱の場合，机の上に衣服を置いて学習したり，ボタンより大きめの穴の衣服を使って練習したりする。

4）コミュニケーション

知的障害がある児童生徒の場合，発音が明瞭でなかったり，ことばとことばをなめらかにつないで話すことが難しかったりすることで，人との関わりで消極的になってしまう場合がある。発声発語学習では，児童生徒の興味が引きそうなおもちゃなどを用い，楽しみながら，呼吸の練習や舌・唇・あごの練習を行う。その後，母音や長音などの練習を始めていく。長い間集中することができない児童生徒がいることに留意することが大切である。さらに，発声発語だけにこだわらず，自分の気持ちを表した絵カードを使ったり，簡単なジェスチャーを交えたりするなど，要求を伝える手段を広げることも大切である。

2　生活単元学習

（1）生活単元学習の指導

生活単元学習は，自立や社会参加のために必要な事がらを実際的・総合的に学習する指導の形態である。そのために，一連の活動を組織的・体系的に経験することが重要になる。

生活単元学習の指導では，児童生徒の学習活動は，実際の生活上の目標や課題に沿って指導目標や指導内容を組織することが大切である。生活単元学習においては，児童一人ひとりの発達段階に合わせ，作業分担したり，協働作業を入れたりしながら，調査，発表，グループでの話し合い，作品の制作などといった多様な活動を行い，「生きる力」と資質・能力の三つの柱である「知識及び技能」「思考力，判断力，表現力等」「学びに向かう力，人間性等」を主体的・対話的で深い学びによって育成していく。

指導にあたっては，① 単元は，実際の生活から発展し，個人差の大きい集団にも適合するものであること，② 単元は，生活上の望ましい態度や習慣が

形成され，現在や将来の生活に生かされるようにすること，③単元は，目標意識や課題意識，課題の解決への意欲などを育む活動をも含んだものであること，④単元は，主体的に取り組むとともに，集団全体で単元の活動に協働して取り組めるものであること，⑤一連の単元の活動は，児童生徒の自然な生活としてのまとまりのあるものであること，⑥児童生徒がいろいろな単元をとおして，多種多様な意義のある経験ができるよう計画されていることの六点を考慮するようにする。

（2）指導事例

1）季節や季節の行事と関連づけた単元「七夕まつり」

「七夕まつり」の学習は，通常約1か月の期間をとって学んでいく。「七夕まつり」の取り組みにおいては，七夕って何だろう，時期はいつかなどの疑問をグループに分かれて図書やインターネットを使って調べ，グループごとに発表する。次に，笹をとりに行ったり，短冊や短冊をつるす糸を図工室からもってきたりする。また，調べた七夕にまつわるお話を劇にし，七夕まつり当日に招待客の前で劇発表を行う。会場に来た人たちに簡単なアンケートを書いてもらい，反省に生かすようにする。

2）つくる活動を主とした単元「調理学習」

この学習では，児童生徒一人ひとりの発達段階や経験を考慮しながら，教員と一緒に行う，教員の支援を少しずつ少なくして一人でできる工程を増やす，ほかの人と作業を分担しながら完成させる，最初から最後まで一人で調理できる力を育成するように学習内容を工夫する。例えば，カレーづくりでは，それぞれの家のカレーの具を発表し，購入する材料を決めていく。材料の購入は，分担して購入する。次に調理する手順を考え，決める。カードに絵や写真を入れた手順カードを作成する。手順カードに沿って，教員の手をかりながら，役割を分担し，次第に児童生徒が一人で複数の役割を担い，最後は，すべての工程を手順カードを見なくても一人で行うことができるようにする。完成品の味や見栄えを評価するなどの取り組みを入れることが大切である。年間をとおして学習することも必要となる。

3）働く活動を主とした単元「お店屋さんをやろう」

この取り組みは，文化祭の出し物の単元である。働く活動を主とした単元のねらいは，目的意識をもち，意欲的に主体的に取り組むことであり，協働して楽しく活動することである。まず地域にあるお店をグループに分かれて調べる。グループは，児童生徒の発達段階を考慮し，なるべく均等になるようにし，助け合いながらそれぞれの力が発揮できるよう人選する。店調べでは，表3－7のようなワークシートを作成し，調べた店がどの分類に入るかチェックし，調べたことのグループ発表を行う。その後，文化祭でお店屋さんを行うなら何が

できるか，何をやりたいかについて話し合い，二～三つの店を決める。ここでは，物を売る店，食べ物や飲み物を出す店について述べる。物を売る店では，学級で取り組んでいる牛乳パックを使ったはがきやしおりつくりを生かして取り組む。食べ物や飲み物を出す店は，簡単ピザと紅茶などを出す。文化祭当日の児童生徒の取り組みが，働く活動を主とした単元の大きなねらいとなる。当日は二つの班に分け，一日交代にしてもよい。物を売る店なら，売る係，レジ係，包装係と，班の中を三つのグループに分けて活動する。食べ物や飲み物を出す店では，注文をとる係，調理係，レジ係などに分けて活動する。実際に店に来る人に対応するので，大きな声を出す，礼儀正しくする，笑顔で対応する，衛生に気をつけるなど，当日のねらいを立てて，楽しく活動することが重要となる。

表 3-7　お店調べ

お店の種類	お店の名前	計
物を売るお店		
食べ物や飲み物を出すお店		
クリーニング		
塾，スポーツジム		
病院		
郵便局，銀行，保険		
その他		

3　日常生活の指導

（1）日常生活の指導

　日常生活の指導は，児童生徒の日常生活が充実し，高まるように日常生活の諸活動について学習する指導の形態である。児童生徒の実態把握を十分に行い，知的障害の状態，生活年齢，学習状況や経験などを踏まえながら計画的に指導することが重要である。

　指導にあたっては，① 日常生活や学習の自然な流れに沿い，生活や学習の文脈に即した学習ができるようにすること，② 毎日反復して行い，望ましい生活習慣の形成を行い，習慣化から発展的な内容を取り扱うようにすること，③ 適切な支援を行うとともに，学習状況などに応じて課題を細分化して段階的な指導ができるものであること，④ 活動の特徴を踏まえ，個々の実態に即した効果的な指導ができるよう計画されていること，⑤ 学校と家庭などとが連携を図り，双方向で学習状況などを共有し，指導の充実を図るようにすることなどの点を考慮するようにする。指導内容としては，例えば，衣服の着脱，洗面，手洗い，排泄，食事，清潔など基本的生活習慣の内容や，あいさつ，こ

とばづかい，礼儀作法，時間を守ること，決まりを守ることなどであり，日常生活や社会生活において習慣的に繰り返される，必要で基本的な内容である。

（2）指導事例
1）衣服の着脱

衣服の着脱においては，家庭と連携をとって脱ぎ着しやすい衣服を着用し，さらに児童生徒に衣服の裏表や前後がわかりやすいように，図3－3のようにリボンなどの目印をつけ，スモール・ステップで学習することが考えられる。腕や足など体の動かし方をよく観察し，一人ひとりの児童生徒に適した着脱の仕方を学習することも重要である。小学部高学年や中学部では，気温や室温によって，衣服の調節を行う力を育成することが大切である。

図3－3　シャツ（うしろ）

2）排泄指導

おむつを使用した児童生徒に対し，トイレでの時間排泄を指導する際，トイレがその児童生徒にとっていやな場所とならないよう，排泄以外の児童生徒が苦手としている行為は教員が手助けし，排泄だけに集中できるようにして取り組んでいくことが考えられる。

4　遊びの指導

（1）遊びの指導

遊びの指導は，主に小学部段階に特に低学年で取り組む指導の形態である。活発な身体活動，仲間との関わり，意欲的な活動を育み，心身の発達を促していくものである。指導にあたっては，① 児童の意欲的な活動を育めるようにすること，その際，児童が主体的に遊ぼうとする環境を設定すること，② 教師と児童，児童同士の関わりを促すことができるよう，場の設定，教師の対応，遊具などを工夫し，計画的に実施すること，③ 身体活動が活発に展開できる遊びや室内での遊びなど児童の興味や関心に合わせて適切に環境を設定すること，④ 遊びをできる限り制限することなく，児童の健康面や衛生面に配慮しつつ，安全に遊べる場や遊具を設定すること，⑤ 自ら遊びに取り組むことが難しい児童には，遊びを促したり，遊びに誘ったりして，いろいろな遊びが経験できるよう配慮し，遊びの楽しさを味わえるようにしていくことなどを考慮するようにする。

（2）指導事例

遊びの指導では，自由遊びと課題遊びがある。

1）自由遊び

　自由遊びでは，安全の確保が重要である。そのため，自由遊びでは遊び場所の設定が重要となる。遊び場所の範囲を定める。自由遊びを実施する前に，危険物の撤去や児童が走り回っても安全なように，撤去できない構造物にはぶつかったときのために緩衝材を巻いたり人を配置したりする。さらに，自由遊びでは，主体的に遊ぼうとする環境を設定することが大切であり，児童が興味・関心をもつさまざまな遊びの道具を準備する必要がある。

2）課題遊び「電車ごっこ」

　初めは教員が乗り物を押したり引いたりして動かし，児童はお客さん役だが，段々と役割を広げ，運転手・駅員や踏切の操作係などを増やしていくとよいだろう。また，線路・駅・踏切やトンネルをつくったり，切符をつくったり，活動範囲を教室付近から校舎内に広げたりしていくのもよい。教員主導の活動から，道具をそろえ，段階的に児童主導の遊びへと発展する取り組みの指導計画をしっかりと立てることが重要である。

5　作業学習

（1）作業学習の指導

　作業学習は，作業活動を学習活動の中心にしながら，児童生徒の働く意欲を培い，将来の職業生活や社会自立に必要な事がらを総合的に学習する指導の形態である。指導にあたっては，①児童生徒にとって，喜びや完成の成就感が味わえること，②地域性に立脚した特色をもつとともに，社会の変化やニーズなどにも対応した永続性や教育的価値のある作業種を選定すること，③段階的な指導ができるものであること，④知的障害の状態などが多様な児童生徒が，協働して取り組める作業活動を含んでいること，⑤作業内容や作業場所が安全で衛生的，健康的であり，作業量や作業の形態，実習時間および期間などに適切な配慮がなされていること，⑥作業製品などの利用価値が高く，生産から消費への流れと社会的貢献などが理解されやすいものであることなどを考慮するようにする。作業学習で取り扱われる作業活動の種類は，農耕，園芸，紙工，木工，縫製，織物，セメント加工，印刷，調理，食品加工，クリーニングなどのほか，事務，販売，清掃，接客なども含み多種多様である。

　作業学習では，前述したように，「将来の職業生活や社会自立に向けて基盤となる資質・能力を育む」ことをねらっている。作業学習では，「職業自立」と「社会自立」が重要なキーワードとなる。それに向けた取り組みが求められている点が，図画工作や美術，職業・家庭の各教科と異なっている。

　作業学習では，道具などの教具の工夫が重要となる。一人の力ではできないことも，教具の工夫によって，一人で作業ができるようになる。さらに，教具

の工夫により，いつも同じ仕上げを確保することができる。電気などを使用して動く機器では，スイッチを工夫し，ON・OFF のみの操作にすることで，誰でも簡単な操作によって機器を動かすことができるようにすることも大切である。

（２）指 導 事 例

１）紙工「はがきつくり」

「はがきつくり」においては，紙すき・加工，販売が大きな流れである。それぞれの工程において，細かな活動計画が必要である。活動計画に対応した役割分担をしていく。紙ちぎりは，始めは全員で行い，一定量できた時点で，紙ちぎり・水に浸す作業担当，ミキサー担当，紙すき担当，アイロンがけ担当など，分担を決め，作業を行う。ミキサーは誰でもスイッチを扱えるように，大きな手元スイッチ（図３−４）に改良する。アイロンがけは安全面に気をつけ，分担を決める。各作業は，児童生徒にわかりやすい写真の工程カードを作成する。作業時間と休憩時間は各担当の実態に合わせて決めることが大切である。

２）食品加工「クッキーつくり」

「クッキーつくり」においては，食品を扱うので，衛生帽・作業着・ビニール手袋・マスクや長靴の着用，作業前の手洗いの徹底など，作業に入る前から衛生面に気をつける。作業前の手順は，写真カードを作成し，最後にチェックシートで確認する。道具に関しては，粉を混ぜる際，外側から混ぜている状態がわかるように透明なボウルを使用する。また，ボウルを使わず，厚手のビニール袋を使用し，材料を入れて袋をとじ，振るようにして混ぜ，その後，ビニール袋をもむようにしてこねていく方法もある。児童生徒の障害の状態によって選択していくこともできる。一定の厚さに生地を伸ばすには，アクリルルーラー（図３−５）を活用する。型抜きをした生地をクッキングシートに並べるとき，鉄板とクッキングシートの間に，クッキー生地を置く目安となる印をつけた薄いアクリル板をはさんでおくと，クッキー生地が重なったり，くっついたりすることを防げる。薄いアクリル板はオーブンに入れるときに抜き取るようにする。

３）清　　掃

清掃においては，作業の見える化が重要となる。汚れが見えにくいため，ていねいに隅々まで作業を行う必要がある。例えば，テーブルの拭き方の練習では，テーブ

図 3−4　手元スイッチ

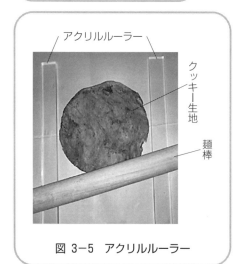

アクリルルーラー

クッキー生地

麺棒

図 3−5　アクリルルーラー

ルを拭く順序がわかるように，図3－6のようにテープで線を引く。床のモップがけでは，床のモップをかける範囲をテープで定め，その範囲にモップをかける順序にテープを貼り練習をする。窓拭きの練習では，窓と同じ大きさの透明なアクリル板を立て，窓用スクイジーで窓を拭く順序に反対側にテープを貼り，それに合わせて窓を拭く練習をする。このように清掃で掃いたり拭いたりする順序を見える化し，スモール・ステップで確実に身につくよう練習を重ねてから，実際

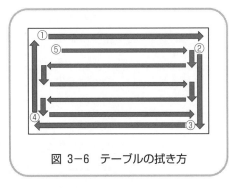

図 3-6　テーブルの拭き方

の清掃場所で練習を行う。また，清掃は一人で行う作業が多いので，例えばテーブル拭きの際の準備物の用意，事前準備，手順など，絵や写真を入れた細かい手順カードを作成し，スモール・ステップで作業手順を覚えていくことができるようにすることも重要である。

6　各教科の指導

　知的障害がある児童生徒の教科学習では，小学部は，「生活」「国語」「算数」「音楽」「図画工作」「体育」の6教科であり，必要に応じて小学部3年生以上で外国語活動を設けることができる。中学部は，「国語」「社会」「数学」「理科」「音楽」「美術」「保健体育」「職業・家庭」の8教科であり，生徒や学校の実態を考慮し，各学校の判断により必要により外国語科を設けることができる。発達期における知的機能の障害が，同一学年であっても，個人差が大きく，学力や学習状況も異なるからである。そのため，各教科の内容は，学年別ではなく，小学部は3段階，中学部は2段階示されている。段階を設けて示すことにより，個々の児童生徒の実態などに即して，各教科の内容を精選して，効果的な指導ができるようにしている。

　知的障害がある児童生徒の学習上の特性として，抽象的な内容の場合，理解するのに困難を生じるということがある。机上学習であっても，具体物を活用することが重要である。例えば，算数では，数量の学習を行う場合には，児童

コラム　作業学習と他教科との違い

　作業学習とは異なり，図画工作では「生活や社会の中の形や色などと豊かに関わる資質・能力を」，美術では「生活や社会の中の美術や美術文化と豊かに関わる資質・能力を」，職業・家庭では「よりよい生活の実現に向けて工夫する資質・能力を」育成することを目ざすとなっている。

生徒の身近なものや興味・関心を引く具体物を用意したり，図形の学習では，積み木を用いたり重ねて図形をつくったりして学習することが重要となる。

　また，学習によって得た知識や技能が断片的になりやすく，実際の生活の場面の中で生かすことが難しいという特性がある。そこで，日常生活と密接に関わりのある題材を用意し，日常生活の中で生かせる実際的，具体的な活動を入れながら，教科学習をすることが重要である。例えば，小学部の生活や中学部の社会科において，交通ルールについて学習する場合，プレイルームや廊下に横断歩道をつくり簡易信号を設置して，まず学校内で交通ルールを学んだ後，校外に出て通学路で実際に交差点を横断する学習をする。このように，日常生活の中で生かせる学習が重要である。

演習課題

1．知的障害での自立活動（6区分27項目）を整理してみよう。
2．知的障害がある児童生徒への自立活動の指導について，6区分27項目の枠組みでどのような取り組みがあるか考えてみよう。

引用文献

1）文部科学省：特別支援学校幼稚部教育要領　小学部・中学部学習指導要領，p. 199，2017.

参考文献

・文部科学省：特別支援学校学習指導要領解説　各教科等編（小学部・中学部），開隆堂，2018.
・木村宣孝（研究代表者）：生活単元学習を実践する教師のためのガイドブック〜「これまで」，そして「これから」〜，国立特別支援教育研究所，2006.

---

③ 特別支援学級の学級経営と教育課程・指導法

1　特別支援学級の位置づけと現状

　特別支援学校以外の教育の場における特別支援教育の基本的な考え方は「学校教育法」第81条に規定されている。

　第81条第1項により，幼稚園，小学校，中学校，義務教育学校，高等学校および中等教育学校では支援を必要とする子どもたちに対し特別支援教育を行わなければならないと規定され，さらに第2項において幼稚園を除く各学校においては一から六の障害種について特別支援学級を設置することができるとされている（ただし，実際には高等学校に特別支援学級は設置されていない）。なお，

> **学校教育法**
> 第81条　幼稚園，小学校，中学校，義務教育学校，高等学校及び中等教育学校においては，次項各号のいずれかに該当する幼児，児童及び生徒その他教育上特別の支援を必要とする幼児，児童及び生徒に対し，文部科学大臣の定めるところにより，障害による学習上又は生活上の困難を克服するための教育を行うものとする。
> ②　小学校，中学校，義務教育学校，高等学校及び中等教育学校には，次の各号のいずれかに該当する児童及び生徒のために，特別支援学級を置くことができる。
> 　一　知的障害者
> 　二　肢体不自由者
> 　三　身体虚弱者
> 　四　弱視者
> 　五　難聴者
> 　六　その他障害のある者で，特別支援学級において教育を行うことが適当なもの
> ③　前項に規定する学校においては，疾病により療養中の児童及び生徒に対して，特別支援学級を設け，又は教員を派遣して，教育を行うことができる。

特別支援学級の学級編制については「公立義務教育諸学校の学級編制及び教職員定数の標準に関する法律」第3条において1学級の児童または生徒の数は8人と規定されている。本節では以後，知的障害特別支援学級について記述する。

その他
「その他」とは通知で「言語障害」「自閉症・情緒障害」とあり，特別支援学級の障害種は全部で7種類となる。

2　特別支援学級の教育課程

　特別支援学級は，小・中学校に設置された学級であり，その教育課程に関する法令上の規定は，小・中学校の教育課程に関するものが適用される。しかし，特別支援学級において通常の学級と同じ教育課程をそのまま適用することは適切ではなく，障害がある児童生徒の特性にふさわしい教育課程が必要である。

　そこで，特別支援学級の教育課程の編成については，「学校教育法施行規則」第138条に，「小学校，中学校若しくは義務教育学校又は中等教育学校の前期課程における特別支援学級に係る教育課程については，特に必要がある場合は，（中略）特別の教育課程によることができる。」と規定されている。

　そして，この特別な教育課程の内容については，「小学校学習指導要領」第1章　総則に記述されている。

　この内容は，「中学校学習指導要領解説」においても同様の記述がある。このことから，特に知的障害学級の場合には，特別支援学校小学部・中学部学習指導要領の中の特別支援学校（知的障害）に関する部分を参考とすることになる。

　教育課程を編成する手順の一例をあげる。

　① 教育課程の編成に対する学校及び特別支援学級の基本方針を明確にす

> **小学校学習指導要領**
> 第1章　総則
> 第4　児童の発達の支援
> 2　特別な配慮を必要とする児童への指導
> （1）障害のある児童などへの指導
> ア　（略）
> イ　特別支援学級において実施する特別な教育課程については，次のとおり編成するものとする。
> 　（ア）障害による学習上又は生活上の困難を克服し自立を図るため，特別支援学校小学部・中学部学習指導要領第7章に示す**自立活動**を取り入れること。
> 　（イ）児童の障害の程度や学級の実態等を考慮の上，各教科の目標や内容を下学年の教科の目標や内容に替えたり，各教科を，知的障害者である児童に対する教育を行う特別支援学校の各教科に替えたりするなどして，実態に応じた教育課程を編成すること。

自立活動
本章第2節1参照。

る：学校および特別支援学級として教育課程の意義，教育課程の編成の原則などの編成に対する基本的な考え方を明確にし，校長を中心に担任間および学校内で共通理解をもつ。

② 教育課程の編成のための事前の研究や調査をする：教育課程についての国の基準や教育委員会の規則，児童生徒の障害の状態や発達段階・特性などを把握する。また，実施中の教育課程を検討し評価して，その改善点を明確にする。

③ 特別支援学級の教育目標を設定する：それぞれの学校や特別支援学級がもっている教育課題を正しくとらえ，それに対応した具体的なテーマを明らかにした教育目標を設定する。設定にあたっては，「学習指導要領」や学校の教育目標などを十分に踏まえ，児童生徒および地域や学校，特別支援学級の実態に即したものであること。また，教育的価値が高く，継続的な実践が可能で，かつ評価可能な具体性を有することなどを考慮する必要がある。

④ 指導内容を選択・組織する：指導内容については，児童生徒の実態を十分に把握した上で重点を置くべき内容を明確にする。各教科等の指導では，基礎的・基本的な知識・技能の習得と思考力・判断力・表現力等の育成を図るとともに，各教科等の間の指導内容相互の関連を図り，発展的，系統的な指導ができるように配列し組織する。また，道徳，特別活動，自立活動，総合的な学習の時間などを適切に展開できるよう配慮する。さらに学校全体の共通理解のもとで交流および共同学習を組織する。

3　特別支援学級の一日の例

　特別支援学級の時間割や教育内容は自治体，地域，学校，学級ごとに多様であり標準の形を示すのは難しい。特別支援学級は小中学校に併設され通常学級との「**交流及び共同学習**」が重視されることから，学校全体の教育活動に大きく影響を受ける。異学年が同じ教室で学習する複式学級の形態をとる場合が多く，通常学級の学年ごとの授業の都合で児童生徒が誰かしら抜けてしまい，クラス全体での授業づくりが難しい場合もある。クラスの子ども一人ひとりに毎日個別の時間割が与えられることも珍しくない。しかし，それでも同じ特別支援学級の仲間がそろって行う授業は大切であり，担任教員の努力と配慮，工夫でクラス全員が同じ場所で共に学ぶ時間を確保していきたい。

　表3－8，3－9に小中学校知的障害学級の時間割の一例をあげる。どちらの学級も児童生徒が20名以上在籍するためにグループに分けて授業を組織している。グループ分けは発達段階や習熟度による編制と学年や子ども同士の相性などの状況を考慮しながら行われる。国語や算数・数学などの教科では発達段階などが優先されるが，実技が主となる教科等では学年で分けたり，各学年の子どもが均等に配分されたりする。クラス全員で取り組む活動も適宜設定されている。体育館や図書室などの学校施設を使用する授業については通常の学級との共用になるため調整が必要となる。このことに限らず，特別支援学級の運営には学校全体との緊密な情報共有や連携が常に欠くことができない事項となっている。

交流及び共同学習
障害がある子どもと障害がない子どもが同じ場所で共に学ぶこと。2004年に「障害者基本法」の改正で規定された。

表 3－8　小学校特別支援学級の時間割例

校時	時間	月	火	水	木	金
	8：25	全校朝礼	朝学習	朝学習	朝学習	児童集会
	8：50	朝の会				
1	8：50	国語	国語	道徳	国語	図工
	9：35		図工			国語
2	9：40	体育	生活単元学習	図書または国語	体育	図工
	10：25		図工			生活単元学習
3	10：45	国語	音楽	生活単元学習	国語	生活単元学習
	11：30	総合	国語		音楽	総合
4	11：35	国語	国語	生活単元学習	リトミックまたは体育	学級活動
	12：20		音楽			
5	13：45	算数	算数	算数	算数	生活単元学習
	14：30					
6	14：35	生活単元学習	国語		クラブまたは委員会	生活単元学習
	15：20		外国語			

注）上段が低学年，下段が高学年の内容。低学年は火曜のみ6校時に参加。
　　生活単元学習には社会科，理科，家庭科等の内容を盛り込んでいる。

表 3−9　中学校特別支援学級の時間割例

校時	時間	月	火	水	木	金
	8：25	全校朝礼	読書タイム			
	8：50	朝学活				
1	8：50 9：40	道徳	国語 AB 数学 CD	美術 X 英語 Y	国語 AB 数学 CD	理科 X 国語 CD
2	9：50 10：40	数学 AB 国語 CD	音楽	美術 X 社会 Y	家庭 X 技術 Y	理科 X 数学 CD
3	10：50 11：40	技術 X 家庭 Y	音楽	社会 X 美術 Y	家庭 X 技術 Y	国語 AB 理科 Y
4	11：50 12：40	技術 X 家庭 Y	体育	英語 X 美術 Y	音楽	数学 AB 理科 Y
5	13：35 14：25	体育	数学 AB 作業学習 Y	音楽	体育	体育
6	14：35 15：25	生活単元学習	作業学習 X 国語 CD		総合的な 学習の時間	学活

注）国語・数学はクラスを4分割（ABCD グループ），社会・理科・英語・美術・技術・家庭・作業学習は2分割（XY グループ），その他の教科等は一斉授業で行う。
　　理科，英語，音楽，美術は外部講師が主担当となる。

4　学級運営上の留意点

OJT
on-the-job training
実際の職務現場において業務をとおして行う教育訓練のことをいう。

免許法認定講習
一定の教員免許状を有する現職教員が，上位の免許状や他の種類の免許状を取得しようとする場合に，大学の教職課程によらずに必要な単位を修得するために開設される講習。

国立特別支援教育総合研究所
日本における特別支援教育に関わる実践的な研究を行う研究所。教職員向けのさまざまな研修も実施。神奈川県横須賀市に所在。

インクルーシブ教育システム
「障害者の権利に関する条約」第24条に基づく。

（1）増え続ける特別支援学級数と担当教員の専門性

　全国の特別支援学級の数は1996年に増加に転じ，20年以上経った今もなお増え続けている。学級数が増えればそれに見合った教員数が必要となるが，特別支援学級を運営する専門的技量を有する教員の確保は困難で，担任になり子どもを指導しながら，並行して研修などで学ぶ **OJT** の方法をとることが多くなる。ほかには**免許法認定講習**や通信教育などをとおして特別支援学校教諭免許を取得する方法や，**国立特別支援教育総合研究所**や都道府県，市町村教育委員会が主催する研修会，民間教育団体が開催する研修会などを活用して専門性や力量の向上を目ざすこともできる。いずれにしても学び続けることを求められる存在であるため，特別支援学級の担任として力をつけた教員は長く特別支援学級で働き続けてほしい。身につけたスキルを有効活用できることを切に願う。

（2）インクルーシブ教育システムの下の特別支援学級

　インクルーシブ教育システムとは，障害がある人とない人が同じ場所で共に学び，排除されない教育制度のことである。2007年に特別支援教育が始まり，それまで特殊教育諸学校や特殊学級に限定的に委ねられていた障害がある児童生徒の教育はすべての小中学校で行われることとなった。同年に出された「特別支援教育の推進について（通知）」において校長の責務は「校長（園長を含

む。以下同じ。）は特別支援教育実施の責任者として，自らが特別支援教育や障害に関する認識を深めるとともに，リーダーシップを発揮しつつ，体制の整備等を行い，組織として十分に機能するよう教職員を指導することが重要である。」と示された。学校として通常学級における特別支援教育の推進を目ざすとき，校内に特別支援教育を専門に行う部署が存在することは大きなメリットとなる。校長には特別支援学級とその担任教諭を校内体制の中核にすえた学校経営ビジョンを構築してほしい。

（3）特別支援学級が有する二つの機能

　特別支援学級の有する機能は大きく分けて二つある。在籍する子どもを教育する「指導支援機能」と，学級のことや障害がある児童生徒について校内や地域に発信する「理解推進機能」である。この二つは車の両輪の関係で，どちらがおろそかになっても学級はうまく運営できない。

　指導支援機能は，具体的には学級の子どもたちを教育するための教育課程の編成や授業を準備して実施することである。また，これらは学級内で完結するものだけでなく，校内の通常学級との「交流及び共同学習」や他校の特別支援学級との合同行事などもある。そのため，特別支援学級の授業づくりは校内全体の教育活動の進行や他校との連携を頭に入れ，全体のバランスを把握した上で行わなければならない。

　理解推進機能としては，まず特別支援学級に在籍していないが支援を必要とする児童生徒への目配りが求められる。これは，校内の**特別支援教育コーディネーター**と協力して行われる業務である。したがって，特別支援学級の担任がコーディネーターを兼務するとこの業務を一人で行うことになり，過重負担となる危険性があるため注意が必要となる。

　さらにもうひとつ，特別支援学級は複数の校区から児童生徒を受け入れる場合があることから，担任は地域全体への理解推進も視野に入れた教育活動が必要である。就学や転学に向けた教育相談，学級公開，学区内の他校に向けた情報提供などが考えられる。

（4）「良質な記憶をつくる場」としての特別支援学級

　特別支援学級に入級する子どもたちの多くは通常学級を経過しており，学習についていけなかったり友だち関係に傷ついたりと，つらい経験をしている可能性が高い。そのために自己肯定感がもてず，学習面でも生活面でも負の影響が大きい。彼らは特別支援学級に入って初めて自分と同じように苦しい体験をした友だちと出会い，苦しんだのが自分だけではないことを知る。そして，共に学び生活する中で友だち関係を育み，それを支えにして自己肯定感を高める。充実した日々は子どもたちの中に良質な記憶を蓄え，やがては将来への展望を

特別支援教育コーディネーター
各学校で教員の中から指名される業務で，校内で障害がある児童生徒を適切に支援するために，関係者や機関と連携をとり協同的に対応できるようにするための役割。
第1章第4節4参照。

もつ。これこそが特別支援学級の存在意義なのだと考える。特別支援学級は，現状の教育システムで傷ついた子どもたちを救い出し再生するプロセスを担う場なのである。

（5）特別支援学級担任としての誇りをもつ

特別支援学級を担任する魅力について，筆者はかつて以下の10項目を後輩に投げかけた経験がある。

①教育課程を自分の手でつくってみよう，②就学相談を担当してみよう，③校内や地域の特別支援教育の専門機関だという自覚をもとう，④子どもにわかってもらえる授業づくりを楽しもう，⑤自分の趣味を授業実践で活かそう，⑥校外学習を企画してみよう，⑦卒業生に会いにいこう，⑧自分の実践を校内外でどんどん発表してみよう，⑨全国規模の研修会に参加しよう，⑩子どもとともに成長する存在である自分を実感しよう。

一人の教師としてこれほど多様な職務を担当できることに幸せと誇りを感じてほしいと願ったためである。この喜びを感じる前に職場を去ろうとする若者たちに伝えたいことでもある。教師とは，「子どもとともに成長する存在」である。そして成長しなければ，子どもの新しい一面をみることはできない。子どもを再発見することでのみ，教師自身の自己肯定感が生まれる。この魅力を一人でも多くの教師に伝え，今後の特別支援学級の発展を期待したいと考える。

演習課題
1. 「特別支援学校」と「特別支援学級」を比較して，それぞれのよい点を考えてみよう。
2. 特別支援学級の有する機能を説明してみよう。
3. 特別支援学級の担任は，在籍している子どもたちにどのような指導をするべきか考えてみよう。

参考文献
・渡邉健治監修，丹羽　登・岩井雄一・半澤嘉博・中西　郁編：知的障害教育における学力問題─「学ぶ力」「学んでいる力」「学んだ力」─，ジアース教育新社，2014.
・小林　徹・栗山宣夫編著：ライフステージを見通した障害児保育と特別支援教育，みらい，2020.

4 個別の教育支援計画，個別の指導計画

　障害のある子どもに対して，切れ目のない一貫した支援体制を構築するために必要なのが，「個別の教育支援計画」と「個別の指導計画」である。これらは，子ども一人ひとりに対するきめ細やかな指導や支援を組織的・継続的かつ計画的に行うための重要なツールである。

　個別の教育支援計画と個別の指導計画は，作成する目的や活用の仕方に違いがある（表3−10）。

表 3−10　個別の教育支援計画と個別の指導計画

個別の教育支援計画	個別の指導計画
・子どもたちが地域社会で生活していく上で，将来にわたる支援について，各関係機関（教育，医療，保健，福祉，労働など）が連携して効果的に実施するための計画 ・乳幼児期から学校卒業後までを見通した長期的な視点で，一貫した教育的支援を行うことが目的	・個々の子どもの実態に応じて適切な指導を行うために学校で作成される計画 ・教育課程を具体化し，一人ひとりの指導目標・内容・方法を明確にして，きめ細やかな指導を行うことが目的

1　個別の教育支援計画

（1）個別の教育支援計画作成のメリット

　個別の教育支援計画とは，子どもに関わるすべての関係者が，本人および保護者の願いや目標，支援内容，支援方法などの情報を共有して適切な支援を行うためのツールであり，障害者基本計画に基づく「個別の指導計画」の一部ともいえる。

　個別の教育支援計画を作成するにあたり，以下のようなメリットがあげられる。

　① 情報の共有と共通理解が図られる
　　・支援に携わる関係者からの意見をもとに情報共有することができ，対象の子どもについての理解が深まる。
　　・支援の目標や内容を共通理解した上で，支援に生かすことができる。
　② 支援のニーズが明確になる
　　・本人や保護者の願いや実態をもとに，複数の関係者が話し合うことで，対象の子どもの教育的ニーズが把握できる。

③ 関係者の役割分担が明確になる

・関係者それぞれの立場や観点からみた支援のあり方が明らかになり，連携しながら指導や支援を行うことができる。

④ 継続して支援することができる

・これまでの支援について計画の評価・見直しをしながら引き継いでいくことで，生活の場が変わっても，見通しのある継続的な支援ができる。

（2）作成手順

　個別の教育支援計画を作成するためには，まず，保護者と共通理解を図り，作成の同意を得ることが不可欠である。しかし，保護者の障害への理解やわが子の実態への認識が十分でないなど，同意を得られない場合もある。まずは，校内でできる支援方法を検討し支援を行っていくと同時に，保護者に対しての理解啓発に努めることが大切である。

　就学前に個別の支援計画や就学支援計画などが作成されている場合は，それらの情報と保護者からの聞きとりをもとに個別の教育支援計画を作成する。就学前に福祉事業所などを利用している場合，事業所が作成した個別の支援計画を引き継ぎ，それらを参考にしながら作成することになる。

　個別の教育支援計画は，担任や特別支援教育コーディネーターを中心に学校が作成することが多い。図3－7に作成および活用の流れについて例を示すが，校内の実情に応じて柔軟に対応することが必要である。

　個別の教育支援計画を作成する上で，想定される関係者・関係機関などは，それぞれの生活場面に応じて，表3－11のようなものが考えられる。

　このほかにも，地域の実情に応じてさまざまな関係機関があるので，連携しながら情報を共有することが大切である。

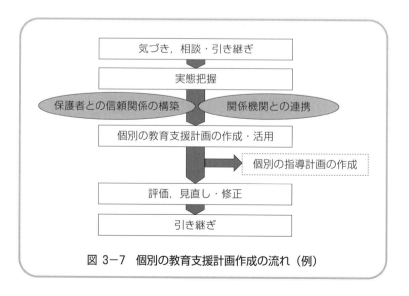

図 3－7　個別の教育支援計画作成の流れ（例）

表 3-11　個別の教育支援計画作成における関係者・関係機関

教　育	管理職，学級担任，教科担任，特別支援教育コーディネーター 特別支援学級担任，通級指導教室担当，養護教諭，教務主任 進路指導主事，生徒指導主事，教育相談室担当，学習ボランティア スクールカウンセラー，巡回相談員 教育委員会，特別支援学校，総合教育センター　など
福　祉	民生児童委員，児童委員，相談支援専門員 市町村福祉課，子育て支援センター，児童相談所，社会福祉協議会 学童保育，療育センター，保育所，通園施設，発達支援センター ＮＰＯ団体　など
医　療	学校医，主治医，保健師，理学療法士，作業療法士，言語聴覚士 病院，診療所，療育センター　など
その他	ボーイ（ガール）スカウト関係者，スポーックラブ指導者 普段よく利用する店や施設の人 親の会，青少年健全育成協議会，塾，ボランティア団体，交番 就労関係機関　など

（3）記述内容

　書式・様式などは都道府県・自治体ごとにさまざまであるが，以下に主な内容について示す。

　① 基本的な情報
　　・氏名，住所，生年月日，保護者氏名，連絡先
　　・障害名（診断名），諸検査などの記録，生育歴，教育歴，手帳の有無，家族構成，既往歴（疾患名，主治医名，服薬など），発達の状況，利用している諸機関
　② 現在の状況
　　・本人や保護者の思いや願い，将来像など
　　・現在の様子（好きなことや得意なこと，苦手なことなど）
　　・家庭・地域生活の状況
　③ 支　援
　　・本人や保護者の願いを踏まえた長期目標や短期目標
　　・学校における指導・支援，合理的配慮
　　・家庭の支援
　　・関係機関との連携（機関名，支援方針など）
　④ 記　録
　　・連携および支援の記録・評価
　　・子どもの変容
　　・次年度への引き継ぎ

2　個別の指導計画

（1）個別の指導計画作成のメリット

　前述したが，個別の指導計画は，個別の教育支援計画のもとに作成される。本人や保護者が願う姿になるために，どのような指導・支援を行えばよいかを，教員が計画・立案するものである。つまり，「個別の教育支援計画」の学校における指導・支援の部分を具体化したものが「個別の指導計画」であるといえる。

　個別の指導計画を作成するにあたり，以下のようなメリットがあげられる。

① 子どもの姿が明確になる

　・ぼんやりとしかつかめていなかった子どもの実態を，項目ごとにじっくりとみつめ直していくことで，より明確な実態把握をすることができる。

② 指導・支援の目標が明確になる

　・的確な実態把握から，その子どもにどのようなことを身につけてほしいかという取り組むべき目標（課題）を見つけることができる。

　・目標を達成するための指導方法・内容などを検討することで，焦点を絞った支援を行うことができる。

③ 一貫性・系統性のある指導・支援ができる

　・教員によって対応の仕方が違わないように，情報を共有しながら指導・支援にあたることができる。

　・評価をとおして支援の妥当性を検討することで，一貫性・系統性のある指導を行うことができる。

④ 保護者と連携がとりやすい

　・本人や保護者の願いをもとに検討した具体的な指導・支援について，保護者に十分説明することができ，家庭との連携や学校での教育についての共通理解が図りやすい。

（2）作成手順

　計画（Plan）－実践（Do）－評価（Check）－改善（Action）というPDCAサイクルによって，適宜，見直しを行い，指導の改善・充実を図ることが必要である。これらの手順をとおして支援の妥当性について明らかにしていくことは，授業の改善を目ざす上でも重要である。図3－8にその手順を示す。

（3）記述内容

　様式はこれといって決まっているものはなく，各都道府県・自治体ごとにさまざまである。項目については大きく分けると，1）子どもの実態，2）指導目標，3）指導の手立て，4）評価などがあげられる。

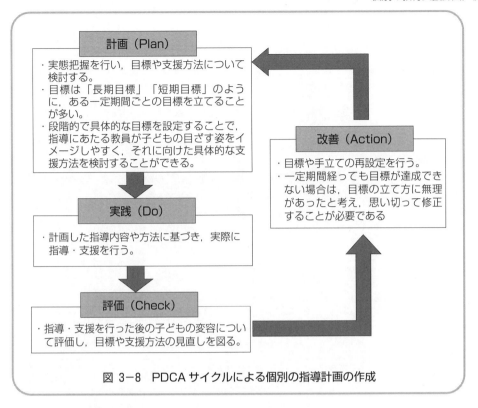

図 3-8 PDCA サイクルによる個別の指導計画の作成

以下，よくみられる様式を参考にしながら，記述内容について説明する。

1）子どもの実態

図 3-9 に，個別の指導計画の書き方のポイントについて示す。

2）指導目標

系統的・段階的な指導を行うために，「長期目標」「短期目標」の二つを設定する（図 3-10）。

【長期目標】

長期目標の「長期」とは，多くの場合は 1 年間を期間の目安としている。その期間の中で達成できるような目標を設定することが求められる。今後進むべき目標の方向性をしっかりもつことで，具体的な支援方針を立てることができる。しかし，あれもこれもと内容が盛りだくさんになると，方向性が定まらず，短期目標が設定にくい。目標は明確にし，焦点化することが大切である。

目標設定のポイントを以下にあげる。

・目標の優先順位をつける。

・日常生活，社会的自立を考慮する。

・将来につながるような目標を設定する。

・他の領域や課題への影響を考慮する。

・本人・保護者のニーズを考慮する。

<table>
<tr><td colspan="2" align="center">個別の指導計画</td><td align="right">小学校用
令和○年度</td></tr>
</table>

個別の指導計画　　　　　　　　　　　　小学校用
　　　　　　　　　　　　　　　　　　　令和○年度

1　児童の実態　　　　記入年月日　令和○年○月○日　○○市立○○小学校

第　○学年　○組　○番	氏名	○○　○○	学級担任	○○　○○

児童の特徴	・性格や特性，本人が好きなことや興味をもっていること，得意なことや苦手なことなど現在の様子を大まかに記入する。 ・個別の教育支援計画に記入されている内容を参考にするとよい。
本人の願い	・個別の教育支援計画作成の際に出ていた願いをもとに，学校場面に特化した内容について記入する。
保護者の願い	・個別の教育支援計画同様，可能な限り本人と相談して記入する。それが難しい場合は，保護者からの聞きとりや教師の願いも交えて記入してよい。
運動	・粗大運動や微細運動についての実態を記入する。 ・ボール運動，縄跳びなどの協調運動の様子はどうか，ダンスなどは模倣ができるかなど，全身を使った運動の様子について記入する。 ・微細運動については，はさみやカッターなど道具をどのように使っているか，文字はどのように書くかなどについて記入する。
学習場面	・各教科の学習において特徴的な様子について記入する。 ・特別支援学校（知的障害）では，「領域・教科を合わせた指導」を行っている学校が多いため，国語や算数などの教科の時間がない場合がある。その場合は，文章を読んだり書いたりするような国語的な活動や，物を数えたり計算したりするような算数的な活動，絵を描いたり制作をしたりするような図工的な活動など，各教科の要素を取り入れておくとよい。
行動	・本人の興味・関心や障害特性による特徴的な行動（こだわり，過敏性など）について明記する。 ・本人が落ち着いてかつ意欲的に学習に取り組むことができるような環境設定のためにも配慮すべき事項であるため，実態把握をしっかりしておく必要がある。
コミュニケーション	・自分の思いをどのような方法で発信しているか，相手の意図や話す内容をどのように把握しているかなどについて記入する。 ・発語や発話がない子どもについては，写真カードやVOCAなどのコミュニケーション代替機器の使用状況にも触れておく。
対人関係	・家族や友だち，教師との関係について記入する。 ・友だちと関わっている様子や集団活動での様子について明記しておくことで，さまざまな学習場面での環境設定を工夫する際の材料となるので，細かく記入しておくとよい。

図 3－9　個別の指導計画　実態記入のポイント

　実態把握をしていると，気になることや困っていることなど学校生活における課題がたくさんみつかり，何から取り組めばよいか迷ってしまうことがある。しかしながら，大切なのは子どもたちの将来の生活を見通した上で，子どもの成長段階において身につけるべき必要な力は何かを考え，まず取り組むべき目標を設定することである。ややもすると目の前の課題だけにとらわれがちだが，それを解決することが将来の自立と社会参加につながっているかということを検討することが，「個別の教育支援計画」に基づいた「個別の指導計画」の作成につながっている。また，教師の思いを強く打ち出しすぎると，目標と実践が結びつかず目標達成にたどり着かなくなるので，本人や保護者のニーズに立ち返ることが重要である。

2　長期目標

長　期　目　標	○　集団から外れず，教師や友だちと一緒に活動に取り組むことができる。 ○　一人で着替えをすることができる。

「落ち着いて活動する」「友だちと仲良くする」というような，あいまいな表現は避ける。
【例】「落ち着いて活動する」→「教室で着席して活動に取り組む」
　　　「友だちと仲良くする」→「困ったときに，ことばで相手に伝える」　など

指導の手立ての4つのポイントに沿って考えよう。

3　短期目標

短期目標	期　間	指導の手立て	経過（評価）
・終わりまで離席せず，朝の会に参加することができる。	1学期	・朝の会の流れがわかるように，文字と写真が入ったスケジュールカードを提示し，終わった活動からカードを外していくようにする。 ・「最後まで座って参加できた」という経験が積み重ねられるように，最初は活動内容を減らし，段階的に増やしていく。 ・教師からの話の際は，話す前に必ず注意喚起をし，大事なことを短く簡潔に伝える。	することがわからないから離席してしまうのかも…。何をするかがわかるように提示してみよう。 朝の会の時間が長いから嫌になっているのかも…。時間を短く，話も簡潔にしてみよう。
・教師が広げたシャツを自分で取って着ることができる。		・シャツのどの部分を持てばよいかがわかるように，襟元に色つきのタグをつける。 ・着替えに集中できるように，パーテーションを取りつけたり，友だちが着替えている時間帯からずらしたりする。	どこをもったら着替えやすいかな？この子の好きな色のタグをつけてみよう。 一人で集中できる環境を設定すれば，落ち着いて着替えができるだろう。

長期目標それぞれに対する短期目標を記入する。
段階的に達成していけるように。
表記は子どもの視点で。

図 3−10　個別の指導計画　長期目標・短期目標設定の例

【短期目標】

　短期目標は，長期目標をもとに，学期（3か月程度）ごとの期間を目安に目標を設定する。長期目標を達成するためのより具体的な目標とし，学期ごとに段階的に取り組めるようにする。

　短期目標を設定する際のポイントを以下にあげる。

① 子ども主体の目標である：「離席せず授業に参加<u>させる</u>」「一文ずつすらすら音読<u>させる</u>」といった教師側の視点ではなく，「離席せず授業に参加<u>する</u>」「すらすら音読<u>できる</u>」というように，子どもの視点に立った目標にする。

② 目標が焦点化されている：「昨日のでき事を文章で書き，友だちの前で発表することができる」という目標は，「文章で書く」「発表する」という二つの目標を立てていることになる。限られた期間内に必ず達成できるような目標を立てるという意味でも，目標は焦点化し，シンプルなものにすることが大切である。

③ 評価可能な目標である：「机の上をきちんと片づける」「上手にはさみで切ることができる」という目標では，具体的な子どもたちの姿が想像し難い。「きちんと」「上手に」ということばはよく使われがちだが，評価の基準があいまいである。「机の上の道具を決められた場所に置くことができる」「線からはみ出さずにはさみで切ることができる」など，どうすることが正しいのかを子ども自身がわかるような目標を設定する。

④ 条件や具体的な基準が示されている：一人では全く着替えができない子どもに対して，「一人で着替えができる」という短期目標は実態にそぐわず適切ではない。「教師が広げたシャツを自分で取って着ることができる」「袋に入ったシャツを自分で出して着ることができる」など，スモール・ステップで取り組めるような条件を示しておくことが必要である。さらに，その着替えは朝登校した際なのか，それとも帰りの着替えなのか，制服から体操服に着替える場面なのかなど，「いつ」「どのようなとき」の目標かを明確にしておくことも必要である。

　目標によっては，「10分間で着替えをすることができる」など，数値化できる目標を設定することで，客観的な評価につなげることができる。

⑤ 子どもの強みを生かしている：「昨日のでき事を友だちの前で発表することができる」という目標を設定するとしよう。対象の子どもが記憶を保持し，思い出しながらことばにすることに弱さがあるという実態であるならば，何の手がかりもなく頭の中で思い出しながらことばにすることは難しい。そこで，視覚的な情報処理が強い子どもであれば，「写真を見ながら，昨日のでき事を…」という目標設定をすることで，子どもの強さを生かすことができる。

　知的障害がある子どもたちは，その認知の特性から，「学習によって得た知識や技能が断片的になりやすく，実際の生活の場で応用されにくいことや，成功経験が少ないことなどにより，主体的に活動に取り組む意欲が十分に育っていない」ことが多い。目標設定の際は，その目標を達成することで子どもたちの生活がどのようによりよくなるかを考慮しなければいけない。そして，「実際の生活場面に即しながら，繰り返して学習することにより，必要な知識や技能などを身につけられるようにする」ために，継続的，段階的な目標を設定し，指導を行っていくことが重要である。

3）指導の手立て

　短期目標を達成するために，教師が行う指導や支援の方法・手段について記入する。目標は子ども側の立場から記入したのに対し，指導の手立てについては教師側の立場から記述する。

　指導の手立てについては，以下のようなことがポイントとなる。

① 教材・教具の工夫
　・どのような教材・教具を準備し，どのように工夫するのかについて記述する。
　・知的障害がある子どもは，ことばで表現することが苦手な場合が多いため，ことばだけで説明するより，絵やイラストなどを用いて視覚的に提示するほうが効果的である。「見てわかる」支援を心がけたい。

② 支援や配慮の工夫
　・教師がどのような支援や配慮をするのかについて記述する。
　・記憶を保持することに弱さがある子どもに対して，「口頭で指示を出すのではなく，短いことばで簡潔に説明する」など，子どもの実態に応じた指示・教示の仕方についての工夫を記述する。

③ 学習活動の工夫
　・子どもたちが興味・関心をもって取り組めるための工夫について記述する。
　・活動内容だけでなく，活動場面，指導体制などについても，子ども一人ひとりの特性に応じた工夫をすることが求められる。

④ 見通しをもてるようにする工夫
　・子どもが自分で活動の見通しをもつことができるための工夫について記述する。
　・時間内に何をするのか，どのようなものをつくるのかなどについて，実物を提示したり，事前に映像を見せたりするなどの支援の工夫が必要である。

4）評　　価

これらの計画を実践した際の経過や，目標を達成したかどうかについて記述

する。ここでは，子どもができるようになったことや達成が難しかったことなど，子どもの立場での評価を記入する。記述の際には，「よくできた」「だいたいできた」など，あいまいな表現は避け，具体的に何がどのくらいできたかを客観的な視点で記述する。加えて，「できる回数が増えた」「○分以内に着替えができた」など，量的な面での変容だけでなく，「自分から取り組んだ」「以前よりていねいに服をたたむことができた」など，質的な面での変容も同時に把握することが重要である。

　評価は，子どもの学習評価であるとともに，教師の指導や支援の評価でもあるので，子どものつまずきだけでなく，それを改善するための手立ても明確にすることが最も大切である。

3　個別の指導計画等を作成・活用する上での留意点

　前項で述べたように，個別の指導計画等の様式については，これでなくてはならないという決まったものはないので，誰が見てもわかりやすいものを作成することが求められる。

（1）保護者との連携を図る

　保護者は最も重要な支援者の一人であり，特に個別の教育支援計画作成においては，作成，実施，評価，改善のすべてに関わることになる。そのため，学校・教職員・関係者は保護者との十分な信頼関係を築いておくことが重要である。前述したが，計画の作成は主に教員が担当することが多いため，時として教師の独りよがりな思いが強くなってしまうことがある。保護者の気持ちに寄り添いながら，よりよい生活を送ることができるために必要な指導・支援は何かを考えようとする姿勢が重要である。学校での支援の経過やそれに伴う子どもの変容についてこまめに伝えることによって信頼関係をつくり，よりていねいな配慮を心がけることが求められる。

（2）対象である本人が参画する

　本人の希望や願いを十分に反映し，さらに充実した計画を作成していくためには，可能な限り本人が参画できるとよい。自分の思いをうまくことばにできなかったり，自分の将来に見通しがもちにくかったりと，子どもによっては参画が難しい場合もあるが，成長に伴い，思いや将来への展望が本人の中で明確になってきたときは，本人と一緒に作成することを考えていくとよい。

（3）本人の強さ・よさに目を向ける

　目標を考える上で目の前の子どもを見たとき，つまずきや困難さが目立ち，

ともすれば本人の苦手を克服するような目標を設定してしまいがちである。できないことをできるようにすることも大切ではあるが，苦手な部分にのみ働きかけるだけでなく，子どもの強さを生かした目標を設定することが重要である。本人が好きなことや得意なことについて把握をしておくことで，支援方法を考える際の手がかりとなることがあるので，さまざまな観点から子どもを見つめることができる幅広い視点をもっておきたい。

（4）自分の指導・支援について振り返る

　個別の指導計画をもとに子どもの指導・支援を行う中で，どうしてもうまくいかない状態に直面することがある。PDCA サイクル（図 3 – 8 参照）に基づいて目標の見直しを図ることはもちろん大切であるが，なぜ達成することができなかったのか，その原因は何だったのかを分析する必要がある。

　・子どもにとって無理な目標を設定していなかったか

　・教材・教具は子どもに合っていたか

　・適切な指導・支援を行うことができていたか

など，教師の立場での振り返りが重要である。適切な目標であるにもかかわらず，それが達成できないときは，教師が行う指導の手立てに課題があると考えてよい。子ども一人ひとりの実態に応じた適切な指導を行うことができるようにしたい。

　演習課題
1．個別の教育支援計画，個別の指導計画の目的，作成手順，活用の仕方について，自分のことばで整理してみよう。
2．個別の指導計画を作成・活用する上での留意点を，自分のことばで整理してみよう。

コラム　本人と保護者の「評価への参画」って，どうすればいいの？

　「個別の教育支援計画」「個別の指導計画」は，本人・保護者に確認を得て立案し実行するが，評価についても同様に，本人・保護者と一緒に行うことが重要である。その評価で効果的な方法のひとつに，写真や動画などの映像を用いた振り返りがある。学習の後に，自分が目標に向けて取り組んでいる映像を本人と確認することで，子ども自身が自分の活動を振り返ることができるとともに，友だちや教師といった他者からの評価を得ることができる。保護者にとっても，子どもの様子を担任からことばで伝えられるだけでなく，「映像」という客観的なツールで情報共有をすることができ，保護者との連携をより強固なものにすることができる。「目標が達成できたかどうか」だけでなく，「どのように達成したか」という過程の評価が大切である。

5　学校内の環境整備・環境調整

　本節では，学校内の環境整備と環境調整について考える。児童生徒にとって学校はさまざまなことを学ぶ場である。特に知的障害がある児童生徒の場合，理解するのに時間がかかったり，学ぶ機会が限られたりすることがあるため，効率よく学ぶことができるような学習環境を整えることは非常に重要である。そこで，学校内の環境整備や環境調整について考え，よりよい学習環境について確認する。

1　教室環境を整えるために

　教室環境を整える上で重要な方法として，構造化がある。

　構造化とは，周囲の環境を整えて，知的障害がある児童生徒にわかりやすく伝えるための方法である。知的障害がある人の中には音声言語で伝えられてもわからない人がいる。それは，理解できない対象となる児童生徒に原因があるのではなく，わかるように伝えていない環境の側に原因があると考えられる。そこで，対象となる児童生徒にわかるように伝えるために，構造化をする必要がある。

　「わかるように伝えるために構造化する」と考えると，構造化とは，知的障害がある児童生徒にとっての合理的配慮のひとつととらえることができる。そこで，教室環境を整える上で重要な考え方である合理的配慮について確認しておく。

2　合理的配慮

　「障害者の権利に関する条約」第2条によると，合理的配慮とは「障害者が他の者との平等を基礎として全ての人権及び基本的自由を享有し，又は行使することを確保するための必要かつ適当な変更及び調整であって，特定の場合において必要とされるもの」と定義されている。

　また，「障害を理由とする差別の解消の推進に関する法律」では，合理的配慮については「障害のある人が日常生活や社会生活で受けるさまざまな制限をもたらす原因となる社会的障壁を取り除くために，障害のある人に対し，個別の状況に応じて行われる配慮」と示されている。

　ここで重要なのは，個別の状況に応じて行われる配慮と書かれている点である。全体に対して行うのではなく，個別の状況に応じて行われる配慮と示され

ていることは，忘れてはならない重要な点である。

　では，教育では，合理的配慮はどのように示されているのであろうか。中央
教育審議会の初等中等教育分科会（第80回）で資料とされた，「特別支援教育
の在り方に関する特別委員会報告」(2012年)には，合理的配慮について以下
のように示されている。

> **特別支援教育の在り方に関する特別委員会報告**
> 　条約の定義に照らし，本特別委員会における「合理的配慮」とは，「障害のある子どもが，
> 他の子どもと平等に「教育を受ける権利」を享有・行使することを確保するために，学校の
> 設置者及び学校が必要かつ適当な変更・調整を行うことであり，障害のある子どもに対し，
> その状況に応じて，学校教育を受ける場合に個別に必要とされるもの」であり，「学校の設
> 置者及び学校に対して，体制面，財政面において，均衡を失した又は過度の負担を課さない
> もの」，と定義した。なお，障害者の権利に関する条約において，「合理的配慮」の否定は，
> 障害を理由とする差別に含まれるとされていることに留意する必要がある。

3　合理的配慮と個別の教育支援計画，個別の指導計画

　これまで示してきたように，合理的配慮は，一人ひとりの障害の状態や教育
的ニーズなどに応じて決定されるものとなっている。この合理的配慮を検討す
るための前提として，まず，**アセスメント**を実施する必要がある。各学校の設
置者および学校は，対象となる児童生徒の興味・関心，学習上または生活上の
困難，健康状態等における実態を把握するために，アセスメントを実施しなけ
ればならない。ここで重要なことは，障害の実態をアセスメントで明らかにす
るのではなく，児童生徒の興味・関心，学習上または生活上の困難と示されて
いる点である。障害が顕在化することにより社会生活上困ることについて，改
善，克服を図るための方法を考えるためにアセスメントを実施するのである。
そして，アセスメントの結果をもとに，学校と本人および保護者により，合理
的配慮について合意形成を図った上で決定することが重要である。その内容は，
できる限り個別の教育支援計画に明記するようにし，個別の指導計画にも反映
されなければならない。

アセスメント
第2章第2・3節参照。

4　共通理解を図ること

　合理的配慮について考えるとき，各学校の設置者および学校が体制面，財政
面をも勘案し，「均衡を失した」または「過度の」負担になっていないか，検
討しなければならない。これについては，児童生徒の実態が異なるため，個別

に判断する。また，合理的配慮を考える際は，学校と保護者と共通理解を図る。共通理解を図らなければ，合理的配慮は具体的にならないからである。

　学校が保護者と共通理解を図る上で重要なことは，現在必要とされている合理的配慮は何か，何を優先して提供する必要があるかなどについてである。児童生徒の現在の状態についてアセスメントを行い明らかにすることによって，必要な支援と適切な指導がわかれば，優先順位をつけることができるので，共通理解を図りやすくなる。もし，学校と本人および保護者の意見が一致しない場合には，平行線で支援が遅れてしまうことがないようにするために，第三者機関によりその解決を図ることが望ましいと，報告書には示されている。

　また，合理的配慮の決定後も，児童生徒一人ひとりの発達の程度，適応の状況，成長に合わせて柔軟に見直しをしていくことも共通理解とすることが重要である。定期的に教育相談を実施したり，個別の教育支援計画に基づく関係者による会議などを行ったりする中で，必要に応じて合理的配慮を見直していく。

　ここで重要なことは，特別支援教育コーディネーターとの連携である。

5　特別支援教育コーディネーターとの連携

　合理的配慮の決定や合意形成の際に大きな役割を果たすのが，特別支援教育コーディネーターである。特別支援教育を推進する上でのキーパーソンである。

　特に特別支援学校（知的障害）や知的障害特別支援学級においては，知的障害がある児童生徒の実態に応じた合理的配慮についての情報を得ておくことが重要である。知的障害がある児童生徒に対する合理的配慮に対する概念は，発想そのものが新しいため，どのような環境を整える必要があるのかなどについては，あまり議論されてこなかった。また，同様に保護者にとっても新しい概念であるため，子どもや保護者からの直接的な求めが少ないと考えられる。そのため，担任が子どもの代弁者として発信することができるように，特別支援教育コーディネーターが助言や情報提供することができるようにしておくことが大切である。この情報提供されたものに基づいて合理的配慮を考え，それを共通理解できるように図っていくのである。

6　合理的配慮としての構造化

特定の子
その人にとってわかる方法という意味で，構造化は合理的配慮と考える（とらえる）ことができる。

　構造化とは，子どもにわかりやすい環境を整えて「今から何をするのか」「次はどうなるのか」「何が期待されているのか」などを，対象となる児童生徒の実態に応じて，**その特定の子**にわかる方法で伝えることである。その特定の子にわかるように伝える方法と考えると，そのひとつの方法として，構造化は合理的配慮と考えられるのである。

　ここで注意しておかなければならないことは，構造化はわかりやすく伝えるための方法であり，行動を強制するものではないということである。構造化によって伝えることは，「いつするのか」「どこでするのか」「何をするのか」「いつまでするのか」「どのようなやり方でするのか」「終わったら次は何をするのか」という情報である。これらを具体的に吟味して学校生活を組み立てていくことが構造化するということである。

7　構造化の五つのキーワード

　構造化には，① 物理的な構造化，② スケジュールの構造化，③ ワークシステム，④ 視覚的構造化，⑤ ルーティンの五つがある。

　これらの五つの構造化で，前述した「いつするのか」「どこでするのか」「何をするのか」「いつまでするのか」「どのようなやり方でするのか」「終わったら次は何をするのか」という情報を，児童生徒にわかりやすく伝えるようにする。

（1）物理的な構造化

　物理的な構造化は，その場所に行けば何を行うのかが見てわかるようにする方法である。知的障害が重い児童生徒の場合や低学年の場合は，可能な限り活動と場所を一対一で対応させて伝えるほうが効果的である。重い知的障害があると，因果関係や優先順位を理解することができにくいため，場所と活動を一対一で対応させる工夫をすることが混乱することを避け，効率的に学習することができるようにするために重要なのである。

　図3－11は，特別支援学校（知的障害）の教室でできる構造化の例である。個別に活動する場所とグループ活動をする場所，指導者と個別に学習する場所などが分かれている。特別支援学級や特別支援学校の学級で複数の児童生徒がいる場合，個別の対応が困難であるということで，物理的な構造化をためらう場合がある。どのような活動においても制約があるのは当然である。制約があるからこそ，工夫をすることが求められるのである。一歩進むことをためらう言い訳にはならない。

（2）スケジュールの構造化

　スケジュールを構造化して伝えることは非常に重要なことである。スケジュールを構造化して伝える理由は，見通しをもって学校生活を送るようにすることで，学校生活でのさまざまな不安材料を減らしていくことにある。

　そのために，提供する情報は次のようなものになる。それは，「今から何をするのか」「今していることが終わったら何があるのか」「次はどこに行けばよ

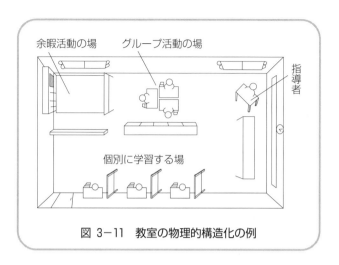

図 3−11　教室の物理的構造化の例

いのか」といった情報である。

　図3−12に示すのは，スケジュールの例である。クラスにいる児童生徒の実態に応じて，そのスタイルは変える必要がある。全体の時間割のようなもので理解できる児童生徒がいるのであれば，それを活用すればよいだろう。しかし，一般的には知的障害がある児童生徒の場合は，個の実態が大きく異なることが多い。特に，特別支援学校（知的障害）においては，それが顕著である。また，特別支援学級においても，複数の学年が学ぶこともある。生活年齢が異なるということである。以上のような場合は，個別に用意したスケジュールを使う必要があるだろう。

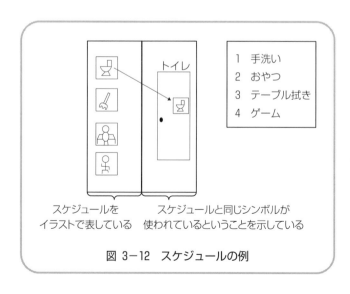

図 3−12　スケジュールの例

（3）ワークシステム

ワークシステムは，教科学習など個別指導をする場合には特に有効な方法である。知的障害がある児童生徒を指導するときには，学習内容を個別に設定しなければならない場合が多い。なぜならば，一人ひとりの発達段階が異なるからである。数字を使った簡単な計算をすることができる児童生徒もいれば，数の概念が十分に育っていない児童生徒もいる。これら実態の異なる児童生徒を同じ教科の内容で指導するのは無理であり，個別に

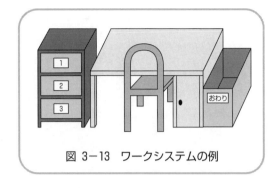

図 3−13　ワークシステムの例

指導内容を設定しなければならない。このようなときに活用できるのが，ワークシステムである。

ワークシステムを使って伝える内容は次のようになる。「どのような活動をするのか」「どのくらいの時間（量）活動をするのか」「一つひとつの活動はいつ終わるのか」「終わったら次の活動は何か」といった内容である。

ワークシステムを活用して見通しをもって学習することができるようになると，児童生徒の自尊心を育むことになる。それは，何をするのかが理解でき，自分一人でできていると感じることができるからである。

図3−13は，ワークシステムの例である。左側には，取り組む順番が数字で提示されたラックがあり，中には課題が入っている。そこに入っている課題が，授業でその子が取り組む内容である。左のラックから取り出して机で課題をする。終わった課題は，右側にある「おわり」と書かれた箱の中に入れるようにする。左側のラックの課題が上から順番になくなっていくことにより「あとどのくらい課題が残っているのか」「何をすればよいのか」がわかるので，見通しをもって授業に参加することができるようになるのである。

（4）視覚的構造化

わかりやすく伝えるために，視覚的に提示することは重要である。音声によって伝えられたことが理解できない場合，課題の内容を考えると，視覚的にわかりやすくして伝えることは重要である。つまり，視覚的に構造化するということは，見るだけで，何をどのように行えばよいのか理解できるようにする手がかりのことなのである。視覚的構造化とは，具体的には以下のような3点である。

① 課題の組織化：何を使って，何をするのか，どうすれば終わるのかを伝えるようにする方法である。

② 視覚的な指示：指示がなくてもワークシステムを見るだけで課題の内容を理解することができるようにする方法である。

③　視覚的な明瞭化：大切な情報を強調したり，不必要な情報を目立たなくすることで，何をするのかをわかりやすくしたりする方法である。

図3−14に，視覚的構造化の課題学習の例をあげる。色の異なるおもちゃのコインを仕分けケースに色分けして入れることで，色の弁別について，遊びながら理解することができる。視覚的な教材を工夫することで，子どもたちは何をするのかを理解して取り組むことができるようになる。

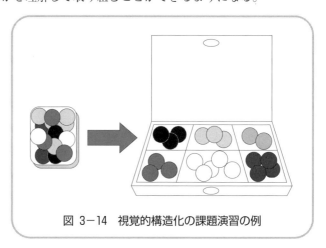

図 3−14　視覚的構造化の課題演習の例

（5）ルーティン

　ルーティンとは，いつも同じ手順で習慣化されたもののことである。誰にでもルーティンになっていることがある。仕事から家に帰ってきてからすることや，出かける前にすることなど，自分で決めている行動があるはずである。この決まっている行動がルーティンである。

　学校生活においても，活動の流れをルーティンにして構造化する。朝の会や帰りの会の流れを一定にする，登校後の流れをいつも同じようにする，給食の準備の流れをいつも同じようにする，食後の流れをいつも同じようにする，課題をするときの流れを左から右，上から下などに統一するなどがルーティンにできるものとして考えられる。

8　子どもが発信できる環境はあるか

　構造化は，児童生徒にわかるように伝えるための方法である。つまり，構造化は児童生徒にとっての受容性のコミュニケーション支援と考えることができる。しかし，ここで確認したいのは，コミュニケーションとは双方向であるということ，つまり，コミュニケーションという視点から考えると，構造化だけでは不十分だということである。なぜならば，構造化は受容性のコミュニケーションであるため，大人から児童生徒への一方通行となってしまうからである。

それゆえ，構造化だけで満足してはならない。

「障害者基本法の一部を改正する法律案に対する附帯決議（衆議院）」（2011年）には，コミュニケーションに関連して以下のような記述がある。

障害者基本法の一部を改正する法律案に対する附帯決議（衆議院）
　　国及び地方公共団体は，視覚障害者，聴覚障害者その他の意思疎通に困難がある障害者に対して，その者にとって最も適当な言語（手話を含む。）その他の意思疎通のための手段の習得を図るために必要な施策を講ずること。（以下略）

自己選択や自己決定することができるようにするために，表出性のコミュニケーションについても同時に考えていかなければならない。児童生徒から発信することができるような環境を教室の中につくっていかなければならない。

これは，前述した合理的配慮とも関連するものである。つまり，発信できる環境を整えることも，合理的配慮と考えることができる。

9　学級づくりをしていく上で

ここまで述べてきたように，学習環境を整えていく上で重要なことは，一人ひとりの実態に応じた合理的配慮が提供されることであり，これが生かされた学級づくりをすることができるかどうかである。

これらを実現していくためには，学校全体での共通理解が必要である。学級担任だけでできることではなく，一緒に学級をつくっていく教員同士，また，学年，学部，学校で共通理解をしていくことが重要である。加えて，児童生徒の保護者とも共通理解を図っていく必要もあるだろう。このとき，特に大切になるのが障害についての考え方である。合理的配慮の考え方の背景には，障害は個人因子と環境因子の相互作用の結果生じているという概念がある。つまり，参加できない状況や活動できない状況が存在すること自体が障害であるとする考え方である。

障害を社会モデルとして考える上で参考になるのが，ICFの考え方である。ICFでは障害を，参加・活動というレベルで考えている。すなわち，診断の有無にかかわらず，環境を整えることで，参加・活動ができることを大切にする考え方である。障害はその人の周囲にあるという考え方でもある。ICFの概念図（p.13，図1－1参照）においては，活動・参加環境因子などが双方向の矢印で結ばれており，お互いが影響し合っているということを示している。そして，この中でも重要なのが，個人因子の問題として考えるのではなく，環境因子の問題として考える発想である。

子どもが参加できないような学級環境では，障害は顕在化するばかりである。

　それは，必要な支援を行うことが重要であるということと，その支援の質によっては障害が顕在化されることがあるということでもある。図3－15は，新氷山モデルといわれているものである（門，2013）。これらの図は，支援の質と量がその子どもの苦手なことを顕在化させているということを理解しやすく説明している。支援の質と量が，児童生徒の学習環境を参加しやすいものにするか，参加しにくいものにするかを決めているということなのである。

　教育でできることは障害を克服することではない。障害による学習上の問題や生活上の問題を改善，克服していくことである。障害によらず，参加できる環境や活動できる環境を学級づくりに生かしていくことが重要である。

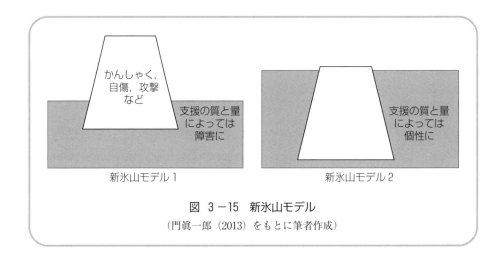

図　3－15　新氷山モデル

（門眞一郎（2013）をもとに筆者作成）

演習課題
1．具体的な構造化について考え，図にしてみよう。
2．学級づくりをしていく上で大切だと思われることを具体的に考えてみよう。

参考文献
・門眞一郎：第1分冊　真面目な私を知りたい方のために，http://www.eonet.ne.jp/~skado/book1/book1.htm（最終閲覧：2019年11月21日）.
・佐々木正美：自閉症児のための TEACCH ハンドブック，学研プラス，2008.
・中央教育審議会初等中等教育分科会：共生社会の形成に向けたインクルーシブ教育システム構築のための特別支援教育の推進（報告），2012.
・特別支援教育の推進に関する調査研究協力者会議：特別支援教育のさらなる充実に向けて（審議の中間まとめ），2009.
・特別支援教育総合研究所：すべての教員のためのインクルーシブ教育システム構築研修ガイド，ジアース教育新社，2014.
・国立特別支援教育総合研究所：特別支援教育の基礎・基本，ジアース教育新社，2010.

就学前の発達支援

1 乳幼児健診，早期発見・療育の重要性

（1）乳幼児健診

　受診者（児・家族）にとって健診は，① 発育発達の総合評価としての「ヘルスチェックアップ」，② 疾病や障害の早期発見としての「**スクリーニング**」，③ 養育状態・養育環境へのアプローチとしての「親子への総合的な支援」を受ける機会である。この三つが，**乳幼児健診の主な役割**である（図 4 − 1）。

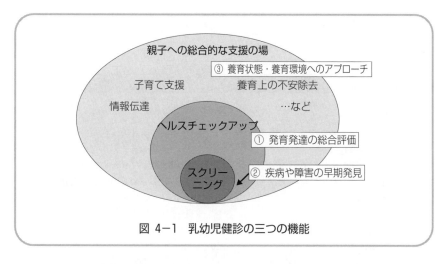

図 4−1　乳幼児健診の三つの機能

1）乳幼児健診の種類

「母子保健法」によって実施されているものについて述べる。

① 乳児健康診査：4 か月（3 〜 5 か月），10か月（9 〜11か月）の時期をめどに 2 回以上実施される。発育発達の確認，乳児期によくある病気（湿疹な

スクリーニング
スクリーニングとは，無症状の人を対象に，簡単に実施できる方法（検査）を用いて，疾病や障害をもつ疑い（可能性）がある人を選び出すこと。診断をつける行為ではない（診断はつかない）ことに注意。

乳幼児健診
「健診」は健康診断（例：労働安全衛生法の定期健康診断），または健康診査の略である。「母子保健法」では健康診査となっている。なお，「検診」は通常，スクリーニングのみを目的としている場合に用いる（例：がん検診）。

「母子保健法」によって実施されているもの
「母子保健法」第12条では，「満 1 歳 6 か月を超え満 2 歳に達しない幼児に行われる健康診査」（1 歳 6 か月児（p.152へ続く）

（p.151の続き）
健康診査）と，「満３歳を超え満４歳に達しない幼児に行われる健康診査」（３歳児健診査）が法定健診となっている。そのほかの健診の実施についても母子保健法上の配慮があり乳児健診などが行われる。これらの健診は，市町村が実施する。

２回以上実施
そのほか，７か月（６～９か月），１か月の健診など。

心身障害の早期発見
問題をもつ児の割合が高い疾病や状態への対応だけではなく，問題をもつ児の割合が低くても，大きな問題が起こる重要な疾病や障害には十分注意すべきである。

ど）の診察，育児上の指導などが行われる。一般に，個別健診か集団健診（会場に対象児と保護者を集める）のいずれか，あるいは両方が行われる。個別健診の場合は委託で行われ，小児科医療機関へ受診する。

②　１歳６か月児健康診査：乳児期の発育発達をみる健診として位置づけられている。心身障害の早期発見，むし歯（う歯）の予防，栄養状態などの点を中心に健診が行われる（表４−１）。栄養・心理・育児など，この時期に重要な項目について保護者への保健指導が行われる。法律上は満１歳６か月をこえ満２歳に達しない幼児が対象であり，発語の有無など発達の観察が行いやすくなる１歳９か月ころに行っている市町村もある。

③　３歳児健康診査：幼児期前期の発育・発達をみる健診として位置づけられている。満３歳を超え満４歳に達しない幼児が対象であり，身体の発育，精神発達面や視聴覚障害を中心に健診が行われる（表４−１）。３歳４～６か月ころに行っている場合が多い。３歳児健康診査後は，就学児健診（市町村教育委員会が実施）まで総合的な健診の機会がないので，疾病や障害の「スクリーニング」の機会としても非常に重要な位置を占める。

④　そのほかの乳幼児健康診査：市町村によっては，歯科健診，発達健診などが，２歳児健診として独自に行われていることもある。また，発達障害の発見とフォローを主な目的として５歳児健診が実施される場合がある。ただし，５歳児健診を行うからといって，１歳６か月児健診や３歳児健診での発達障害の検索を怠ってはならない。１歳６か月児や３歳児では，発達障害をみつけることは難しいという誤解が，一部の健診関係者にある。

表 ４−１　健康診査実施項目

１歳６か月児健診	３歳児健診
１．身体発育状況	１．身体発育状況
２．栄養状態	２．栄養状態
３．脊柱および胸郭の疾病，異常の有無	３．脊柱および胸郭の疾病，異常の有無
４．皮膚の疾病の有無	４．皮膚の疾病の有無
５．歯および口腔の疾病，異常の有無	５．眼の疾病および異常の有無
６．四肢運動障害の有無	６．耳・鼻および咽頭の疾病，異常の有無
７．精神発達の状況	７．歯および口腔の疾病，異常の有無
８．言語障害の有無	８．四肢運動障害の有無
９．予防接種の実施状況	９．精神発達の状況
10．育児上問題となる事項	10．言語障害の有無
11．その他の疾病および異常の有無	11．予防接種の実施状況
	12．育児上問題となる事項
	13．その他の疾病および異常の有無

出典）母子保健法施行規則をもとに筆者作成

２）乳幼児健診の実際[1]

乳幼児健診の企画と実際について，３歳児健診の例を図４-２に示す。この中で，発達障害のスクリーニングについては問診，**聴覚検査**，**視覚検査**や行動観察で情報を得て，診察を経て総合判定が行われる。

健診の結果を判定し，異常が認められ，精密な健診が必要と考えられる場合，身体面については各診療科目別の医師によって，精神発達面については専門医師や心理職などによって精密健診が実施される（二次健診を実施する場合もある）。そのほか治療が必要な疾病があれば医療機関紹介が行われる。また，精密健診を受診するほどではないが，身体面・精神発達面ならびに養育状況に問題がある場合は，保健師などにより継続的に観察を行う。

保健指導では個別に健診結果を伝え，さまざまな質問や相談に対応する。保健指導は希望者のみに行うのではなく，全員に行うことが必要である。

３）発達障害の早期発見

健診の場では，できる限り早期に発見し，速やかに療育につなぐ必要がある障害に留意する。例えば脳性まひ（乳児期には脳性まひと確定しないが）の徴候は乳児期に発見されるが，発見が遅れると予後は不良となる。中等度～重度の知的発達障害（intellectual developmental disorder：IDD）は，遅くとも４歳

聴覚検査，視覚検査

聴覚障害は，先天性の感音難聴では，両側高度難聴は遅くとも１歳６か月児健診までに，両側中等度難聴は３歳児健診までに，片側性の難聴は就学時健診までには発見されることが必要である。視覚障害は，遠視，乱視が多く，遠視により弱視を引き起こし（有病率約１％），両眼視機能が障害される。検査の適齢期は３歳児～４歳児であり，就学時では遅い。これまでのランドルト環単環指標による検査から，フォトビジョンスクリーナー（例：Spot™ Vision Screener）などの他覚的機器による検査導入が検討されている。

コラム　健診実施における留意点

１．受診者（児・家族）にとって「有意義な健診」となること

健診従事者や専門職は，ついつい疾病や障害の発見に目が行きがちであるが，受診者（児・家族）にとって健診は受けてよかったというものにしなければならない。有意義な健診として健診の場を充実させ，健診事後は，個別ニーズに対応できるアフターケアを含めたシステムを構築することが重要である。また，健診の精度を高め，受診者の満足を得るために，心理職，言語聴覚士，視能訓練士，保育士などの専門職の活用を視野に入れる。

健診の待ち時間に，子どもをほったらかしにして，親がスマートフォンなどをずっといじっているという光景をよくみかける。子どもと一緒に遊ぶ，遊び方（おもちゃの選び方などを含む）やしつけを教わる，健康や栄養，発達の知識を教わるなど，有意義な健診になるよう，会場運営には工夫が必要であろう。

２．健診未受診家庭への対応

ていねいな受診勧奨により，多くの家庭では受診に結びつく。何度も受診勧奨を行っても，受診しない場合，健康管理が十分ではない可能性が高く，生活困窮がある，養育上のリスクをかかえるなど，何らかの問題を有する家庭であることが多い。家庭訪問などによるていねいなフォローを必要とする。

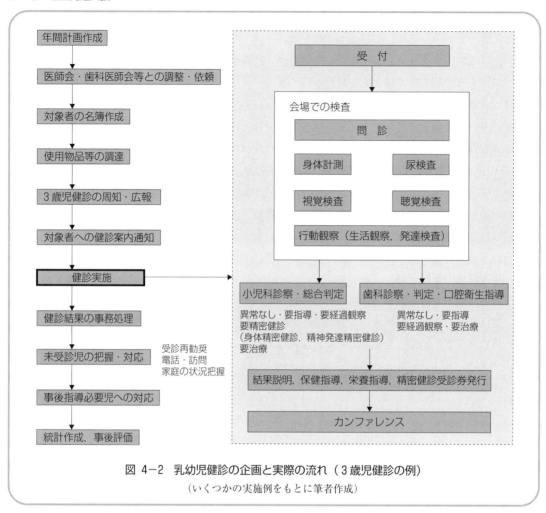

図 4-2　乳幼児健診の企画と実際の流れ（3 歳児健診の例）

（いくつかの実施例をもとに筆者作成）

なるまでには療育に結びつかなければならない。

　また，「発達障害者支援法」は，乳幼児健診において，発達障害の早期発見に留意することをうたっている。IDD を伴わない（あるいは軽度の IDD を伴う）多くの発達障害は，幼児期後期に保育所・幼稚園などの集団生活に入った時期から障害が顕在化してくる。しかし，顕在化する以前に徴候をとらえ，できるだけ早期かつ適切な対応を行うことが求められる。

　乳幼児健診で早期発見を求められている発達障害は，ASD，ADHD を中心としたさまざまな障害であるが，これらはしばしば重複し，臨床的な鑑別診断が難しい場合もある。また，診断名は年齢が長ずるにつれて変化する場合も少なくない。

　このため，乳児期早期には確定診断をつけることにこだわらず，発達障害の可能性を包括的にスクリーニングし，定期的にフォローアップしながら段階的に障害の有無・内容・程度を評価して対応することが好ましい。筆者がスタッ

フをしている高知県立療育福祉センターギルバーグ発達神経精神医学センターが提唱している概念「ESSENCE」(Christopher Gillberg, 2010)[2]と，その包括的スクリーニングのための問診票「ESSENCE-Q」(Christopher Gillberg, 2012, 日本語版 Yuhei Hatakenaka, 2016)[3]を表4－2に示す。ESSENCE は神経精神発達障害がある子どもたちの早期の状態を表す名称で，少なくとも5歳以前には観察（発見）可能なものであり，早期に問題を見つけ支援を開始することで，QOL の向上が期待できる。

表 4-2 発達障害の包括的なスクリーニング

発達障害の包括的なスクリーニング

　ESSENCE は Early Symptomatic Syndromes Eliciting Neuropsychiatric / Neurodevelopmental Clinical Examinations（神経精神医学的／神経発達的診察が必要になる早期徴候症候群）の略で，神経発達障害を有する子どもたちの早期の状態を表す包括的な名称である。自閉症スペクトラム障害，注意欠如多動性障害，学習障害も含む知的発達障害，発達性協調運動障害などの神経発達障害のある子どもたちの早期の状態を表しており，社会的に広く知られているいわゆる発達障害だけではなく，双極性障害や反応性愛着障害等，周辺にある様々な子どもの問題を含んでいる。18 歳未満の子どもの，少なくとも 10％が何らかの神経精神医学的／神経発達的障害の影響を受けており，後方視的に調べると，ほとんどの人が，5歳以前に何らかの症状が見られていたということが分かっている。早期に問題を見つけて介入や支援が開始されると，生活の質の向上が期待できる。ESSENCE は，発達の早い段階で問題を確認することができる，重要な前兆である。

　ESSENCE が強く疑われたら，気になる行動について，家庭や保育園・幼稚園での様子を詳しく調べ，その行動により，本人と家族がどのくらい困っているのか，適応状態はどうなのかを捉える。それから，今，子どもが置かれている環境で何ができるかを考える。まずは，子どもを取り巻く周囲の大人が，その子どもの特性をよく理解することが最も重要であり，適切な段階で専門的な相談の道筋をつけることも必要となる。

　以下の①〜③を満たす場合，発達障害を含む ESSENCE の状態であるとする。
① 5歳以下の子どもに
② 6か月以上にわたって続く
③ 以下の，1つまたは複数の領域で，なんらかの重篤な症状がある（全般的な発達，運動の協調／知覚－感覚，コミュニケーションと言語，活動性／衝動性，注意，社会的相互干渉／相互性，行動，気分，睡眠，食事の領域）

包括的スクリーニングのための問診票「ESSENCE-Q」

　ESSENCE の状態を評価するための，12 項目のスクリーニング質問紙。次の各項目について，「はい・たぶん／すこし・いいえ」の3段階でたずね評価する。
　1．発達全般　2．運動発達　3．感覚反応（例えば，触れられること，音，光，におい，味，熱い，冷たい，痛み）4．コミュニケーション，言葉，喃語　5．活動（活発すぎる／受け身的すぎる）や衝動性　6．注意，集中，「聞くこと」（聞いていないように見える）　7．社会的な交流，他の子どもへの興味　8．行動（反復的である，日課や決まった手順ややり方にこだわる，など）　9．気分（落ち込む，はしゃぎすぎる，ちょっとしたことでいらいらしやすい，急に泣き出す）　10．睡眠　11．食べ物の好き嫌いや食事の仕方　12．発作（奇妙な動きや姿勢，視線が固定して動かなくなる，突然数秒間意識がなくなる，など）
　問診票（日本語版）の様式は，以下を参照のこと（問診票を使用される場合は，高知県立療育福祉センターギルバーグ発達神経精神医学センターにご一報ください）。
　　http://gnc.gu.se/digitalAssets/1540/1540865_essence-q--rev-japanese-version.pdf　　　（2020 年 10 月閲覧）

出典）国立障害者リハビリテーションセンター発達障害情報・支援センター：医療・福祉従事者のための発達障害臨床に関する資料，【和版】ESSENCE の概念と発達障害児者支援（http://www.rehab.go.jp/ddis/?action=common_download_main&upload_id=2574）（2020年10月閲覧）

2　療育期の発達支援

　早期発見は単に診断につなげることが目的ではなく，発見後は早い段階から子どもと家族を支えていくことが大切である。

　成長が著しい乳幼児期は，障害の有無によらず，周囲との信頼関係が築かれた日常生活の中で，適切な環境と活動を通じて子どもの健全な心身の発達を図り，生涯にわたる人間形成の基礎を培う重要な時期であるとされる。この時期の過ごし方は，学童期以降，ひいては成人後に大きな影響を及ぼす。

　したがって，子どもの障害の状態や発達の過程・特性などを十分に理解した上で，適切な援助および環境形成を行うことが重要である。また，親子関係の形成期にあるため，保護者が子どもの障害特性を十分に理解できるように配慮しながら支援を行う。

　発達の問題に十分な理解のない環境の中で育つと，日常生活における基本的な動作の獲得や，集団生活への適応がなされないばかりか，その結果，幼い頃から失敗体験を積み重ねていくこととなり，自己肯定感が低下し，学童期以降の二次障害のリスクが大きくなる。一方，特性を理解した対応を周囲が行えば，自己肯定感が高くなり，すこやかに育っていくことができる。

　子どもに対しては，早期から障害の特性と発達を踏まえた育ちの支援が必要であり，併せて，同時に保護者を支援することにより，子育ての難しさからくる保護者のリスク（不全感，不安感，疲労感など）を軽減することが必要である（保護者支援）。

　発達支援は，障害の徴候が発見されたときから始まっている。必要な時期に専門医の診断を受け，療育方針が決定され，地域のさまざまな資源・サービスが関与しながら進めていくものである。図4－3に，乳幼児期の総合的な発達支援を例示した。

（1）早期から行う支援

　子どもに障害がある可能性が示唆されて，フォローが必要となるのは，多くの場合，以下の経路である。

・乳幼児健診で要精密検査（障害がある可能性），要経過観察（「気になる子ども」など）となった。
・教育・保育施設（保育所，幼稚園，認定こども園）などで障害がある可能性が指摘されて，あるいは「気になる子ども」として紹介されてきた。
・小児科など医療機関で障害がある可能性が指摘されて，あるいは「気になる子ども」として紹介されてきた。
・保護者が障害を心配して（あるいはきょうだい児や他の子どもとの違いや育てにくさを感じて）相談してきた。

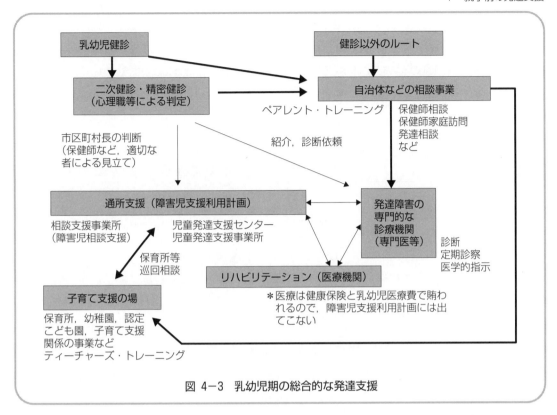

図 4-3　乳幼児期の総合的な発達支援

　療育方針が決定する前の支援は，特性と発達を踏まえた育ちの支援と，家族支援が中心である（もとより療育方針決定後も継続する）。

　そして，必要な時期にタイムリーに児童精神科などの専門医の診断につなぎ，療育方針を決定する。なお，多くの地域では，専門医の初診予約日まで数か月以上の待ちがあることが多く，そのタイムラグも見越して，診断につなぐタイミングを遅らせないことと，専門医に受診するまでの間にも，**早期から育ちの支援と，家族支援を行うことが重要**である。

1）自治体などの相談事業

① 保健師相談，保健師家庭訪問：市区町村などの自治体が実施している。子どもの育児上の困難の相談を受け，不安感の軽減，利用できる資源やサービスの情報提供，**育児の指導**などが行われる。

② 発達相談など：市区町村，都道府県保健所が実施している。保護者が保健師などの勧めにより相談を申し込む，教育・保育施設や医療機関から紹介されて来るほか，乳幼児健診の二次健診あるいは精密健診，健診のフォローアップの場として利用される。

　保健師，心理職，言語聴覚士，児童精神科医，小児神経科医，保育士などにより，相談，検査，指導が行われる。必要な子どもには，児童精神科などの専門医の診断につなぐなど，タイムリーな対応がとられる。筆者の機関（保健所）

早期から育ちの支援と，家族支援を行うことが重要

健診の結果説明の時，「発達に問題があるから専門医へ行くように」と指示し，何らのフォローアップをしないのが最もよくない対応である。多くの場合，保護者はパニックとなり，そんなことはないと逡巡して受診しないことも多い。また，周囲の家族が受診に反対することも少なくない。受診する決心がついて専門医の予約をとっても，予約日までずいぶん先であることが多く，長い期間，何もしないまま，不安と焦燥感にかられることとなる。

育児の指導

保護者の心配ごとや困りごとは，育児全般に普遍的なものと，障害特性によるものがミックスされている。

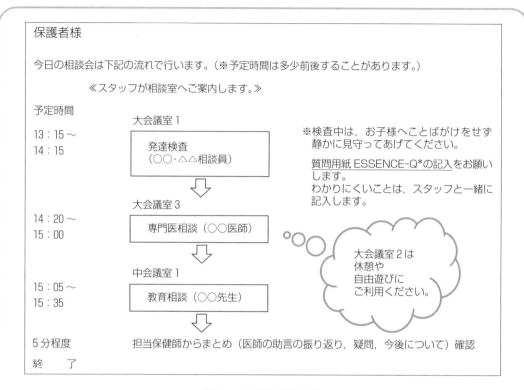

保護者様

今日の相談会は下記の流れで行います。（※予定時間は多少前後することがあります。）

≪スタッフが相談室へご案内します。≫

予定時間

13：15～
14：15

大会議室１

発達検査
（○○・△△相談員）

※検査中は，お子様へことばがけをせず
静かに見守ってあげてください。

質問用紙 ESSENCE-Q*の記入をお願い
します。
わかりにくいことは，スタッフと一緒に
記入します。

14：20～
15：00

大会議室３

専門医相談（○○医師）

大会議室２は
休憩や
自由遊びに
ご利用ください。

15：05～
15：35

中会議室１

教育相談（○○先生）

5分程度

担当保健師からまとめ（医師の助言の振り返り，疑問，今後について）確認

終　　了

図４-４　発達相談の例

＊：p. 155，表４-２参照
出典）高知県安芸福祉保健所：子ども発達相談（保護者へ配布している文書）

で行われている例を図４-４に示す。

　なお，相談の場を使って，地域でできる支援である**ペアレントトレーニング**が行われる場合もある。

（２）専門的な支援の場

１）専門診療機関，専門医等

　詳細な検査と診断が行われ，療育方針の決定がなされる。医師による診断と，療育方針の決定を経て，リハビリテーション機関（医療），通所支援（自立支援給付）などの専門サービスが開始される。

２）リハビリテーション機関（医療）

　療育方針の決定に沿って，理学療法士，作業療法士，言語聴覚士による専門リハビリテーションが行われる。

３）通　所　支　援

　日常生活における基本的な動作の指導，知識技能の付与，集団生活への適応訓練を行う。**通所支援**は，医師の診断を受けてから，市町村役場に利用を申請

ペアレントトレーニング
子どもの行動変容（適応行動を増やし，不適応行動を減らすため）の技術を保護者が獲得するための行動理論に基づくプログラムである。基本は，具体的な子どもの行動観察と，「ほめる」ことで，保護者（大人）のほうが少し対応を変えることにより，保護者（大人）を子どもの最大の理解者，応援者にする。性格ではなく行動に着目し，
　×　乱暴（性格）
　○　友だちを叩いた
　　　（行動）
（p.159へ続く）

し，相談支援事業所の障害児相談支援によって，障害児支援利用計画を作成して利用を開始する。利用状況は一定期間ごとに相談支援事業所が検証し，**計画の見直し**を行う。

① 児童発達支援：「児童発達支援とは，障害児につき，児童発達支援センターその他の厚生労働省令で定める施設に通わせ，日常生活における基本的な動作の指導，知識技能の付与，集団生活への適応訓練その他の厚生労働省令で定める便宜を供与することをいう。」（「児童福祉法」6条の2の2②）とされ，児童発達支援事業所が実施する。医療を提供しないので福祉型児童発達支援とも呼ばれる（医療を提供するものを**医療型児童発達支援**，居宅を訪問して行うものを**居宅訪問型児童発達支援**という）。

② 児童発達支援センター：児童発達支援センターは，地域における中核的な支援機関として設置される。児童発達支援事業所の業務に加え，保育所等訪問支援や障害児の相談支援，地域生活支援事業における巡回支援専門員整備や障害児等療育支援事業等を実施することにより，地域の保育所等に対し，専門的な知識・技術に基づく支援を行うよう努めるとされている（「児童福祉法」43条）。

児童発達支援センターなどにおいては，地域社会への参加・包容（インクルージョン）を推進する観点から，できる限り多くの子どもが，教育・保育施設の利用に移行し，障害の有無に関わらず成長できるように配慮する必要がある。このほか，障害児者の団体に所在する身体障害者相談員や知的障害者相談員がそれぞれの分野における相談事業などを行っている。

4）子育て支援の場における支援

① 教育・保育施設（保育所，幼稚園，認定こども園）における支援：障害を有する多くの子どもは，障害児通所支援施設のほか，日中を教育・保育施設で過ごしている。また，児童発達支援から移行してくる子どもも多い。保育所では，障害の特性に応じた細やかな対応を行うために，保育士を増員して配置すること（加配）が行われる。

② 保育所等訪問支援（児童発達支援センターの事業）：「保育所等訪問支援とは，保育所その他の児童が集団生活を営む施設として厚生労働省令で定めるものに通う障害児又は乳児院その他の児童が集団生活を営む施設として厚生労働省令で定めるものに入所する障害児につき，当該施設を訪問し，当該施設における障害児以外の児童との集団生活への適応のための専門的な支援その他の便宜を供与することをいう。」（「児童福祉法」6条の2の2⑥）とされ，児童発達支援センターが実施する。障害のある子どもを預かる保育所などへの援助・助言や**ティーチャーズトレーニング**を行う。

5）地域における関係者の協働

障害がある子どもが健やかな成長を遂げるには，子どもと家庭を取りまく関

（p. 158の続き）
子どもの好ましい行動を肯定的にことばにする（大人の「肯定的な注目」）。そして，ほめる，励ます，関心を示す，その行動に気づいていることを知らせる。
例：がんばったね，あと少し！，何をつくったのかな，○○しているんだね
なお，医療者・支援者は，保護者を受けとめ，ほめることが大切である。

通所支援
障害児通所支援は，旧「障害者自立支援法」による児童デイサービス，「児童福祉法」による知的障害児通園施設，難聴幼児通園施設，肢体不自由児通園施設（医療型），予算措置（補助事業）であった重症心身障害児（者）通園事業を，「児童福祉法」の事業に統合し，市町村の管轄のもと実施することとしたものである。
放課後等デイサービスも通所支援であるが，就学以降の児童を対象とするため割愛する。

計画の見直し
見立てによる通所支援の利用：市区町村長の判断（保健師など，適切な者による見立て）により，医師の診断を待たずに申請を行うことは可能である。状況によっては，早期からの児童発達支援の利用を視野に入れることができる（市区町村により考え方や扱いは異なる）。

医療型児童発達支援
肢体不自由児（上肢，下肢または体幹機能に障害がある未就学の児童）を対象に福祉型児童発達支援の業務に加え，治療（リハビリテーションなど）を提供する（「児童福祉法」6条の2の2③）。

居宅訪問型児童発達支援
障害がある子どもの居宅を訪問して行う児童発達支援。日常生活における基本的な動作，知識技能の付与を行う。

ティーチャーズトレーニング
教育・保育施設（保育所，幼稚園，認定こども園）の保育士や教諭などを対象に行われる。ペアレントトレーニングのティーチャー版である。

係者が，療育，教育，養育上の目標や課題を共有し，子どもの将来を見据えた支援を一緒に行うことが求められる。そのためには，各資源のコラボレーション（協働）が必要である。個々のケースでは，市町村の保健師など主に関わっている支援者や，相談支援事業所がその調整役を担うが，地域全体で支える仕組みをもっておかなければ，関係者の協働は十分に機能しない。個別のケースに対しては，市町村の保健師，相談支援事業所など，子どもと家庭に関わる誰かがキーパーソンとなり，きちんと全貌を把握しておくことが重要である。通常，それぞれの関係者は子どもと家庭を断片的にしか把握していない。そのため，主として公的機関（市町村役場の保健，福祉あるいは市町村教育委員会）により，ケース会議や自立支援協議会子ども部会など，関係者が集まる場を設ける必要がある。

　ことに，市町村自立支援協議会子ども部会と市町村就学指導委員会については，二つの会議を連携させ，就学前の保健福祉教育と就学後の学校教育に連続性をもたせるように工夫することが有効である。また，就学前と就学後をつなぐツールも有効である（図4－5）。

コラム　視聴覚障害の重複

　重複障害として，視覚障害，聴覚障害があると，療育の効果が著しく低下する。乱視や弱視，軽度〜中等度難聴はわかりにくく，知的障害・発達障害がある子どもでは検査方法にも工夫を要する。

演習課題

1．1歳6か月児健診や3歳児健診で，具体的にどのような問診や検査が行われているか調べてみよう（見学ができれば，見学してみよう）。
2．子どもの将来（生涯）を見すえた幼児期の支援について考えてみよう。
3．自分の住んでいるところで，どのような支援があるか調べてみよう。
4．知的障害・発達障害がある子どもや家庭にとって，関わる関係者がどのように連携する仕組みが求められるのか考えてみよう。

引用文献

1）福永一郎：健診の企画と精度管理，保健師ジャーナル，**60**，pp. 438-440，2004.
2）Gillberg C: The ESSENCE in child psychiatry: Early Symptomatic Syndromes Eliciting Neurodevelopmental Clinical Examinations, *Research in developmental disabilities*, **31**（6），pp. 1543-51.
3）Hatakenaka Y. *et. al*: ESSENCE-Q-a first clinical validation study of a new screening questionnaire for young children with suspected neurodevelopmental problems in south Japan, *Neuropsychiatric Disease and Treatment*, **12**, pp. 438-440, 2016.

つながるノートの構成

1 みんなでつくる　メインシート
本人・保護者、本人に関わる支援者や関係機関が、支援会議の中で本人の今の課題を整理して、具体的な手立てにつなげるためのシートです。
※ WHOが2001年に提起した国際生活機能分類（ICF）の枠組みを参考に作成したシートです。

2 基礎情報シート
基礎事項としての属性、家族構成、これまでの経歴、障害・状態等が書かれるシートです。

3 アセスメントシート
発達検査などの記録を集約するシートです。
※「発達検査など」とは
（各種知能発達検査、日常生活動作（ADL）、各種チェックリストなど）

4 情報の集積
1）時系列で分けられたシート（縦のつなぎ）に記入をします。
周産期シート、乳児期（保育所・幼稚園）シート、学童期（小学校）シート、青年期・成人期（中学校・高校・それ以降）シート
2）教育、保健・医療、福祉・労働の各領域で分けられたシート（横のつなぎ）に記入をします。
総括シート、福祉支援シート

それぞれのシート共通の留意事項

■ 誰がシートを書くのか

「つながるノート」には、いくつかのシートがあらかじめ用意されています。
シートの内容に応じて、関係する機関の支援者に記入していただく必要があります。
それぞれのシートの記入例には、次のように「誰が記入することを想定しているか？」の目安を示す欄を設けていますので、記入の際に、参考としてください。

なお、この欄に示されていない方が書いても構いません。
あくまで目安です。
誰が記入をすれば、本人にとって一番良いのかを相談して、記入する人を決めてください。
また、必ずしも用意されているシートに記入する必要はありません。
すでに、同じようなものを作成されている場合、同様の支援記録や個別支援計画が作成されている場合は、シートの代わりに、それをそのまま綴じていただいても構いません。

保育所・幼稚園の個別の指導計画の記入例

「保育所・幼稚園の個別の指導計画」は、指導目標や指導内容・方法などを記入するシートです。

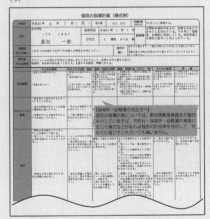

就学時引き継ぎシート（支援状況シート）の記入例

「就学時引き継ぎシート（支援状況シート）」は、保育所・幼稚園等の様子や支援の状況を記載するシートです。
特にこのシートは、保育所・幼稚園等での様子や支援内容を小学校へ引き継ぐために重要なものになります。
これらの引き継ぎシート（例）については高知県教育委員会特別支援教育課のホームページに掲載していますので、ご活用ください。

図 4-5　高知県の「つながるノート」

出典）高知県 HP（https://www.pref.kochi.lg.jp/soshiki/060301/tsunagaru.html）（2020年10月閲覧）

参考文献

・高知県健康対策課：1歳6か月児・3歳児健康診査手引書を作成しました，http：//www.pref.kochi.lg.jp/soshiki/130401/2015122800139.html（最終閲覧2020年2月26日）

・国立障害者リハビリテーションセンター発達障害情報・支援センター：医療・福祉従事者のための発達障害臨床に関する資料，【和版】ESSENCE の概念と発達障害児者支援，http://www.rehab.go.jp/ddis/?action=common_download_main&upload_id=2574（最終閲覧2020年2月26日）

・上林靖子監修，河内美恵・楠田絵美・福田英子著：保育士・教師のためのティーチャーズ・トレーニング　発達障害のある子への効果的な対応を学ぶ，中央法規出版，2016.

 2　卒業後の発達・社会生活支援

1　キャリア教育

　中央教育審議会の答申「今後の学校におけるキャリア教育・職業教育の在り方について」[1]によると，キャリア教育とは「一人一人の社会的・職業的自立に向け，必要な基盤となる能力や態度を育てることを通して，キャリア発達を促す教育」と定義されている。

　これに対して職業教育とは「一定また特定の職業に従事するために必要な知識，技能，能力や態度を育てる教育」となっている。

　また，この答申には「専門的な知識・技能の育成は学校教育のみでは完成するものではなく，生涯学習の観点を踏まえた教育の在り方を示すものである。」とされている。つまり，職業教育はキャリア教育に含まれるが，キャリア教育には，職業だけではなく，職業教育を包含するより大きな意味での大人として社会で自立できる能力全般を指すものと考える。

（1）キャリア教育の視点

　文部科学省キャリア教育・職業教育の充実における令和3年度概算要求主要事項によると，「小学校からの起業体験や中学校の職場体験活動，高校におけるインターンシップ等のキャリア教育を推進するととともに，専門高校においては，先進的な卓越した取組の実践研究や地域課題の解決等の探究的な学びを実現する取組を推進する」ことになっている。

　具体的な項目を表4-3に示す。

　表4-3から，小学校の段階から職場体験活動が推進されていることがわか

表 4-3　文部科学省キャリア教育・職業教育の令和 3 年度概算要求主要事項

◆将来の在り方・生き方を主体的に考えられる若者を育むキャリア教育推進事業
・キャリア教育の普及・啓発等
　キャリア教育推進連携シンポジウムの開催等
・小・中学校等における起業体験推進事業
　児童生徒がチャレンジ精神や，他者と協働しながら新しい価値を創造する力など，これからの時代に求められる資質・能力の育成を目指した起業体験活動の先進事例を収集し，全国への普及を図る。
・地域を担う人材育成のためのキャリアプランニング推進事業（学校を核とした地域力強化プランの一部）
　「キャリアプランニングスーパーバイザー」を都道府県に配置し，地元企業等と連携した職場体験やインターンシップ及び地元への愛着を深めるキャリア教育の推進等を通じ，地元に就職し地域を担う人材を育成する。

出典）文部科学省：令和 3 年度概算要求主要事項，2020

る。対象の児童に知的障害がある場合，キャリア教育の中心となるのは特別支援学校（知的障害）小学部からとなる。

（2）知的障害がある生徒のキャリア教育の課題

　表 4-4 は定型発達がある生徒と知的障害がある生徒の就労意識の相違を示したものである。表 4-4 によると，知的障害がある生徒は仕事に対する情報を自分で収集することができず，その結果仕事に対するモチベーションも低い。

　このような状態を改善するには，早期からインターンシップなどをとおして実際の企業でのさまざまな職業体験を実施することが望まれる。実際に仕事を体験することによって，その仕事が好きか，その仕事に就きたいかといったニーズを把握することができ（ニーズアセスメント），そのために職業的自立に必要なスキルを指導することができる。

　仕事に必要なスキルとして，職業リハビリテーションの専門用語に「ハードスキル」「ソフトスキル」という用語がある。ハードスキルとは，仕事そのものの能力のことをいう。具体的には，知的障害がある生徒の場合は，「簡単な分解・組立・封入・梱包などの作業」「清掃」「食器洗い」など「職務遂行能力」と呼ばれるものである。これに対し，ソフトスキルとは，「遅刻せずに職場に行く」「職場にマッチした服装をする」「同僚や上司にあいさつをする」など，仕事そのものではないものの職業生活に間接的に影響を与える能力，すなわち「職業生活遂行能力」である。知的障害がある生徒の場合，ハードスキルよりもソフトスキルに問題を抱えている場合も多い。

　ハードスキルとソフトスキルの関係を図 4-6 に示す。図 4-6 では，仕事そのものの遂行能力であるハードスキルはソフトスキルの上に位置している。そして，ハードスキルとソフトスキルを支える土台として，ライフスキルというものが位置する。ハードスキルもソフトスキルも職業リハビリテーションの

表4-4　定型発達の生徒と知的障害がある生徒の就労に対する意識の相違

	定型発達の生徒	知的障害がある生徒
仕事に対する情報	進路指導等の教師から情報を収集し，また自ら職種を調べたりするなど多くの仕事や企業に関する知識がある。	進路指導等の教師からの口頭での説明だけでは理解できない。企業実習等の体験がなければ，ほとんど仕事に関する情報は理解できない。
職種の選定	学年が進むとともに抽象的な職種から具体的な職種へ絞り込み，自分の能力で就職可能な企業等を検討する。	職種を具体的に理解できないので，選定できない。職場実習先の企業しか判断できない。
就労までの過程	自分の就きたい職種（仕事）に対して情報を集め，保護者や進路担当等と相談し，面接の練習を行う。必要に応じて研修等を受けることもある。	自分の就きたい職種（仕事）がわからない。よって，自分からは何もせず，進路指導教師および保護者等の指示に従う。

出典）梅永雄二：TEACCH プログラムに学ぶ自閉症の人の支援―ノースカロライナでの取り組み，梅永雄二編著：TEACCH プログラムに学ぶ自閉症の人の社会参加，pp. 10-52．学研，2010

専門用語であるが，その土台となるライフスキルとは，小さいころから身につけておくべき日常生活のスキルである。具体的には，移動スキル，買い物スキル，健康管理スキル，居住スキル，対人関係スキル，時間管理スキルなどである。このライフスキルは，その多くがソフトスキルとつながってくる。

　知的障害がある児童生徒は，大人になって就職したとしても，保護者と一緒に生活している人が多い。しかしながら，保護者亡き後，ライフスキルが確立されていないために日常生活がうまくできず，離職につながってしまう可能性も考えられる。以上のような課題を解決していく上で，知的障害がある児童生徒のキャリア教育では，より具体的で実践的な方略を検討していく必要がある。

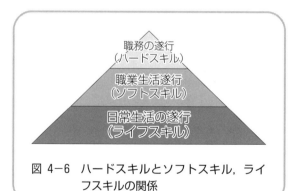

図 4-6　ハードスキルとソフトスキル，ライフスキルの関係

2 社会的自立・就労

（1）ITP

　アメリカでは，知的障害がある子どもの個別教育計画（individualized educa-tion plan：IEP）の中である一定の年齢に達するとITPを作成することになっている。

　このITPで指導される項目には国語や算数，理科，社会などのアカデミックスキルのみではなく，表4−5のようなライフスキルが含まれている。

ITP
individualized transi-tion plan
学校卒業後の社会参加・就労のための移行を検討する個別移行計画のこと。

表 4−5　アメリカ・ノースカロライナ州のITPに含まれる11項目

① 移動能力	② 身辺自立	③ 医療・保健	④ 居住	⑤ 余暇	⑥ 対人関係
⑦ 地域参加	⑧ 教育・就労	⑨ 金銭管理	⑩ 法的な問題	⑪ 毎日の生活	

　表4−5における，①の「移動能力」は，成人期に何らかの職に就く際に自宅（あるいはグループホームなど）から職場へ行くためには獲得しておかなければならないスキルである。都会では地下鉄や私鉄などの公共交通機関が発達しているため，それらの交通機関での移動スキルを獲得することが望まれるが，地方においては自転車やバスなどでの移動もある。また，軽度知的障害がある人であれば，原動機付自転車や自家用車の免許取得も考えられる。実際，知的障害がある人の中には，IQ値が50以上であれば，自動車の運転免許を取得している人もいる[2]。

　②の「身辺自立」では，まず身だしなみとして入浴や歯磨きのスキル，そして適切な衣服の選択が必要となる。また，男子の場合はひげ剃り，女子の場合は化粧をすることも必要と考える。

　③の「医療・保健」では，健康管理がうまくできない知的障害がある人もいるため，自分の体調や病気をしたときの症状をうまく説明できるようなスキルを身につけておくべきである。

　④の「居住」に関しては，基本的な家事スキルである炊事，洗濯，掃除，ごみ出しなども成人期には必要なスキルだろう。成人した知的障害がある人の中には一人暮らしをしている人もいるが，多くは保護者などの家族と生活するか施設に入所している。また，世話人による食生活などの支援があり，知的障害がある人が共同で生活するグループホームで生活している人もいる。いずれにせよ成人期に社会的自立，就労を考える場合，生活の拠点をどこにするかを検討する必要がある。

　⑤の「余暇」では，人と一緒に行動できない，昼休みに走りまわったりなど他者からみると奇異にみえる行動をするといったことがあり，それが職場において昼休みの過ごし方でトラブルに発展してしまうことが報告されているた

め，学校在学中に適切な余暇の過ごし方を学習しておくべきである。

⑥の「対人関係」については，ASDの人の中には人との関わり方に困難性のある人もいる。そのような場合は，行う活動を具体的（視覚的）に指導することによって身につけることができる対人マナーに絞って学習させる。また，⑧の「教育・就労」とも関連するが，職場で必要な最少限のルールやマナーを指導するといった，職場における同僚・上司との関わり方について指導すべきである。

⑦の「地域参加」では，いじめなどにより不登校や引きこもり状態となった生徒への支援，⑧の「教育・就労」では学校の勉強についていけない，集団行動をとることができないなどの課題を整理しておくとよい。

⑨の「金銭管理」については，学校時代と異なり毎月定まった給与が支給されるため，むだ遣いをしてしまうことが考えられる。貯蓄をすることや高額な物品を購入する場合には，保護者などと相談して計画的に購入するスキルが必要となる。

社会に参加すると，さまざまな人と接触することになるため，⑩の「法的な問題」への対処の仕方はきわめて重要である。犯罪に巻き込まれたり，犯罪に手を染めてしまうことがないように，何かあったら保護者や支援者に相談するスキルも重要である。

⑪の「毎日の生活」では，もし一人暮らしをするようになった場合，偏った食生活において肥満になったり，新聞や宗教団体，訪問販売に容易に勧誘されたりする可能性も出てくる。法的な問題同様，自ら解決できないことは他者に頼るスキルを身につけておくことが必要である[3]。

（2）就労支援制度と支援機関

障害がある人の就労においては，すべての事業主は法定雇用率以上の割合で障害者を雇用する義務があり，2018年4月から民間企業は2.2％（国・地方公共団体等は2.5％）の雇用率が設定されている。知的障害がある人も療育手帳を取得していれば法定雇用率の対象となる。とりわけ，大企業の場合は雇用率達成のために，特例子会社を設立しているところが多く，2020年6月1日現在で，全国に542社が存在する。

知的障害がある人の場合，特別支援学校（知的障害）を卒業した段階で就職する割合は約3割であるが，離職する人も多く就職後の定着が難しい。その理由としては，特別支援学校（知的障害）の担任や進路指導教師も就職先を探したり，就職後の定着支援を行う異動があるため，卒業後の継続的定着支援に限界があることも考えられる。それらの課題を解決すべく近年，特別支援学校（知的障害）卒業後，**就労移行支援事業所**を利用する卒業生も増加している。ある意味，18歳で特別支援学校高等部を卒業し，就職までの2年間を就労のための

就労移行支援事業所
障害がある人の一般企業への就職を支援する通所型福祉サービス。就労移行支援事業所では，24か月内という期間において，一般就労などへの移行に向けて，事業所内や企業における作業や実習，適性に合った職場探し，就労後の職場定着のための支援が実施されている。

準備期間ととらえることもできる。

　就労移行支援事業所は，2021年現在で全国に3,000か所以上設置されている。就労移行支援事業所は期間が24か月以内と定められているが，期間に制限のない就労継続支援事業がある。就労継続支援事業所A型は，雇用契約に基づく就労の機会を提供するとともに，一般就労に必要な知識，能力が高まった人について，一般就労への移行に向けて支援が行われるが，B型は就労移行支援事業所を利用しても企業就労に結びつかなかった人が対象であり，雇用契約はない。よって，A型の平均月収が約8万円弱に対し，B型の平均月収は約1万6千円程度とB型の工賃のみでは成人期に自立した生活を営むことは厳しい状況となっている。

　これらの支援機関以外に，地域障害者職業センターが各都道府県に1か所(東京都，大阪府，愛知県，北海道，福岡県は支所を含めて2か所)，障害者就業・生活支援センターが336か所設置されている（2021年現在）。

（3）知的障害がある人の新しい就労形態

　アメリカ・ノースカロライナ州のTEACCH Autism Programでは，知的障害を伴うASDの人の能力や特性に応じてジョブコーチのついた援助つき就労がなされている。TEACCHの援助つき就労モデルは以下の四つに分かれている。

- ① 標準モデル（individual placement：個別就労支援モデル）：標準モデルは比較的軽度の知的障害がある人，あるいは問題行動の少ないASDの人が対象である。よって，ジョブコーチによる支援がなされた後に徐々に援助は減少し，援助終了後は一人で働けることを目的としている。賃金は一般就労における最低賃金以上であり，働いている場所は，図書館，倉庫管理，事務所，スーパーマーケット，工場，フードサービス，小売業，パン屋，保守・管理，クリーニングなど多岐にわたっている。
- ② 分散モデル（enclave model：エンクレイブモデル）：標準モデルでは，一定期間ジョブコーチの支援がなされた後，一人で仕事を行えるようになることを目的としているが，知的に重い障害があるASDの人の中には継続的援助がないと仕事を持続することが困難な人も多い。そのような知的障害がある人を対象としたモデルとして分散モデルがある。このモデルはジョブコーチ一人が数名の知的障害がある人を支援しながら常に職場に在中するモデルであるため，何か問題を生じても，ジョブコーチはすぐに対処できる。つまり，ジョブコーチの支援は減少せず必要な時に行うことになる。働いている場所は，スーパーマーケット，工場，フードサービス，パン屋など複数の配置が可能な職場であり，賃金は最低賃金以上となっている。

TEACCH Autism Program
第2章第3節6参照。

ジョブコーチ
主に知的障害がある人を対象に就職する企業において仕事を指導する専門家。日本では，地域障害者職業センターに職場適応援助者（ジョブコーチ）という名称で配置されている。

③　モービルクルー（mobile crew：作業移動グループ）：分散モデルと同じグループで働くモデルだが，人と接触するのが苦手な知的障害がある人に適したモデルにモービルクルーモデルがある。モービルとは車のことで，クルーとは船の乗組員などに使われることばであることからもわかるように，ジョブコーチが運転手を兼ねて移動しながら協会や公園，公民館などの清掃を行うモデルである。近年はその成果が認められて個人の家の清掃も増加している。このモービルクルーでは個人の家においても，所有者が留守の間に清掃を行うので，対人関係はジョブコーチや一緒に働く仲間のみである。

④　1対1モデル：知的障害を伴う ASD の人の中には強度行動障害があるため，支援者がつきっきりでいないと自傷や他害などの問題行動を生じる人がいる。このように行動障害が強い場合，日本では就労は難しいと考えられるが，倉庫内作業など職種を選定し，ジョブコーチと1対1であれば仕事ができるのではないかと考え，支援されている。つまり，どんなに重度であっても何らかの生産的活動はできると考えられている。

以上，4種類の援助付き就労モデルがノースカロライナの TEACCH Autism Program で実施されているが，それぞれ特徴がある。

①の標準モデルでは，知的障害がある人が自分の能力や興味を最大限に伸ばし働くことができるという利点がある。②の分散モデルと③のモービルクルーでは，ジョブコーチは，必要に応じて知的障害がある人の課題を援助することができるため，ジョブコーチは，事業主のニーズに合った知的障害がある人の作業遂行能力（正確さや品質）を保障することができる。

そして，ジョブコーチは，知的障害がある人の仕事のやり方に応じて適応させることができる。さらにモービルクルーでは，ジョブコーチは，知的障害がある人のニーズに応じて仕事のスケジュールや休み時間の長さなどを調節することができるため，能力や興味に応じて課題を割り当てることができ，一般就労へのステップアップのために必要とされるスキルを発展させるトレーニングの場所ともなりうる。

④の1対1モデルでは ASD の人のニーズに応じて継続的に構造化を適応させたり変更したりすることができ，午前中だけ，あるいは午後だけという勤務形態も可能である。また，企業や職種によっては週2日あるいは3日だけの勤務という形態もとることができる。

日本では，学校教育終了後の福祉施設などであれば，このようなグループモデルなどを実施することが可能であるため，早くから特別支援学校と福祉機関との連携を行うことにより，重度の知的障害がある人も就労，社会参加への道が開けていくものと考える。

3　思春期・青年期のこころ

（1）知的障害を伴う ASD の児童生徒

　近年特別支援学校（知的障害）では，ASD を重複する児童生徒が多くを占めるようになってきている[4]。

　知的障害を伴う ASD の子どもの学習スタイルとして，全体を把握することができない，時間的流れが把握できない，そして他者の立場に立って考えることができないなどからコミュニケーションや対人関係に問題が生じ，ストレスが溜まりやすい。

　また近年，ASD の子どもがかかえる「不安」についての研究が進んでおり，定型発達の子どもが抱える不安とは原因が異なるのではないかといわれている。一般的に不安は，将来のことに関する「予期不安」，外出した際の環境に対応できない「広場恐怖」，人との接触がうまくできない「社交不安」などが考えられるが，ASD の子どもの不安の原因は，「他者の視点を理解することが困難なこと」「先の見通しをもつことが困難なため，変化に弱いこと」「非言語的指示や合図の理解の困難であること」などから生じていると考えられる。ASD の子どもや大人の支援で世界最先端といわれているアメリカ・ノースカロライナ大学の TEACCH Autism Program では，知的障害を伴わない ASD の子どもには認知行動療法（CBT）を修正した自己認識，コーピング，段階的曝露など「修正 CBT」などの方略を用いて不安解消を行っているが，すべての ASD の子どもに有効とはいえず，また知的障害を伴う ASD の子どもには難しい場合も多い。

　そのため，「時間の構造化」といった先の見通しをもたせることによって不安の予防が行われている。具体的には，先の見通しをもつという実行機能に困難性がある場合には，見通しがもちやすいように視覚的スケジュールを使用すること，また，ルーティンな活動で安心させることなども不安を軽減することができる。

　また，ASD の子どもの学習スタイルに応じた支援を行うことで，不安やストレスを解消することができる。しかしながら，知的障害を伴う ASD の子どもといっても，一人ひとり特性や学習スタイルが異なるため，個別のアセスメントにより特性を把握するべきである。

　そのような知的障害を伴う ASD の子どもの学校教育段階から成人期への移行アセスメントに TTAP というものがある。TTAP とは，"TEACCH Transition Assessment Profile"のことで，日本では「自閉症スペクトラムの移行アセスメントプロフィール」と訳されている[5]。

（2）TTAP の概要

　TTAP は，思春期・青年期から成人期への移行の段階で個別の移行支援計画を立て，教育を行うために作成されており，その目的は，「地域社会の中でよりよく適応するために，必要なスキルをどの程度獲得しているかを知る」「自立して生活するための準備性を確認する」「すでに獲得しているスキルは何かを明確にする」「スキルの獲得に有効な構造化を検討する」「新たなスキルを獲得するために活用できる現在のスキルを確認する」「能力を最大限に引き出せる環境をどのように変えるかを検討する」となっている。

　アセスメントを実施する上で，検査道具を用いて行う「直接観察尺度」以外に家庭での状況を把握するための「家庭尺度」，学校や事業所での状況を把握する「学校／事業所尺度」の3尺度で実施され，作業的な「職業スキル」以外にソフトスキルと呼ばれる「職業行動」「自立機能」「余暇活動」「機能的コミュニケーション」「対人行動」の6領域でアセスメントが行われる。

　6領域の中で，「職業スキル」はボルトとナット，ワッシャーの分類作業やフィルムケースのチップ詰め作業など，知的障害がある児童生徒が特別支援学校卒業後に就けそうな作業課題が中心となっており，これらは「ハードスキル」と呼ばれる。一方で，「職業行動」「自立機能」「余暇活動」「機能的コミュニケーション」「対人行動」は「ソフトスキル」と呼ばれており，将来職業的自立を果たすために大きな影響を与える「職業生活遂行能力」に該当する。これらの能力が十分に獲得できていないために，職業生活に支障をきたし，不安状態を引き起こすことが考えられる。

　TTAP では，フォーマルアセスメントとインフォーマルアセスメントに分かれており，いずれもソフトスキルのアセスメントが含まれている。それぞれのアセスメントは「合格」「不合格」の間に「芽生え」という項目を設けており，「芽生え」は完全には獲得されていないものの，指導により合格へもっていけるスキルである。具体的には，ことばによるコミュニケーションがとれない場合は，文字や文章などの視覚的なコミュニケーションであれば可能か，絵や写真であれば可能かなどの下位項目が設定されており，言語コミュニケーションが困難な知的障害を伴う ASD の児童生徒にあえてことばを使用せず，本人が理解できるような視覚的コミュニケーションを使用することがわかれば，ストレスや不安が軽減され問題行動の軽減にもつながる。

　ASD の児童生徒の特徴のひとつとして，「興味・関心の限局性」といった一種の強迫性障害のような特性を所持している子どもも多い。このようなこだわり行動は修正しようとせず，日々の生活にそのような行動を取り入れ，ルーティン化することによって精神的に安定することも多い。

　思春期・青年期は，学校教育から成人社会への移行期のため，大きな変化が生じる時期でもある。よって，できるだけ早期から成人期の生活の見通しをも

たせることによって不安を軽減させる支援を行うことが必要である。

（3）早期からの移行支援教育

　一般に，学校教育の段階から成人社会への移行は急激な変化を生じるため，定型発達している人でも緊張し，不安が高まる時期である。とりわけ，就労となると，新しい仕事を覚えなければならないことや対人関係など，目まぐるしい変化についていくのはかなりの精神的負担となる。

　よって，学校在学中から卒業後の社会に徐々に慣れさせていく移行支援を行うことが有効となる。なぜなら，学校内で紙漉きや手織り，木工，農園芸などの作業的なトレーニングを行ったとしても，実際の企業における作業種目とは異なる場合が多く，より複雑な職務や作業スピードを要求される。また，作業種だけはなく，学校内と企業とでは，目に入ってくるもの，聞こえる音，におい，室温など環境がかなり異なるため，**感覚過敏**な ASD の人などは混乱してしまう。さらに，企業で働いている人たちには，知的障害についての対応の仕方などを勉強した社員はきわめて少ないものと考える。そして何より学校内で学習したさまざまなスキルを実際の職場で般化できない。

　一方で，学校在学中早期からインターンシップや現場実習などを行うことにより，さまざまな職種の体験が可能であり，そこで生じた課題が具体的に示されるため，構造化などの支援方略を検討できる。そして，対人関係やコミュニケーションなどのソフトスキルの課題から生じる不安やストレスといった心の問題を早期に把握することができる。実習先の職場でパニックなどの問題行動が生じた場合に，なぜそのような行動をとったのかという原因を早期に見いだすことにより，思春期・青年期に精神的なプレッシャーを感じさせないスムーズな移行が可能となる。

感覚過敏
音，におい，視覚的刺激などに過剰に反応してしまう状況。小さい音でも過剰に反応してしまい，パニック状態になることもある。

　演習課題
1. キャリア教育にはどのようなアセスメントが必要だろうか。
2. 特別支援学校在学中に必要なキャリア教育の具体的内容について考えてみよう。
3. キャリア教育になぜソフトスキルが必要なのだろうか。

引用文献
1）中央教育審議会：今後の学校におけるキャリア教育・職業教育の在り方について（答申），pp. 17-19，2011.
2）梅永雄二・栗村健一・森下高博：発達障害者と自動車運転—免許の取得と教習のための Q&A，エンパワメント研究所，pp. 24-26，2016.
3）梅永雄二：15歳までに始めたい—発達障害の子のライフスキル・トレーニング，講談社，pp. 32-33，2015.
4）西村崇宏・柳澤亜希子・村井敬太郎・李　煕馥：特別支援学校（知的障害）における自閉症のある幼児児童生徒の在籍状況と自閉症教育の取組—8校の特別支援学校（知的障害）への聞き取り調査の結果から—，国立特別支援教

育総合研究所ジャーナル, 第6号, pp. 24-32, 2017.

5）梅永雄二監修, 今本　繁・服巻智子監訳：自閉症スペクトラムの移行アセスメントプロフィール TTAP の実際. 川島書店, 2010 (Mesibov, G., Thomas, J. B., Chapman, S. M. and Schopler, E.: TEACCH Transition Assessment Profile Second Edition. pro-ed, 2007).

 3 家族・家庭支援

1 乳幼児期の支援

（1）早 期 発 見

　日本の乳幼児健診事業は,「母子保健法」に基づいて実施されている。第12条には「市町村は, 次に掲げる者に対し, 厚生労働省令の定めるところにより, 健康診査を行わなければならない。」と定められ,「満1歳6か月を超え満2歳に達しない幼児」（1歳6か月児健診）および「満3歳を超え満4歳に達しない幼児」（3歳児健診）を対象とする健診は, 法定健診ともいわれる。乳幼児健診に従事する職種も, 医師・歯科医師, 保健師, 看護師, 助産師, 歯科衛生士, 管理栄養士・栄養士, 心理職, 保育士などの多くの職種が関わりをもつようになった。

　健診では, 疾病の早期発見と治療のほか, 社会性の発達, 親子の関係性や親のメンタルヘルス, 子ども虐待の未然防止など（一次予防）, 時代とともに大きく変遷してきた。現在では健康課題のスクリーニングの視点だけでなく, 支援（サポート）の視点が必要となっている。

　日本では, 2005年4月1日に「**発達障害者支援法**」（2016年8月改正）が施行され, 発達障害の発見は市区町村の役割であると示されている。そのため, 現在では各市区町村の乳幼児健診（1歳6か月, 3歳）で発達障害に関する問診などが行われているが, 1歳6か月の子どもの発達が気になっても, それを知的障害・発達障害の可能性がある子どもの保護者に伝えることは難しい。一般的に保護者は, 1歳6か月だとしゃべらなくて当たり前, 泣いて当たり前, かんしゃくを起こすのは幼いからと思っているので, それがほかの子どもとの違いだとは気がつかない。しかし, 1歳6か月ころになると, 自分の興味の対象を身近な大人と共有したり, 人から名前を呼ばれたらタイミングよく振り返って大人に微笑みかけたり, 適切に相手に求められることに反応したり, 抱っこされるとしがみついたりするので, それがみられない子どもは, 発達に注意していく必要がある。

発達障害者支援法
ASD, アスペルガー症候群そのほかの広汎性発達障害, LD, ADHD などの発達障害がある人や子どもに対する援助などについて定めた法律。

　保育所では2歳児クラスの子どもでも，先生の指示に従って行動することや，座って絵本の読み聞かせを聴くことができている。前述したように注意が必要な子どもの保護者は，個人差について気にしたり，ほかの子どもと比べてはいけないなどと思いながらも，自分の子どもの発達が気になってくる。3歳になって幼稚園に入園して間もないときには，慣れていないからできないことがあっても仕方ないと思っていても，時間が経つと周りの子どもは環境に慣れて落ち着いてくるので，自分の子どもとの違いが明らかになってくる。

　最近では，「小学校で落ち着きがない子どもがいる」「発達障害」などといった情報がインターネット上にあるため，子育てに不安がある保護者たちは子どもの発達が気になってしまい，パソコンやスマートフォンで検索していることがある。核家族化が進んでいる現代では，子育てに関する情報を求めている保護者が多いが，インターネット（FacebookやTwitter，InstagramなどのSNSやブログ（Web log）など）には情報がありすぎて混乱もしている。また，自分の親・義理の親・親戚の話や，子育て支援関係者の話，友人の話や子育ての本など，それぞれが自分の経験で助言するので，子どもの発達が気になる保護者はさらに不安になることがある。

（2）障害受容

　子どもの発達が気になる保護者は，自分の子どもがほかの子どもに比べて「ことばが遅い」「かんしゃくがひどい」「ほかの子どもとは違いがある」ことに不安を感じているが，健診の際にそれを指摘されても，受け入れることができないことがある。また，情報に振り回され，子どもの発達に不安を感じ，すぐにでも専門機関に相談したいと考える場合もある。

　子どもの発達が気になる保護者はほとんどの場合，子どもの発達の違いに気がついているが，気になっていても，指摘されることへの不安や，それを受け入れられない自分自身との葛藤で悩んでいる。

　障害があるといわれてしまったら，子どもと家族にとってどのような将来が待っているかわからないため受け入れることができづらく，また，障害がある子どもの家族になるという覚悟を決めることは非常に難しい。家族である自分が認めてしまうと，自分の子どもが「障害がある子ども」であるというレッテルを貼られてしまい，世間の偏見にさらされるのではないかと不安になり，現実に向き合うことができない。

　保護者が子どもの発達の違いを認め，医療機関・専門機関を受診することを覚悟することは簡単ではないが，不安を軽減して前向きになるためにも，正しい情報と気軽に相談できることが大きな支えになる。

（3）家族支援

　幼児期の子どもは成長していくので，すぐに診断しなくてもいいのではないか，もしかしたらそのうちに改善するのではないかという思いから，子どもの発達が気になる保護者が医療機関を受診し医師による診断を受けることを躊躇する場合がある。しかし，すべての支援の入り口は診断であり，正しい診断によって適切な支援につなげることができる。子どもの発達が気になる保護者が子どもの障害を正しく理解することで子どもとの関わり方を学ぶことができ，子どもが成長すると保護者の不安も軽減していく。つまり，幼児期の支援で最も大切なのは，保護者の障害受容についての支援である。

　保護者は，みんなと同じことができないことで子どもを責め，自分の子育てに自信を失ってしまいがちであるが，子どもの発達に違いがあることを受容すると，なぜできないのかではなく，何をどのように支援したら集団の中で適切な振る舞いができるかと発想の転換をすることができ，子どもの障害特性に合わせた関わりができるようになっていく。

　「発達障害者支援法」（第3条第2項）に「家族その他の関係者に対する支援が行われるよう，必要な措置を講じるものとする」と示されているように，本人の支援だけでなく，家族を含めての支援が重要である。そのため，子どもの発達に関わる機関（保育所・幼稚園・認定こども園，医療機関（病院），保健機関（保健所，健診センターなど））は，子どもの発達に関する知識と情報をその家族と共有し，連携することが求められている。

　また，厚生労働省は，家族支援の一環として，ペアレントトレーニング，ペアレントプログラム，ペアレントメンターを推奨している。

　ペアレントトレーニングとは，保護者が自分の子どもの行動を冷静に観察して特徴を理解し，障害の特性を踏まえたほめ方や叱り方などを学ぶことにより，子どもの問題行動を減少させることを目標とするもので，トレーナーには専門知識が要求される。

　ペアレントプログラムとは，地域での普及を図るために開発された，より簡易なプログラムであり，子どもの行動修正までは目ざさず，「保護者の認知を肯定的に修正すること」に焦点を当てるもので，発達障害やその傾向の有無にかかわらず有効とされている（図4－7）。

　ペアレントメンターとは，発達障害がある子どもの子育ての経験のある保護者が，その育児経験を生かし，子どもが発達障害の診断を受けて間もない保護者などに対して心理面の支援を行う人で，都道府県の発達障害者支援センターが中心となって養成研修や派遣を行っている（図4－8）。

　知的障害がある子どもの支援は，市区町村に通園施設（児童発達支援）などがあり，子どものみの通園や親子通園がある。そこでは，身辺自立をはじめ言語訓練，作業療法などより専門的な療育が提供されている。知的障害がある子

ペアレントメンター
子どもが発達障害の診断を受けていることが条件。あくまで心理面の支援であり，自分の経験を話したり支援方法を教えるものではない。共感性が高く，傾聴されるので，話を聴いてもらうだけでも満足感が高い。

●ペアレントトレーニングとペアレントプログラム

・ペアレントトレーニング（ペアトレ）
　親が自分の子どもの行動を冷静に観察して特徴を理解したり，発達障害の特性を踏まえた褒め方や叱り方等を学ぶことにより子どもの問題行動を減少させることを目標とする。トレーナーには専門知識が要求される。
・ペアレントプログラム（ペアプロ）
　地域での普及を図るために開発された，より簡易なプログラム。子どもの行動修正までは目指さず，「親の認知を肯定的に修正すること」に焦点を当てる。発達障害やその傾向の有無に関わらず有効とされている。

人材育成

事業実施

（都道府県地域生活支援事業）発達障害者支援体制整備

（市町村地域生活支援事業）巡回支援専門員整備

関係図

専門性	ペアトレ	→	専門家，習熟した職員による実施
	ペアプロ（ペアトレへの導入）	→	地域の保育士，保健師等による実施
	対象者の範囲		子育て施策の延長としての支援が可能

●ペアレントメンター

発達障害児の子育て経験のある親であって，その育児経験を活かし，子どもが発達障害の診断を受けて間もない親などに対して相談や助言を行う人。

支援の内容等

ペアレントメンター
●条件
・自分も発達障害者の親
・しかるべき人からの推薦
・守秘義務への同意
等

・経験を共有
・必要な情報を提供

親
●ペアレントメンターの紹介が必要となる状況の例
・診断を受けた後に悲しみを感じている
・支援を受けるまでの順番待ちをしている間に不安を感じている

特徴
・同じ親としての共感性の高さ
・当事者視点の情報提供

（都道府県地域生活支援事業）発達障害者支援体制整備

図 4-7　家族支援

資料）厚生労働省社会・援護局障害保健福祉部障害福祉課（2017年）

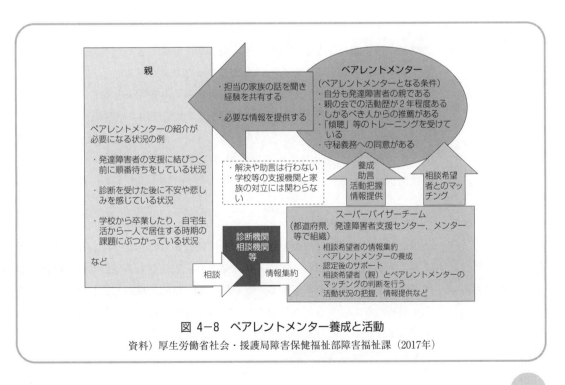

図 4-8　ペアレントメンター養成と活動

資料）厚生労働省社会・援護局障害保健福祉部障害福祉課（2017年）

どもの支援については，これまでも市区町村でいろいろな取り組みが行われてきたが，発達が気になる子どもの支援については，「発達障害者支援法」の施行後に始まったものが多く，いまだに充実しているとはいえない。

（4）家族支援プログラム

　家族支援として，世界で開発され，日本で使用されているモデルを以下にあげる。

1）Early Start Denver Model（ESDM）[1]

　2 歳前に開始でき，5 歳までの介入指導プログラムとしてエビデンスが証明されている応用行動分析（ABA）を基本とした介入指導プログラムである。ASD の幼児に対する RCT による臨床効果のエビデンスが確認されている超早期介入プログラムとして，世界で最も広く知られている。ESDM は，近年の脳科学からみた ASD の脳の学習様式に合わせて開発された指導法で，2 歳前に療育を開始した子どもたちの知力や発達の急速な伸びだけでなく，ASD の症状の軽減についても報告されている。専門的な資格をもつセラピストが子どもとの関わり方を伝え，家庭でも同様の関わり方をすることで，子どもの社会性やことばが伸びていくプログラムである。

2）CARE プログラム[2]

　CARE とは，　C：child（子どもと）
　　　　　　　　A：adult（大人の）
　　　　　　　　R：relationship（関係を）
　　　　　　　　E：enhancement（強化する）

の略で，落ち着きがなかったり，困った行動をしてしまいがちな子どものことで，日々悪戦苦闘している大人のためのプログラムである。子どもとの関係を今よりもっと良好にし，子育てや子どもとの関わりがずっと楽になるスキルが詰まっている。保護者や療育者だけではなく，施設職員，児童福祉司，保育者，教師，医師，カウンセラーなどの専門職の人も含め，子どもに接するすべての大人が対象で，CARE スキルを用いて接する対象となる子どもは 2 歳児から児童期が主である。

（5）幼児期の課題

　子どもの発達が気になる保護者は，幼児期だからできなくても仕方ないと考えることがある。しかし，知的・発達障害の可能性がある子どもは，経験の中で誤学習するとそれを修正することが難しく，自分の思いどおりにならないことがあったり，いつもどおりのやり方ができなかったりすると，抵抗も強い。早期に支援を受けることで，子どもたちは成功体験を積み上げ，適切な振る舞いを身につけることができる。

RCT
randomized controlled trial
ランダム化比較試験。ある試験的操作（介入・治療など）を行うこと以外は公平になるように，対象の集団（特定の疾患患者など）を無作為に複数の群（介入群と対照群や，通常＋新治療を行う群と通常の治療のみの群など）に分け，その試験的操作の影響・効果を測定し，明らかにするための比較研究。

ESDM
佐賀県佐賀市・多久市で行政サービスとして，1 歳から 3 歳までの幼児を対象に行われているプログラム。視線が合うようになり，社会性とことばが伸びる。支援期間を確保するために，2 歳未満での受付，診断が必須である。

誤学習
いつでもどこでも自分の知っている方法をとってしまうことで，それは過去に自分にとって都合のよい結果がもたらされた方法である。
例：デパートでほしいおもちゃがあったとき，泣き叫んだら買ってもらえたという経験をしてしまうと，次の機会にも泣き叫ぶという行動をとってしまうという状態。

1）身辺自立

排泄・着替え・食事など基本的な生活習慣を身につける。本人が独力でできることが重要なので，わかりやすい指示をしながら，待つことが大事である。スモール・ステップで，できることを増やしていく。

2）コミュニケーション

泣く，暴れる，かんしゃくを起こすなど，社会的に不適切と受けとられるコミュニケーションを誤学習していることがあるので，本人の認知に合わせて，視覚的な手がかりを使いながら，適切なコミュニケーションを学ばせる。ことばが増え，適切な援助要請ができるようになると，かんしゃくは減ってくる。自分がいいたいことが伝わらなかったり，相手がいっていることがわからなかったりするとかんしゃくを起こしやすい。

3）自分で考え，適切に行動することができる

小学校では，保育所・幼稚園に比べると先生が一人で関わる子どもの人数が増えるため，一斉指示で行動することになる。これまで，保育所・幼稚園の先生たちが一人ひとりの子どもに合わせて，細やかに関わってきたことでできた子どもたちも，小学校では自分で持ち物を管理し，小学校のルールを理解し，時計や始業のベルに従って行動することになる。そのため，先生の指示がないと行動できない，自分で考えて行動することができない子どもは，小学校で集団活動についていけなくなる。いわれればできるということではなく，自ら適切な行動や判断ができるように幼児期から関わっていく。

4）大人の指示を理解して従うことができる

これまでの経験から，泣いて暴れれば何でも自分の思いどおりになってしまうと学んでいることがある。叱ったり，なだめたり，説得したりはしないが，やるべきことは取り組ませる。集団の中での適切な振る舞い方を身につけさせる。

（6）虐　　待

発達に違いがある子どもたちは，認知の違いから指示がとおらなかったり，何度注意されても同じことを繰り返したりするので，保護者たちは子育てに悩み疲れている。

「叱らないと（叩かないと）いうことを聞かないから」「躾は保護者の役割だから仕方ない」と虐待を正当化し，自分が虐待しているという意識が薄いケースも少なくない。また，自分たちも保護者に叩かれて育てられたから，それ以外の対応がわからないという場合もある。虐待かどうかを迷わず，気になることがあれば，通報する義務がある。早期発見により子どもの発達の違いがわかると，子どもとの関わり方を見直すことができ，虐待の防止につながる。

虐　待
障害がある子どもを育てることは大変で，ストレスも大きい。保護者も感情のコントロールができず，大きな声をあげてしまうことがあるので，近隣の目を気にしている。
虐待の主な種類を以下にあげる。
① 身体的虐待：殴る，蹴る，叩く，投げ落とす，激しく揺さぶる，やけどを負わせる，溺れさせるなど。
② 性的虐待：子どもへの性的行為，性的行為を見せる，ポルノグラフィティーの被写体にするなど。
③ ネグレクト：家に閉じ込める，食事を与えない，ひどく不潔にする，自動車の中に放置する，重い病気になっても病院に連れて行かないなど。
④ 心理的虐待：ことばによる脅し，無視，きょうだい間での差別扱い，子どもの目の前で家族に対して暴力をふるう（DV）など。

2　きょうだい児の支援について

　障害がある子どもの兄弟姉妹（以下，きょうだい児）は，育ちの中でいろいろな体験をしているので，障害がある子どもだけでなく，きょうだい児にも支援が必要なときがある。ここでは，きょうだい児に対する保護者の関わり方を考える。

　まず大切なのは，きょうだいの障害を正しく伝えることである。生まれたときから一緒に過ごしているので，友だちのきょうだいとは違っていることもわかっているが，きちんと説明されないとよくわからない。いつか治るのか，今後どうなっていくのか伝える必要がある。発達の違いはあっても，子どもは成長し変化していくこと，ただし友だちのきょうだいとは違っていることを，わかりやすく伝えることが必要である。伝えるときはポジティブに，本人告知と同じような表現で伝える。「○○ができない」ではなく「○○ができる」と違いを伝える。

　障害があってもなくても，きょうだいに変わりはない。けんかもするし意地悪もしてしまう。もめごとがあると，保護者はついつい，理解が高いほう（きょうだい児）にがまんをさせてしまう。きょうだい児はいつもがまんをしているので，不満な気持ちにもなってしまう。時には，きょうだい児の味方をして，障害がある子どもが不満で暴れても，がまんをさせるくらいの対応が必要な場合もある。

　また，きょうだい児に過度な要求をしないようにする。ことあるごとに，障害がある子どもの将来を悲観し，きょうだい児に保護者亡き後の支援を頼みたくなるが，きょうだい児は一人の人間として生きていく権利があり，障害がある子どものために生まれたわけではない。保護者がきょうだい児に過度の期待と要求をしないことを心がける。

　きょうだい児は，保護者の発言で，障害がある子どもへの保護者の感情を知ることも多い。日々の生活の何気ない保護者の「お兄ちゃんはできないから」「妹がいるからできない，がまんしなさい」「仕方ない」などの発言から，きょうだい児は，障害がある子どもに対する保護者の感情を垣間みてしまう。同時に，きょうだい児は，障害がある子どもがいなければいいのにと，偏見を学んでしまう。

　障害がある子どもと保護者が療育に行く後ろ姿を見て，きょうだい児は取り残されたように感じる。保育所に来ても，姉（兄）だけ連れて訓練に行くことがあったことを忘れられないと語るきょうだい児がいる。自分だけが置いてきぼりになっている気がしてとても寂しかったと。わからないだろうと，仕方ないと思っているが，子どもの心には忘れられない苦い記憶になっていることを理解する。保護者の愛情を奪われたように感じているのである。

　障害がある子どもの保護者は，きょうだい児のことを「障害のある子どもより恵まれているのにがんばらない」と評価してしまいがちである。きょうだい児には十分な知的レベルや，もっているスキルや経験があるのに，保護者はきょうだい児のがんばりをさらに要求してしまったりする。障害がある子どもを不憫に思う結果，きょうだい児には強くあたってしまったり，過度に期待してしまったりすることが，きょうだい児には負担になる。

　子どもに対して「言い訳をしてはいけない」と叱るのに，自分は言い訳して謝らないということがないようにする。「ごめんなさい」と子どもにいえることで，距離が近くなる。子どもの話を聴いてみる。

　「ちょっと待って」ときょうだい児のことを後回しにしない，待たせない。待たせてばかりだと親を信用できなくなる。時には，きょうだい児に「大好きだよ」と口に出していってみる。わかっているだろう，わざわざいわなくてもいいだろうと思いこまない。口に出さないと保護者の思いは伝わらない。

　きょうだい児だけのために時間をつくる。障害がある子どもときょうだい児が一緒に過ごすのではなく，一人の子どもとしてきょうだい児が保護者を独占できる環境をつくる。短時間でもよいので，二人だけの時間を意図的につくる。

3　児童福祉法について

（1）児童福祉法に基づくサービスの利用

　「児童福祉法」に基づく障害児通所支援の利用を希望する場合，保護者は各市区町村に支給申請を行い，障害児入所施設の利用を希望する場合は，各都道府県に支給申請を行う。市区町村および都道府県は，申請を受理した後に審査を行い，障害の程度や介護者の状況などを踏まえて給付の決定を行い，支給決定を受けた保護者は，利用する施設と契約を結ぶ。

1）利用者負担

　障害児施設における費用負担は，障害児通所支援，障害児入所支援の種類によって，サービス利用に係る費用が決められている。費用に関しては，軽減措置があり所得に応じた負担上限月額が設定されている。

（2）支援（施設）の種類

1）障害児通所支援

① 児童発達支援：小学校就学前の障害がある子どもに日常生活における基本的な動作の指導。知識技能の付与，集団生活への適応訓練などを行う。

② 医療型児童発達支援：上肢，下肢または体幹の機能の障害がある子どもに，児童発達支援に加えて治療を行う。

③ 放課後等デイサービス：学校（幼稚園，大学を除く）に就学している障害

がある子どもに，授業の終了後または休業日に生活能力の向上のために必要な訓練，社会との交流の促進その他の便宜の供与を行う。

④ 保育所等訪問支援：障害がある子どもが通う保育所や幼稚園，小学校などを訪問し，保育所などにおける障害がある子ども以外の子どもとの集団生活への適応のために，障害がある子ども本人への訓練または保育所の保育士，幼稚園・小学校などの教諭に対する支援方法の指導を行う。

２）障害児入所支援

① 福祉型障害児入所施設：障害がある子どもを入所させ，保護，日常生活の指導および独立自活に必要な知識技能の付与を行う。

② 医療型障害児入所支援：障害がある子どもを入所させ，保護，日常生活の指導および独立自活に必要な知識技能の付与および治療を行う。

児童発達支援は市区町村や各事業所が事業を行っており，本人の障害特性やニーズに合わせて，通所の頻度が組み立てられている。保育所・幼稚園のように毎日通所するものや，週に一日〜数日の利用などさまざまである。個別の支援計画に合わせて支援を組み立てている。いろいろな事業所を併用することができるが，一日に複数の事業所のサービスを利用することができない。

放課後等デイサービスは，既存の学童保育で過ごせなかった子どもたちの放課後の活動を担保するもので，サービスの内容については事業所ごとに特色がある。事業所がたくさん設置されたことにより，支援内容や人員配置など設置基準が厳しくなり，単価もどんどん下がっているため，廃業するところも出ている。支援に関しては，専門性が高く細やかな配慮がなされている事業所や，遊びが中心で預かるだけの事業所など違いがあるので，利用する際は見学をして，子どもに合った事業所かどうかをよく考える必要がある。安価で空きさえあれば利用可能で，毎日いろいろな事業所を転々とすることもある。便利に使いがちであるが，毎日夕方までの預かりに加え送迎もあるため，家族が自宅で子どもに関わることが少なくなり，学校卒業後に子どもが家庭でほとんどの時間を過ごすことになると，家族が負担を感じるようになってしまうこともある。

（3）障害児通所支援を利用する際の手続き

障害がある子どもについては，発達途上にあり時間の経過とともに障害の状態が変化することなどから，障害福祉サービス（原則18歳以上を対象）と異なり，障害支援区分が設けられていないが，介助の必要性や障害の程度の把握のために調査を行った上で，支給の要否や支給量が決定される。

１）児童福祉法に基づく「通所サービス」の利用までの流れ（図4-9）

① 市区町村の担当窓口（障害児福祉担当）や相談支援事業所に相談し，サービスの利用を希望する場合には，市区町村の担当窓口に申請する。申請は

① 利用申請・相談【お住まいの市町（障害福祉担当課）窓口】

 ② 障害児支援利用計画案の作成【障害児相談支援事業者】

③ 支給決定【お住まいの市町（障害福祉担当課）窓口】

 ④ 障害児支援利用計画の作成【障害児相談支援事業者】

 ⑤ 利用契約【障害児通所支援事業所】

 ⑥ サービスの利用【障害児通所支援事業所】

図 4-9　障害児通所支援を利用する際の流れ
出典）佐賀県健康福祉部障害福祉課：令和元年度版障害者ハンドブック，p.36，2019

原則，申請者の保護者が行う。

② 市区町村の調査担当員が申請を行う障害がある子ども，またはその保護者と面談を行う。そこで，介助の必要性や障害の程度の把握や，心身の状況，生活環境，介助者の状況などや他のサービスの利用状況などについて聞き取り調査を行う。

③ 障害児支援利用計画案は指定障害児相談支援事業者が作成する。保護者は指定障害児相談支援事業者と契約し，指定障害児相談支援事業者は家庭訪問をして子どもの生活環境を確認し，子どもの障害の特性をアセスメントして，障害児支援利用計画案を作成し，市区町村に提出する。事業所以外（申請者の保護者）の作成も可能である。

④ 障害がある子どもの状況，障害がある子ども本人や保護者の意向，障害児支援利用計画などをもとに市区町村で，サービス支給の要否および支給量などを決定し，申請者に通知・受給者証の発行を行う。

⑤ 決定した内容に基づき，指定障害児相談支援事業者は障害児支援利用計画を作成する。

⑥ 障害程度区分(障害支援区分)や本人・介護を行う家族の状況，利用意向，サービス等利用計画案などをもとに暫定的に支給決定される。

⑦ サービス利用後，サービスなどの利用状況の検証と計画の見直しのために，一定期間を定めてモニタリング（サービス利用計画の見直し）が実施される。

※　相談支援事業所が，アセスメントをして利用の計画を立て，サービスの
事業所の担当者へのモニタリングや担当者会議で情報の共有をすることに
より，事業所での支援の充実が図られる。

（4）レスパイトケア

障害がある子どもを毎日介護していると，介護者の負担が大きくなり，行き
詰まることがある。家庭で支援するだけでなく，家庭以外の場所で安定して過
ごせるようになることで，介護者の負担の軽減が図られる。いろいろな福祉の
サービスがあるので，それぞれの家庭のニーズに合わせて利用することができ
る。

1）行動援護

知的障害または精神障害により行動上著しい困難を有する人に，行動の際の
危険を回避するために必要な支援，外出時における移動支援などを行う。

家族以外の人と外出して余暇を楽しむことにより，余暇の充実を図り，これ
まで身につけてきたスキルの汎化を目ざす。

2）短期入所，ショートステイ

障害がある子どもを介護している人が疾病や休養などにより，一時的に介護
できない場合に，障害がある子どもを都道府県（または市区町村）が指定した
施設に預けて介護を頼むことができる。

演習課題

1．保護者が子どもの障害を受容することが難しいのはどうしてか考えてみよう。
2．家族支援はなぜ必要か考えてみよう。
3．虐待について話し合ってみよう。
4．自分のきょうだいに障害があったらどのような気持ちになるか考えてみよう。
5．指定障害児相談支援事業者の役割を考えてみよう。

引用文献

1）自閉症の超早期療育アドバンスセミナー〜Early Start Denver Model〜Advance, http://from-a-village.com/esdm_advance.html（最終閲覧：2019年11月6日）
2）CARE-Japan, https://www.care-japan.org/（最終閲覧：2019年11月6日）

参考文献

・国立成育医療研究センター：乳幼児健康診査事業　実践ガイド，2018.
・井上雅彦：自閉症スペクトラム（ASD）へのペアレントトレーニング（PT），
発達障害医学の進歩24（本城秀次・野邑健二編集），2012.
・井上雅彦：子育てが楽しくなる5つの魔法，アスペ・エルデの会，2008.
・杉山登志郎：子ども虐待という第四の発達障害，学研プラス，2007.
・アスペ・エルデの会：楽しい子育てのためのペアレント・プログラムマニュアル，アスペ・エルデの会，2015.

・井上雅彦・吉川徹・加藤　香編著，日本ペアレント・メンター研究会著：ペア
　レントメンター活動ハンドブック，学苑社，2014.

❹　医療機関との連携

　障害がある子どもを中心とした関係機関の連携は双方向的である（図4-10）。
それは，まず各々の機関内連携が十分に機能していて初めて成立する。その基
本の上に，外部の関係機関と共通のことば（用語）をもち，論理的思考を働か
せて，目的をひとつにするチームアプローチが可能となる。特に医療機関との
連携においては，医療機関の担う役割を理解することが重要である。

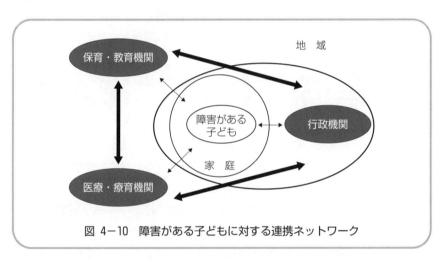

図 4-10　障害がある子どもに対する連携ネットワーク

1　医療機関（病院，療育センター等）

（1）医療機関での診断

　認知機能・知的機能に困難のある子どもまたはその家族が医療に望む最初の
役割は，診断である[1,2]。知的障害や発達障害の診断は専門医のいる病院ある
いは専門医療機関で行われる。主な紹介元は保健センター・保健所やかかりつ
け医である。また，発達障害が広く認知されるにつれて，その特性に気づいた
保護者が診断を求めて病院を直接受診する機会が増えている。

　専門医は生育歴や生活状況の問診，診察，心理検査・評価（アセスメント）
を行い，診断基準に基づき診断する。その際，家庭生活だけでなく，保育所・

幼稚園・認定こども園や学校での集団生活における行動の情報は不可欠である。ここで，医学的モデルに基づき診断される従来の疾病の概念と発達障害は異なっていることを理解する必要がある。

　疾病は，疾患特有の症状・徴候や検査所見から診断される。ASD（自閉症スペクトラム障害）などの発達障害の場合，医学的診断をする際に疾患特有な症状・徴候，および特有な検査所見がない[2]。いわゆる，正常と異常の境界が明確ではない。これが，**スペクトラム**（連続体）と呼ばれる所以（ゆえん）である。多くの健常児が示す平均的な行動からの偏りの大きさから診断されるため，診断する医師には発達障害に関する経験と深い理解が求められる。

　就学前の子どもが知的障害や発達障害の診断に至る経路としては，健診（1歳6か月，3歳など）でスクリーニングされる場合と，健診を異常なしで通過し，直接病院の専門医に診断される場合がある。前者は運動や言語の発達に遅れがみられる知的障害の場合と，明らかな発達の遅れはないが，目が合わない，指差しをしないなどの特徴がみられる発達障害の場合である。健診における発達障害の発見については，自治体によって大きな格差がみられるという問題がある。

　知的障害を伴わない軽い症状の発達障害の場合，健診を異常なしで通過し，学童期に顕在化する。そこには，集団で長時間同じことをする機会が増えることが背景にある。年齢や学年によって発達障害の症状は異なる。小学校低学年では，授業中の離席などの多動，出し抜けに発言したり，ほかの子どもにちょっかいを出してしまう衝動性，忘れ物や失くし物が多く，机の中が整理できない不注意，対人関係でのトラブルがみられる。小学校高学年になると，子どもの価値観に多様化が起こるため，認知の偏りや経験不足から画一的な価値観をもつ発達障害がある子どもは，二次障害として不安や抑うつなどの精神症状を認めうる。二次障害とは，周囲の理解と適切な支援がなされないために，本来抱えている困難さとは別の情緒や行動の問題が併存して出現することである。発達障害の二次障害には外在化障害と内在化障害がある。外在化障害は行動特性がエスカレートした状態であり，他害行為，器物損壊，窃盗などの素行障害などがある。内在化障害は困難さを溜めこんだ結果起こる心理的変化による行動障害を起こした状態である。内在化障害には不安・パニック障害，気分障害，強迫障害，**解離性障害**がある。不安や抑うつから回避する内在性の二次障害として，不登校や自傷行為が出現する。このような二次障害が出現した場合は，医療機関を受診する必要がある。

　学童期に顕在化する発達障害として，**LD**（learning disabilities）（学習障害）がある。LDは，文部科学省が「全般的な知的発達に遅れはないが，聞く，話す，読む，書く，計算する又は推論する能力のうち特定のものの習得と使用に著しい困難を示すもの」と定義している。比較的早期に診断が可能な他の発達

スペクトラム
例えば，虹の色が境目がなく変化するように，障害が重症の人から軽症の人まで境界線がなく連続しているさま。

解離性障害
心的外傷ストレスの後に起こることが多い，自分が自分でなくなるという感覚を主とする精神障害。

LD
学習障害の定義は，文部科学省が定義した教育用語としてのLD（learning disabilities）と医学用語としてのLD（learning disorder）の二つがある。

障害と違い，LD は読み書き計算の学習が始まる小学校１年生にならなければ診断は難しい。医療機関で診断する学習障害（learning disorder：LD）の医学的名称は，限局的学習症[3]，あるいは**ディスレクシア**（dyslexia）である。これらは，WHO が「知的な遅れや視聴覚に問題はなく，適切な教育を受けているにもかかわらず，文字の読み書きが極端に習得しにくく，それによって学習不振に陥っている状態」と定義している。ディスレクシアの背景には音韻処理能力の障害があり，そのために文字と音を結びつける解読に困難が生じ，単語を誤って認識したり，認識に時間がかかる。その結果，文章の読解力に困難が生じ，語いや知識が不足する。ディスレクシアの診断は特別な読字検査を用いて，医療機関で行う。

（2）医療機関での治療

　知的障害や発達障害に対する薬物療法は，根本的な治療ではない。症状を緩和して，生活機能の障害を改善することが目的である。医療機関での薬物療法では，治療の目的にする症状が障害の中核症状なのか，関連症状なのか，二次障害などの併存障害なのかを明確にする。その上で，薬物療法により期待できる効果と限界，起こりうる副作用について家族に説明し，**インフォームド・コンセント**を得る。しかし，子どもの意思決定権を保障する観点から，彼らの理解力に応じたわかりやすい方法で説明し，子ども自身から積極的同意（アセント）を取得する必要がある。障害の特性に対する有効性が確立した薬物療法として，ADHD（注意欠陥多動性障害）の治療薬がある。現在，ADHD の治療薬として，メチルフェニデート，アトモキセチン，グアンファシンの３剤が使用可能である。ADHD の病態は，多動・衝動性や不注意の背景に脳内での**ドーパミンやノルアドレナリン**の不足である[4]。メチルフェニデートは脳の中枢神経を刺激することにより主にドーパミンを増加させ，アトモキセチンは**前頭葉**に作用して主にノルアドレナリンを増加させる。一方，グアンファシンは**α_{2A}アドレナリン受容体**に選択的に作用し，交感神経を抑制するとともに，神経間の情報伝達を増強することで，ADHD の症状を改善させる。このように３剤は作用機序や作用の持続時間が異なるため，症状や治療の目的に応じて使い分けがされる。また，知的障害や発達障害がある子どもに自傷行為などの易興奮性がみられる場合，リスペリドンやアリピプラゾールの少量投与が有効である。

　知的障害や発達障害がある子どもはてんかんを合併することが少なくない。いずれも，同じ脳の機能障害が原因だからである。てんかんは，「大脳神経細胞の突然で過剰な同期性の興奮に由来する反復性発作（てんかん発作）を主徴とする慢性の脳疾患」と定義される。てんかんの原因は大きく分けると，基礎疾患が見当たらず遺伝性の素因が強いと考えられる特発性と，中枢神経に既知の障害あるいは推定される障害がある症候性に分類される。症候性てんかんの

ディスレクシア
日本語訳では，発達性読み書き障害と同義である。

インフォームド・コンセント
十分な情報を得た上での合意。

ドーパミン
運動調節，ホルモン調節，快の感情，意欲，学習などに関わる中枢神経系の神経伝達物質。

ノルアドレナリン
中枢神経系では，睡眠・覚醒やストレスに関する働きをし，注意，記憶や学習にも影響する神経伝達物質。

前頭葉
思考・感情や実行機能をつかさどる，脳の中で一番大きな脳葉。

α_{2A}アドレナリン受容体
ノルアドレナリンが結合することによって神経伝達を行う受容体。

ほうが特発性てんかんよりも抗てんかん薬による治療の有効率が低い。知的障害や発達障害に合併するのは症候性てんかんであることが多い。てんかん発作が教育場面で出現すると，発作の症状や状況によっては，子どもが受傷する危険性がある。例えば，全身の脱力が起こって急にその場に倒れたり，意識が混濁したまま歩いていって物にぶつかったりする。したがって，家族から具体的な発作症状や頻度，出現しやすい時間帯，内服している抗てんかん薬などについて情報を聴取する必要がある。主治医と連携をとり，発作症状や発作頻度と学校での活動内容との危険性を分類した「生活指導表」を活用することは，教育指導を安全に実施する上で有用である[5]。

（3）「生活モデル」という考え方

　感染症などの急性期疾患では，正常と異常の境界が明確で客観的な診断が可能である。そのため，身体の一部である悪い臓器を治療し，人体を元の生理的状態に戻し延命・救命を図る。一方，慢性疾患や障害では疾病やそれによる機能障害を体内から除去できない。単に疾病，障害の治療のみを目ざしていると，患者の日常生活を著しく制約し，患者や障害者の QOL を低下させる。このように，臓器別の疾病の治癒のみではなく，慢性疾患患者の QOL の向上を目的とした対応は生活モデルといわれている[6]。生活モデルでは，機能障害の状態を考慮しながら，国際生活機能分類（ICF）でいうところの個人の活動・参加の広がりや深まりを重視する（p. 13, 図 1 - 1 参照）。

　ASD に対して医学モデルと生活モデルの視点を対比させたのが表 4 - 6 である。この例では，医学モデルの対象と目的は ASD とその治癒である。医療機関に限定された場で，知識や技術に富む専門家集団により，疾病としての

表 4-6　ASD における医学モデルと生活モデルの対比

	医学モデル	生活モデル
対象	ASD	子ども
目的	ASD の治療	子どもの成長・発達
目標	機能障害（3症状）の治癒	活動・遊びの広がり
	対人相互反応における質的障害 コミュニケーションの質的障害 興味の限定・常同行動	集団生活での活動
介入場所	専門機関	家庭・地域社会
介入チーム	専門家集団	いろいろな人
指示形式	命令的・依存的	協力・自立・エンパワメント
〈参考〉	医学モデル	生活モデル
対象のとらえ方 （WHO）	「病因─病理─発現」	「機能障害（発現）─活動─参加」

出典）北原　佶：発達障害における医学モデルと生活モデル，発達障害研究，35（3），pp. 220-226, 2013

ASD を治すことを第一義的とする。一方，生活モデルでは，対象は ASD で
はなく ASD の子どもである。それゆえ ASD であっても，子どもの QOL の向
上が目的となる。生活モデルの場は，家庭であり，保育所・幼稚園・認定こど
も園や学校であり，地域社会である。医学モデルと生活モデルは常に対立する
ものではない。ASD であっても，集団活動に適応していくために子ども側の
適応の力を高める介入は医学モデル的視点であり，子どもが集団活動に参加し
やすい役割をみつけ，集団構成を調整することは生活モデル的視点である。医
療機関との連携の際，治療優先の医学的モデルとは異なる生活モデルの視点を
もち，それらを統合することが重要である。

（4）療育センター

　一般的に，療育センターは18歳未満の障害児を対象とした入所施設運営と18
歳以上の障害者を対象とした療養介護事業を実施する社会福祉施設であると同
時に，病院の機能を有する施設である。ほかの病院，診療所，児童相談所，保
健所などの関係行政機関や民間団体と密に連携し，協力と支援を得ている。障
害がある子どもに対して，それぞれに合った有効で適切な**療育**（治療教育）を
行うため，外来診療，入院治療，地域での療育指導など，多岐にわたる業務を
実施する。どのような支援を行い，どのような機能を有しているかは，各施設
によって違う。なかには，医療の機能をもたない施設もある。

療 育
すべての障害がある子
どもに対する発達支援
をいう。

　医療の機能をもつ療育センターでは，小児科，児童精神科，整形外科，歯科，
耳鼻咽喉科，眼科，リハビリテーション科などの診療科が外来診療を実施する。
また，医師の指示のもと，個別療育として，理学療法，作業療法，言語聴覚療
法，心理指導を行う。通所支援において，集団での療育活動が行われる。通所
支援の目的は，日常生活における基本的な動作の指導，知識技能の付与，集団
生活への適応訓練，生活能力の向上のために必要な訓練，社会との交流促進で
ある。ほかに，療育センターが担う役割は，重症心身障害児の短期入所（ショー
トステイ），訪問看護や訪問リハビリテーション，そして NICU（新生児集中治
療室）から在宅に移行する際の中間施設などである。

（5）医療機関と連携すべき諸問題

　発達障害がある子どもにみられる行動・精神面の問題の多くは医療機関で対
応する必要がある[7]。これらの問題は，合併症と併存症に分けて考えるが，両
者は区別できないことも少なくない。合併症とは発達障害があることで生じて
いる問題や疾患のことであり，不安定な情緒，**心身症**，学校不適応（不登校），
行動障害，精神障害などがある。発達障害の二次障害と呼ばれる状態が合併症
の中心である。二次障害は，発達障害に関連した心理的ストレス状況を背景に
して生じている心身の不安定な状況を意味する。一方，併存症とは，発達障害

心身症
身体疾患の中で，心理
社会的因子がその発症
や経過に密接に関与
し，器質的ないし機能
的障害が認められる病
態。

とは独立して生じている問題や疾患であるが，発達障害がある場合に出現しやすくなるものである。発達障害の併存症としては，ほかの発達障害（例えば，ASDとADHDの併存），てんかん，チック障害などの身体疾患が代表的なものである。てんかんはASDの子どもの約25％にみられ，ASDの子どもでは10歳を過ぎてから発症することが多い。重度の知的障害を合併している場合にはさらにてんかんの有病率は高い。脳波検査は通常，発達障害がある子どもの全例で実施する必要はない。しかし，てんかんを疑わせるような発作を繰り返す場合や，言語や社会性において説明不可能な退行や変動がある場合は，医療機関にて脳波検査を実施する。チック障害は，手足や顔面の筋肉が突発的かつ反復的に運動するもので，不随意に生じるものである。せきやのど鳴らしなどの発声がみられる場合もある。心理的な原因ではなく遺伝的素因が大きく，ドーパミン系神経伝達物質が関与する。子どもや家族に強い精神的な苦痛がもたらされている場合や，日常生活に支障が生じている場合は薬物療法を行う。以上のような身体疾患のほかに，うつ病などの気分障害をはじめとする精神障害も併存症と考えられる。二次障害は思春期の年代で多く出現し，発達障害がある子どもの予後に最も影響を与える。適切な対応を行うことで，軽減あるいはある程度予防できるため，医療機関と早期から連携する必要がある。

2　関連する診療科

（1）小児科

発達障害における早期発見・早期支援の観点から，かかりつけ医として小児科医の対応能力が期待される。しかし，限られた外来診療の時間内で，医師が発達障害の特性に気づくのは容易ではない。視線が合わない，表情が乏しい，顕著に落ち着きがない，年齢相応にことばを発しないなどが早期診断につながる症状である。子どもに発達障害を疑ったとき，小児科医は専門医のいる医療機関を紹介する。あるいは，発達障害の疑いがある子どもとして，小児科医自身が社会的資源の情報を提供し，療育のための地域連携システムにつなげる。小児科医は，発達だけでなく，子どもの身体的な問題を定期的にみていく役割がある。例えば，ダウン症候群においては，健常児に比べて，先天性心疾患，血液疾患（白血病），内分泌疾患（**甲状腺機能異常**），耳鼻科的疾患（難聴，中耳炎），眼科的疾患（**白内障，緑内障**）などを合併しやすい。また，ダウン症候群には**環軸椎亜脱臼**の頻度が高いため，幼少時には一度，頸椎のレントゲン検査を行う。この合併症が存在する場合，首が強く前屈したときにずれが生じ，脊髄を損傷して永続的な**四肢まひ**や呼吸障害をきたす。

甲状腺機能異常
甲状腺の機能亢進症をバセドウ病と呼び，頻拍や眼球突出がみられ，機能低下症は便秘や成長障害が生じる。

白内障，緑内障
白内障は水晶体が白濁する疾患，緑内障は眼圧が上昇し，視神経が損傷を受ける疾患。

環軸椎亜脱臼
7個の骨からなる首の骨の上から1番目の環椎が2番目の軸椎に対して前方へずれる不安定な状態。

四肢まひ
身体の手足が動かせない運動障害。

（2）小児神経科

　小児神経科医は，小児科医の中で，小児神経学を専門とする医師である。多くの場合，学会が指定する医療機関で一定期間の研修を受け，専門医試験に合格した医師である。小児神経科医の大きな役割は神経疾患の診断である。それは，知的障害や発達障害の診断にとどまらず，それらの障害の下に潜在している基礎疾患への洞察である。基礎疾患を診断するため，小児神経科医はていねいな診察によって的確な神経学的な所見をとり，必要な検査を予定し実施する。血液・尿検査，頭部 CT（computed tomography）や MRI（magnetic resonance imaging）などの画像検査，脳波検査，染色体検査，遺伝子検査などである。例えば，結節性硬化症の患者は知的障害や ASD を合併するが，顔面に血管線維腫，身体の皮膚に葉状白斑など特徴的な身体所見があり，頭部 CT 検査で脳内病変を認める。また，同じく知的障害や ASD を伴う脆 弱 X 症候群は男性に多い X 連鎖性疾患で，その患者は身体症状として，大頭，長い顔，関節の過可動性，思春期には精巣腫大を呈する。前者は遺伝子検査，後者は染色体検査で診断が確定する。小児神経科医は，診断の後，適切な治療やリハビリテーションの指示を行い，療育に関しても，社会的資源の情報を提供し，自ら地域連携システムの中で中心的な役割を担う。

X 連鎖性疾患
病因遺伝子が X 染色体上にある疾患で，主に男性に発症し，女性は保因となる。

（3）歯　　科

　障害がある子どもはブラッシングがうまくできないことが多いため，口腔疾患のリスクが高い。歯肉肥大症はてんかんを合併している子どもに多く，特にヒダントイン系の抗てんかん薬を長期間服用している場合によく認められる。口腔ケアが不十分であると歯肉の肥大が悪化しやすいので，定期的な歯科検診を受け，口腔の保清を確実に行うことが重要である。また，障害がある子どもは摂食（食べる）・嚥下（飲み込む）の機能的な問題を抱えていることが多い。例えば，ダウン症候群の子どもは，全身の筋肉が低緊張であるため，食物を咀嚼する機能が弱い。そのため，ダウン症候群ではよくかまずに丸のみ込みする傾向となり，窒息の危険性が増す。このような摂食・嚥下機能障害に対して，歯科と連携することが重要である。障害がある子どもから歯科診療の協力は得られにくいため，歯科医はマニュアルを作成して対処し，障害児用の専門外来を設けている地域もある。不安や恐怖心を抱きやすい ASD などの発達障害がある子どもは，治療を受け入れてもらうためのプレパレーションが有効である。プレパレーションとは，心理的混乱に対し，準備や配慮をすることによって，子どもの対処能力を引き出すように環境を整えることである。具体的には，視覚的な呈示方法を用いて子どもの理解を促し，治療の流れを子どもがイメージできるように支援することである。また，食事中のムセや窒息，発熱や肺炎などから食物や唾液の誤嚥が疑われる場合，歯科医は**嚥下造影検査**や**嚥下内視鏡**

嚥下造影検査
videofluorography：
VF
食物の誤嚥を診断する。被曝の問題がある。

嚥下内視鏡検査
videoendoscopic examination of swallowing：VE
唾液の嚥下状態を評価する。被曝の問題はない。

検査による詳細な検査を行う。その結果，摂食・嚥下機能障害や誤嚥が認められた子どもにおいては，学校と連携して適切な食形態を選択し，病院や療育センターと連携して摂食のリハビリテーションを行う。

（4）耳鼻咽喉科

　難聴は，言語発達遅滞の原因のひとつである。日常生活において，呼んでも返事をしない，聞き返しが多い，テレビの音量を大きくするなどの子どもは詳細な聴力検査を実施する必要がある。難聴による言語発達遅滞は，言語の表出とともに理解面での遅れがみられることが特徴である。日本では，新生児期に簡易的な聴力のスクリーニング検査が実施されるので，先天性難聴は早期に発見されやすい。しかし，難聴は後天的に発生することもあるため，疑わしい場合は耳鼻咽喉科と連携をとる。先天性難聴の原因としては，母親が妊娠初期に風疹ウイルスやサイトメガロウイルスに感染したとき，胎児に起こることが多い。後天性の難聴の原因としては，滲出性中耳炎，アミノグリコシド系抗生物質の使用，流行性耳下腺炎などがある。ダウン症候群は，中耳炎を合併する頻度が高い。また，耳鼻科医は呼吸障害のために気管切開術を施行された子どもを定期的に管理する。例えば，空気でふくらませるカフ付きの気管カニューレでは，カフが気管壁を圧迫するために気管内に肉芽ができやすい。その診断や評価のためには，耳鼻科医による気管支ファイバーを実施する必要がある。障害がある子どもは，睡眠中に無呼吸を起こすこともまれではない（睡眠時無呼吸症候群）。睡眠時無呼吸の症状はいびき，夜間の目覚め，昼間の眠気である。無呼吸の原因として，**舌根沈下**や肥満のほかに，**アデノイド**や扁桃（腺）の肥大が気道を閉塞していることがあるため，耳鼻科医の診察は重要である。

舌根沈下
舌がそれ自体の重みで，のどの奥に落ち込むこと。

アデノイド
鼻腔の奥にある，リンパ組織のこと。

（5）眼　　科

　知的障害がある子どもに合併することが多い眼疾患は，近視，乱視，遠視などの屈折異常と，内斜視，外斜視などの眼位異常である。ヒトの視覚には感受性期があり，生後3か月～1歳6か月ころをピークとし，8歳ころには終了する。感受性期に，視力・両眼視機能の発達を阻害する眼異常があると，視覚の発達は遅れ，停止する。仮に放置されたままであると，矯正視力が一定以上にでない弱視になる。日本では，3歳児健診で視力検査を導入している。健診で眼の異常が疑われると，眼科医療機関の受診が勧告される。しかしながら，受診勧告されながら受診しなかったり，受診しても治療を中断するなどのケースが存在する。特に障害がある子どもの場合，ほかの全身疾患の治療や運動機能・言語機能の訓練などに比べて，眼科的治療がおろそかにされる傾向がある。就学後，何らの眼の異常に気づいたら，早急に眼科と連携する。ダウン症候群は，白内障や緑内障の合併が多く，眼科での定期的な検診が重要である。また，音

読が苦手，行飛ばしで読んでしまう，黒板の文字を書き写すことが苦手のような発達障害がある子どもは，眼球運動がうまくできない状態がみられる。これらは，身体の**粗大運動**の発達と密接に関係しており，感覚統合の関与が大きいため，眼科医だけでなく，リハビリテーション科と連携する必要がある。眼球運動に関して**ビジョントレーニング**をする場合がある。

粗大運動
走る，歩く，泳ぐなどの全身を使った運動。

ビジョントレーニング
発達障害のディスレクシアやスポーツ選手の能力開発に応用されている，眼球を鍛える訓練。

（6）リハビリテーション科

　リハビリテーションの目的は，医師の指示のもと，患者の日常生活動作（ADL）の改善をとおして，QOLの向上を目ざすことである。国際生活機能分類（p.13,図1-1参照）の中で「心身機能・身体構造」に専門的な立場で関わるのがリハビリテーションの役割である。

1）理学療法

　子どものリハビリテーションに関わる理学療法士（physical therapist：PT）が従来から主に対象としている疾患は脳性まひである。脳性まひの子どもは自分にとって最も動きやすい方法と姿勢を選択する。これを続けていくと結果的に姿勢と運動は定型化し，過緊張，低緊張，不随意運動を強め，正常な発達と機能の獲得を阻害する。さらには筋・関節・軟部組織・皮膚の短縮や身体変形を引き起こす。**脊柱の側弯変形**は，摂食嚥下障害，胃食道逆流症，呼吸障害などを合併する。また，下肢筋群の過緊張による**はさみ脚変形**は，股関節脱臼を誘発するとともに，脊柱側弯をさらに増悪させる。理学療法は最大限にこれらを予防し，子どもを最適な発達の状態に導く。理学療法士の役割は，実現可能で適正な発達の援助，変形・拘縮増悪予防，呼吸機能の安定，摂食嚥下機能への対応，姿勢の保持・移動能力の確立，上肢機能向上，日常生活支援などである。日常生活の支援では，補装具，座位保持装置，移動介助機器を作製する。また，理学療法士は，粗大運動がぎこちない発達障害がある子どもの運動リハビリテーションにも関わる。そのような子どもは，屈曲伸展などの一軸性の運動は比較的スムーズに行えるが，立位で腰，膝関節，足関節を回転させるような複合運動になると，なめらかさを欠いたぎくしゃくした運動になる。縄跳びをするときも，肘・手関節の分離的な回転運動は難しく，肩関節で縄を回す子どもが多くみられる。このような複合運動に困難を抱えた子どもには，理学療法士による評価と訓練が重要である。

脊柱の側弯変形
正面からみて，脊椎が左右どちらかに10度以上の曲がりがある状態。

はさみ脚変形
両脚がはさみのように交差している状態。

2）作業療法

　作業活動とは，手作業や仕事のみを指すのではなく，日常生活の諸活動や余暇活動，遊びなど，人の生活全般に関わる諸活動を包括している。作業療法は，さまざまな動作，創造的活動，教育活動，レクリエーションなどの作業活動を行わせて，心身活動を高め，障害を軽減する運動療法である。子どもで行われる作業療法は，主に機能的作業療法，ADL訓練，感覚統合療法である。機能

的作業療法は，低年齢の子どもでは理学療法と重なる部分が多いが，上肢運動機能の回復と体幹の安定を目的に筋力や持久力の維持拡大を目標に訓練を行う。はさみや箸を使うのが苦手な子どもを対象とした訓練である。ADL訓練は，学校で体操着に着替える動作など日常生活の中で必要な動作から始め，基本的な動作からしだいに応用動作に訓練の内容を進めていく。作業療法士（occupational therapist：OT）は，必要に応じて食事や学習に関する自助具を子どもに合わせて作製する。また，感覚統合療法はASDなどの発達障害がある子どもが対象となる。感覚統合療法は，触覚，固有受容覚，前庭覚，視覚，聴覚の感覚情報を整頓して使えるようにすることにより，発達を促す療法である（図4-11）[8]。感覚統合に問題がある子どもは，過度に感覚刺激を怖がったり，逆に過度に感覚刺激を求めたりするケース，あるいは，運動や動作が不器用であるケースがある。このような場合は，作業療法士により運動機能の評価と訓練を受ける必要がある。

3）言語聴覚療法

　言語聴覚士（speech therapist：ST）は，音声機能，言語機能または聴覚に障害がある人に対して，言語訓練やその他の訓練，それに必要な検査および助言，指導その他の援助を行う。また，摂食嚥下障害や**高次脳機能障害**も言語聴覚士の訓練対象である。ASDなどの発達障害がある子どもの場合，知的障害を合併していなくても，統語の問題（文の構造：文法，助詞），意味の問題（内容の意味），語用の問題（相手によって使い分け，場面に合ったことばを使う），発生器官の問題（発声時の筋緊張）などの言語の問題がみられる。また，ASDの子どもにおいては，味覚やこだわりの特性から，偏食の問題を抱えていることが多い。このような場合，言語聴覚士による摂食嚥下指導だけでなく，小児科医や小児神経医と連携して，身体発育や栄養状態を評価しながら，見守る姿勢が重要である。

高次脳機能障害
脳卒中や事故などにより後天的に脳の機能に著しい障害が起きた状態。

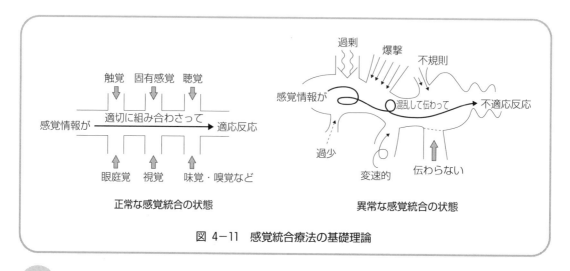

図 4-11　感覚統合療法の基礎理論

コラム　昨今のリハビリテーション事情

　医療機関のリハビリテーションを利用する子どもの疾患分布が変化した。以前は，周産期異常を原因とした脳性まひの子どもが大部分であった。しかし最近，特に重症心身障害では，訓練士（理学療法士，作業療法士，言語聴覚士）が居宅を訪問してリハビリテーションを行うサービスを利用する子どもが増えた。一方，ASD や ADHD と診断される子どもの増加に伴い，医療機関でのリハビリテーション利用者の中で，不器用さや言語の問題を抱える発達障害がある子どもの比率が高くなった。

演習課題

1．医療機関の求められている役割についてまとめてみよう。
2．医療モデルと生活モデルの違いについて考えてみよう。
3．ダウン症候群をもつ子どもに生じうる諸問題を整理してみよう。
4．理学療法士，作業療法士，言語聴覚士とはどのような職種かを説明してみよう。

引用文献

1）高橋三郎・大野　裕監訳：知的能力障害群：DSM-5　精神疾患の診断・統計マニュアル，医学書院，pp.33-40，2014.
2）高橋三郎・大野　裕監訳：自閉スペクトラム症／自閉症スペクトラム障害：DSM-5　精神疾患の診断・統計マニュアル，医学書院，pp.49-57，2014.
3）高橋三郎・大野　裕監訳：限局性学習症／限局性学習障害：DSM-5　精神疾患の診断・統計マニュアル，医学書院，pp.65-73，2014.
4）高橋三郎・大野　裕監訳：注意欠如・多動症／注意欠如・多動性障害：DSM-5　精神疾患の診断・統計マニュアル，医学書院，pp.58-65，2014.
5）長尾秀夫：てんかん児の生活指導表の作成―事故調査に基づく指導区分の導入―，日本小児科学会雑誌，100（4），pp.766-773，1996.
6）北原　佶：発達障害における医学モデルと生活モデル，発達障害研究，35（3），pp.220-226，2013.
7）宮本信也：発達障害における行動・精神面の問題：発達障害医学の進歩23（宮本信也編集），診断と治療社，pp.1-8，2011.
8）岸本光夫：作業療法：新版　重症心身障害療育マニュアル（岡田喜篤監修）医歯薬出版，pp.84-89，2015.

索引

〔シリーズ監修者〕

花熊　曉　　関西国際大学大学院人間行動学研究科　教授

苅田知則　　愛媛大学教育学部　教授
　　　　　　愛媛大学教育学部附属インクルーシブ教育センター　センター長

笠井新一郎　宇高耳鼻咽喉科医院　言語聴覚士

川住隆一　　元東北福祉大学教育学部　教授

宇高二良　　宇高耳鼻咽喉科医院　院長

〔編著者〕　　　　　　　　　　　　　　　　　　　　　　　　〔執筆分担〕

笠井新一郎　前掲　　　　　　　　　　　　　　　　　　　　第2章3-3

坂井　聡　　香川大学教育学部　教授　　　　　　　　　　　第1章4，第3章5

苅田知則　　前掲　　　　　　　　　　　　　　　　　　　　第1章1～3

〔著　者〕（五十音順）

青木俊仁　　宇高耳鼻咽喉科医院　言語聴覚部門長　　　　　第2章2-7

青山千恵子　神奈川県立中原養護学校　教諭　　　　　　　　第2章3-5

梅永雄二　　早稲田大学教育学部　教授　　　　　　　　　　第2章3-6，第4章2

江口寧子　　NPO法人それいゆ　副理事長　　　　　　　　　第4章3

太田容次　　京都ノートルダム女子大学現代人間学部　准教授　第2章3-8

大谷吉輝　　伊予病院　言語聴覚士　　　　　　　　　　　　第2章2-6

神山　寛　　元東京都立町田の丘学園　校長　　　　　　　　第3章2

小林　徹　　郡山女子大学短期大学部　教授　　　　　　　　第3章3

小松原修　　佐賀大学大学院学校教育学研究科　准教授　　　第2章3-7-(2)(3)

鈴江　毅　　静岡大学教育学部　教授　　　　　　　　　　　第2章1

土居克好　　愛媛大学教育学部附属特別支援学校　教諭　　　第3章4

林　文博　　児童発達支援事業所 ママママとままま　言語聴覚士　第2章3-7-(1)

福永一郎　　高知県立療育福祉センターギルバーグ発達神経精神医学センター
　　　　　　　副参事　　　　　　　　　　　　　　　　　　第4章1
　　　　　　高知県安芸福祉保健所　所長

藤坂龍司　　NPO法人つみきの会　代表　　　　　　　　　　第2章3-5

松尾基史　　公益財団法人大原記念倉敷中央機構 倉敷中央病院　言語聴覚士　第2章3-1・2・4

三浦優生　　愛媛大学教育・学生支援機構　准教授　　　　　第2章2-1～3

村山　拓　　東京学芸大学総合教育科学系　准教授　　　　　第3章1

森　浩平　　三重大学教育学部　講師　　　　　　　　　　　第2章2-4・5

吉岡深雪　　松山市立双葉小学校　教諭　　　　　　　　　　第3章4

若本裕之　　愛媛県立子ども療育センター　所長　　　　　　第4章4

特別支援教育免許シリーズ
知的障害教育領域
認知機能・知的機能の困難への対応

2021年（令和3年）10月20日　初 版 発 行

	笠 井　新一郎
編著者	坂 井　　　聡
	苅 田　知 則
発行者	筑 紫　和 男
発行所	株式会社 建 帛 社 KENPAKUSHA

〒112-0011　東京都文京区千石4丁目2番15号
TEL（03）3944－2611
FAX（03）3946－4377
https://www.kenpakusha.co.jp/

ISBN 978-4-7679-2125-9　C3037　　　　亜細亜印刷／ブロケード
©笠井・坂井・苅田ほか，2021.　　　　　　Printed in Japan
（定価はカバーに表示してあります）